dtv

Ihn gab es schon immer, den Zappelphilipp, das quirlige, unruhige Kind, das seit seinen Kapriolen auf der Wickelkommode auch seine Umgebung nicht zur Ruhe kommen läßt. Heutzutage aber wird die Unruhe von Kindern zu einer immer drängenderen Zeiterscheinung, die mit der gängigen Diagnose »Hyperaktivität« belegt ist. Jirina Prekop und die Kinderärztin Christel Schweizer klären in diesem allgemeinverständlichen Buch über die Psychosomatik der grassierenden »Unruhe« von Kindern auf sowie über ihre psychosozialen Ursachen, die beileibe nicht immer in das spezielle Krankheitsbild »Hyperaktivität« münden oder denen gar mit Medikamenten beizukommen wäre. Die konkreten Falldarstellungen aus ihrer klinischen Praxis und Beratungstätigkeit verbinden die Autorinnen mit ebenso konkreten Empfehlungen. Sie raten Eltern, Erziehern und Lehrern, wie sie betroffenen Kindern helfen können, wieder zur Ruhe zu kommen, und vor allem auch, wie sie sich selbst nicht aus der Ruhe bringen lassen – eine Hauptvoraussetzung für das seelische Gleichgewicht des Kindes.

Jirina Prekop, geboren 1929, promovierte Diplompsychologin, arbeitet in der Abteilung für Entwicklungsstörungen im Olgahospital in Stuttgart. Bekannt wurde sie vor allem durch die von ihr praktizierte Festhaltetherapie und ihren Bestseller ›Der kleine Tyrann‹ (1988).
Christel Schweizer, geboren 1940, ist Kinderärztin und Leiterin der Abteilung für Entwicklungsstörungen im Olgahospital in Stuttgart. Gemeinsam mit Jirina Prekop entstand auch das Buch ›Kinder sind Gäste, die nach dem Weg fragen‹ (1992).

Jirina Prekop
Christel Schweizer

Unruhige Kinder

Ein Ratgeber für beunruhigte Eltern

Deutscher Taschenbuch Verlag

Von Jirina Prekop ist im Deutschen Taschenbuch Verlag
erschienen:

Der kleine Tyrann (35019)

Ungekürzte Ausgabe
Juni 1997
Deutscher Taschenbuch Verlag GmbH & Co. KG, München
© Kösel-Verlag GmbH & Co., München (4. Auflage 1996)
ISBN 3-466-30351-6
Umschlagkonzept: Balk & Brumshagen
Druck und Bindung: C. H. Beck'sche Buchdruckerei, Nördlingen
Gedruckt auf säurefreiem, chlorfrei gebleichtem Papier
Printed in Germany · ISBN 3-423-36030-5

Für Dagmar und Viktor

Der Weg durch die Wüste ist kein Umweg.
Wer nicht die Leere erlitt,
bändigt auch nicht die Fülle,
wer nie die Straße verlor,
würdigt den Wegweiser nicht.

Friedrich Schwanecke

Inhalt

Vorwort

Die Unruhe bei Kindern wird immer mehr zu einem brennenden Problem. Weder Eltern noch Lehrer noch Kinderärzte oder psychologische Beratungsstellen können dem Problem ausweichen. Die Kinder werden als immer unerträglicher empfunden. Eine ältere Apothekerin fragte: »Was ist heute mit Kindern und Eltern los?« Denn in vielen Jahrzehnten ihrer Berufsausübung hatte sie nicht so viele junge Mütter erlebt, die scheu nach einem harmlosen Beruhigungsmittel für ihren Säugling fragten, wie dies in den letzten Jahren – und offenbar zunehmend – der Fall ist. Aber auch die Verordnung von Medikamenten durch den Arzt für Kinder, die die Nacht zum Tage machen, oder solche, die im Kindergarten oder in der Schule ohne Sitzfleisch sind, nimmt zu. Lehrer müssen immer häufiger vorzeitig in Pension geschickt werden, weil sie den Belastungen des Schulalltags nicht mehr gewachsen sind. Der Unterricht in der unruhigen Klassengemeinschaft wird zum Streß. Die Lehrer fühlen sich nicht in der Lage, mit herkömmlichen pädagogischen Mitteln den Antrieb der Kinder und Jugendlichen zu steuern und ihre brutale Aggressivität aufzufangen.

Man kann sich dem Thema der wachsenden Unruhe in den Kindern durch Kinderlosigkeit entziehen. Wenn aber ein Kind da ist, das einem die Ruhe nimmt, muß man sich dem Thema stellen, und es wird zur Herausforderung für alle.

Wir beide – die eine als Psychologin, die andere als Kinderärztin tätig in einer großen Kinderklinik – sind Betroffene dadurch, daß wir wegen der unruhigen Kinder tagtäglich zu Rate gezogen werden. Meist werden sie uns vorgestellt unter der Diagnose »Hyperaktivität«.

Aufgrund unserer Untersuchungen wagen wir zu behaupten, daß in den allerwenigsten Fällen Hyperaktivität Symptom einer Erkrankung ist (etwa Folge einer Allergie oder einer hirnorganischen Dysfunktion), sondern meist Auswirkung eines Stresses, der in bestimmten sensiblen Entwicklungsstufen gesetzt wird und der dem Kind Selbstwahrnehmung und Selbststeuerung verhindert. Wir haben dies ausführlich in dem kürzlich erschienenen Elternratgeber »Was unsere Kinder unruhig macht...« (Trias 1991) dargestellt. Über der sachlich-fachlichen Auseinandersetzung mit dem Thema wurde uns deutlich, daß die Wurzeln für hyperaktives Verhalten viel tiefer reichen.

Den Begriff »Hyperaktivität« wollen wir in diesem Buch kritisch und deshalb behutsam benutzen. Man neigt nämlich heute dazu, alle unruhigen Kinder als »hyperaktiv« zu bezeichnen. Infolge des analytisch wissenschaftlichen Denkens laufen diese Kinder Gefahr, einem speziellen Krankheitsbild zugeordnet, speziell untersucht und speziell therapiert zu werden. Damit laufen sie aber auch Gefahr, ab- und ausgesondert zu werden. Indem wir oftmals Zeuge waren, wie Hyperaktivität entstand, wissen wir, daß Hyperaktivität meist die Folge einer wesentlich breiter angelegten und tiefer gründenden Erscheinung ist. Und das ist *Unruhe*. Die durch innere Unruhe aufgewirbelte Lebensenergie wird leiblich abgeleitet und zeigt sich in hyperaktivem Verhalten mit hektischer, sprunghafter Handlungsweise. Wie ein Bumerang wirkt die Hektik auf die innere Unruhe zurück und verstärkt sie. So schließt sich der Teufelskreis und steigert sich der Streß. In diesem Sinne ist Hyperaktivität ein psychosomatisches Geschehen und als Diagnose weitgehend ein Mythos.

Weil der Hauptauslöser für hyperaktives Verhalten die innere Unruhe ist, wollen wir hier in diesem Buch nun hauptsächlich von der Unruhe sprechen und ihre Ursachen aufhellen.

Die Ursache für das Häufigerwerden des Phänomens ist keinesfalls in den Kindern zu suchen. Schuldig kann man auch nicht die Eltern sprechen. Die Schuld trägt der kranke, krankmachende Zeitgeist. Unsere Kinder sind lediglich Blitzableiter geworden für nicht eingebundene Lebensenergien. Das gesunde, die Mitte stetig erarbeitende Gleichgewicht gerät heutzutage vielfältig aus den Fugen.

Die Wahrheit ist, daß unsere Kinder den Opfergang angetreten haben. Alle seelischen Erkrankungen, unter denen einzelne Kinder heute leiden, sind zugleich kollektive Erkrankungen: Hyperaktives Verhalten im Kind ist Abbild der Hektik unserer Zeit. Der Autist zeigt im Extrem die Bevorzugung der leblosen technischen Dinge vor der zwischenmenschlichen Beziehung, wie es auch unser moderner Lebensstil tut. Die Problematik des herrschsüchtigen kleinen Tyrannen korrespondiert mit dem rücksichtslosen Machtstreben der materialistisch reichen Gesellschaft. Das gemeinsame Symptom all dieser Zivilisationskrankheiten ist Unruhe.

Der Erwachsene kann sich vor dem kranken Zeitgeist unter Umständen durch erklärende Philosophien schützen. Er kann auch die Möglichkeiten der Zivilisation genießend mißbrauchen, weil er in die Materie hineingewachsen ist und sie bewußt beherrschen kann. Das Kind aber ist noch unbewußt und muß sich die Welt der Materie erst erobern. Weil es noch nicht richtig einverleibt ist, ist es in der Welt zunächst schutz- und wehrlos. Deshalb ist es anfällig für störende Einflüsse, die seine Entwicklung dann hemmen. Seine Verletzlichkeit läßt aber erkennen, wo es uns an Ausgewogenheit mangelt und wo schöpfungsbedingte Ordnungen in Gefahr sind.

Seien wir den Kindern dankbar, weil sie leidend auf sich nehmen, den Finger in die Wunde unserer Zeit zu legen. Sie erleiden die Offenbarung (Apokalypse) einer Gefahr für die Menschheit und regen an, die heilenden Ur-Kräfte wieder zu mobilisieren.

In diesem Sinne wollen wir die apokalyptische Botschaft der Kinder an die Verantwortlichen übermitteln.

Jirina Prekop · Christel Schweizer

Das Vollbild des unruhigen Kindes: Der Zappelphilipp

Ihn gab es schon immer. Er wird schon zappelig geboren. Ihn kann die Mutter keine einzige Minute auf der Wickelkommode allein lassen. Lieber wickelt sie das quirlige Kind daher auf dem Boden. In der Badewanne kann so ein Zappelphilipp wie ein Hecht aus den Händen der Mutter springen. Am Tisch verhält er sich, als hätte er Ameisen im Po. Und immer ist er auf Achse, als könnte er nichts in Ruhe tun und nichts in Ruhe lassen. Er hat auch meist noch die Augen in den Händen und muß deshalb alles befingern. Jedenfalls ist immer etwas an ihm in Bewegung, selbst wenn er sich um seine Lieblingsbeschäftigung bemüht. Er muß mit den Beinen wackeln, mit dem Stuhl schaukeln, sich am Kopf kratzen... Ist er in der Schule, so wird er für seinen Lehrer zur harten Prüfung. Man kann ihn und seine Unruhe einfach nicht übersehen. Für den Zappelphilipp ist der Unterricht eine Plage und Herausforderung zugleich. Da er reizoffen ist, ist er allen Ablenkungen ungeschützt ausgesetzt, und er kann schwer seine Aufmerksamkeit auf eine bestimmte Aufgabe lenken. Ihn stört im wahrsten Sinne des Worts die Fliege an der Wand, wenn er zum Beispiel volle Konzentration für das Diktat nötig hätte. Er tut sich schwer, in sich selbst zu ruhen. Oft wechselt er von einer Aktivität zur anderen, wird sozusagen hyperaktiv.

Dieser Zappelphilipp ist eine klassische Figur. Wir finden ihn auch im Struwwelpeter. Er wird immer männlich geschildert und dies mit gutem Grund; denn unter dieser angeborenen Eigenart leiden die Mädchen so gut wie nicht. Man hat dafür folgende Erklärung:

Konzentration, Ausdauer, Aufmerksamkeit, Selbststeuerung, Bewegungskoordination sind Fähigkeiten, die über unser Gehirn laufen und dort koordiniert werden. Wenn diese Koordination gut ausgebaut ist, dann gelingt es, zwischen Wichtigem und Unwichtigem zu unterscheiden und zielgerichtet, so wie es die Situation erfordert, wahlweise diese oder jene Fähigkeit konzentriert einzusetzen. Diese Aufgabe erfüllt den Menschen, er kann reicher die Fülle des Lebens genießen, sowohl die Tätigkeit als auch die innere Ruhe. Er kann die Anspannung zielgerichtet aushalten, Ruhe halten. Er kann sich ver-halten.

Wenn das Gehirn diese beschriebene Koordination nicht zustandebringt, dann spricht man von einer Dysfunktion. Die chronisch wirkenden Dysfunktionen bilden sich während der Ausreifung der Hirnstrukturen in den ersten drei Lebensjahren. Es ist nun eine Tatsache, daß in den ersten Lebensjahren das männliche Geschlecht anfälliger ist für Irritationen und Erkrankungen des Gehirns. Nicht nur die Hyperaktivität tritt bei Buben häufiger auf, sondern auch andere cerebral bedingte Entwicklungsstörungen, wie zum Beispiel die Legasthenie, Stottern und Bettnässen.

Zappelphilipp sein ist ein Schicksal. Dem Zappelphilipp liegt nämlich eine konstitutionelle Veranlagung zugrunde, die nicht so ohne weiteres veränderbar ist. Der betroffene Mensch muß damit umgehen lernen, wenn er sich voll verwirklichen will. Ein besonderes Schicksal und eine besondere Herausforderung. Um so mehr braucht das betroffene Kind alle erdenkliche fachliche Hilfe zur Lebensführung.

Was macht heute so viele Kinder zappelig?

Unter den vielen Kindern, die in unserer Sprechstunde mit der Diagnose »Hyperaktivität« vorgestellt werden, treffen wir am häufigsten folgende Geschichten:

1. Fall: Ein zweites Kind – nein, danke!
Rebekka ist noch keine zwei Jahre alt. Sie sitzt auf dem Schoß der Mutter und schaut in aller Ruhe ein Bilderbuch an. Sie ist ein Einzelkind. »Noch«, werfen wir ein. »Oh, nein!!! Ein zweites Kind könnte ich nicht verkraften. Dieses reicht mir.«
Wir fragen: »Warum kommen Sie?« »Ja, eben deshalb, weil dieses Kind so unruhig ist. Unser Kinderarzt sagt, es hat diese Hyperaktivität.« »Das kann doch nicht wahr sein«, meinen wir. »Das Kind sitzt doch hier ganz ruhig und das schon eine ganze Weile und vorher im Auto doch auch – oder nicht?« »Ja, Autofahren mag sie ja. Bilderbuch angucken auch! So hält sie eine ganze Stunde aus, aber sonst schafft sie mich mit ihrer Unruhe total! Sie sollten einmal mit uns nach Hause kommen. Da ist sie überall und nirgends. Alles muß sie haben, stets schaltet sie unsere Geräte ein und aus. Sie hört gar nicht, wenn wir ihr das verbieten. Sie hört überhaupt nicht, auch dann nicht, wenn wir sie rufen. Das macht besondere Schwierigkeiten im Mini-Club. Abstoßend wild ist sie dort, rechthaberisch und so aggressiv! Der einzige Trost für mich ist, daß ich nicht die einzige Mutter mit einem solch schwierigen Kind in unserem Club bin.«
Wir konnten es kaum glauben, daß dieses zarte, in sein Bilderbuch versunkene Kind ein solcher Schrecken für die Mitmen-

schen sein soll. Aber wir wurden bald darauf davon überzeugt. Als wir nämlich die Lebensgeschichte des Kindes erfragten – besser: erfragen wollten, verließ Rebekka den Schoß der Mutter und fing an, sich an unserem Mobiliar zu schaffen zu machen. Sofort reagierte die Mama auf sie, erreichte aber lediglich, daß Rebekka von der Schreibtischschublade abließ und statt dessen auf die Fensterbank klettern wollte. Auch daran versuchte die Mutter sie zu hindern, und so ging es eine Weile. Rebekka erfand eine neue Tätigkeit, die die Mutter unterband. Rebekka in Aktion, die Mutter in hilfloser Reaktion. Ein Kreislauf ohne Ende! Die Mutter wurde von Minute zu Minute unruhiger. Aber wir auch, weil da doch noch die Lebensgeschichte zu erfragen war. So baten wir die Mutter, Rebekka wieder auf den Schoß zu nehmen. Dieser Versuch scheiterte nach wenigen Sekunden. Rebekka war von neuem in Aktion.

Später gelang es uns doch, die Lebensgeschichte zu erfragen. Wir erfuhren, daß Rebekka nach komplikationsloser Schwangerschaft ganz normal geboren wurde, ein durchaus ruhiger Säugling war und erst um die Zeit des Krabbelns unruhig wurde. Kurz zuvor war sie abgestillt und auf Flaschenmilchernährung umgestellt worden. Deshalb dachte der Kinderarzt bei der aufbrechenden Unruhe und Unzufriedenheit Rebekkas zunächst an eine Kuhmilchunverträglichkeit. Diese konnte aufgrund der Untersuchungen aber ausgeschlossen werden.

2. Fall: Der Schreck des Kindergartens

Eine Kindergärtnerin ruft an. Sie weiß sich mit einem Bub keinen Rat mehr. Er ist überhaupt nicht steuerbar. Er kann in keine Beschäftigung eintauchen, keine richtig zu Ende führen, im Stuhlkreis kaspert er, läuft herum, wenn sie den Kindern Geschichten erzählt. Überall wo er ist, entsteht Unruhe und Chaos. Sie hat den zuständigen Psychologen gefragt, was sie tun soll. Seine Ratschläge schlugen aber auch fehl. Ist vielleicht ein Sonderkindergarten angezeigt? Die Kindergärtnerin fragt nun, ob sie den Buben mit seinen Eltern zu uns schicken kann.

Und er kommt! Auf den ersten Blick ist Markus kein Zappel-philipp. Mit ruhigen, festen Schritten geht er den Eltern voraus mit ins Sprechzimmer. »Ein tapferer Bub!« sagen wir. »Ja, tapfer ist er schon, und überall voraus, schon von klein auf. Wir mußten auf allen Straßen hinter ihm herlaufen. Bis heute ist es ganz schön anstrengend, ihn noch vor dem Fußgängerüberweg zu schnappen. Kaum war er auf den Füßen, ließ er sich nicht mehr an der Hand führen. Schon als er krabbeln konnte, war er nicht mehr zu halten!«

Markus nimmt wie seine Eltern Platz und hört dem Gang unseres Gesprächs aufmerksam zu. Wir nutzen die Gunst der Stunde und testen ihn auf seine Intelligenz. Die abwechs-lungsreichen Aufgaben machen ihm Spaß. Er genießt, be-wundert und gelobt zu werden und wächst über sich hinaus. Zum Schluß des Testens hat er noch Kraft, um einige Auf-gaben für Fünfjährige zu lösen, obwohl er erst viereinhalb Jahre alt ist. Also an Intelligenz, Aufgabenbereitschaft und Konzentrationsfähigkeit mangelt es ihm nicht. An was man-gelt es ihm dann?

Wir fragen die Eltern, wie er sich zu Hause verhält. »So ähnlich wie hier«, antwortet der Vater. Wenn wir uns ihm widmen und es ihm Spaß macht, dann ist er gut zu haben. Schwierig ist er zu Hause nur, wenn Besuch kommt. Dann kaspert er herum, bis sich einer mit ihm beschäftigt! Er ist halt ein Einzelkind! Er möchte seine Mittelpunktrolle bekommen. Wir haben gehofft, es wächst sich im Kindergarten aus. Der Psychologe hat ange-raten, sich ihm mehr einzeln zu widmen, aber das war der Kindergärtnerin nur selten möglich. Es sind dort auch nur zwei junge Kindergärtnerinnen auf 24 Kinder, und wir hatten auch Pech… Es sind dort einige aggressive Kinder. Aber aggressiv ist unser Markus nicht – Gott sei Dank!«

Als hätte Markus auf das Stichwort gewartet, kippte er in die-sem Augenblick die Kiste mit Bauklötzchen geräuschvoll aus und trommelte mit einem Bauklotz auf die umgekippte Kiste ein. Ein ohrenbetäubender Lärm! Auf die Ermahnungen seiner

Mutter reagierte er nicht. Daraufhin griff der Vater ein, setzte Markus wieder in unsere Runde und gab ihm ein Bilderbuch in die Hand, um das Gespräch mit uns in Ruhe fortsetzen zu können. Noch bevor wir aber zum ersten Satz gekommen sind, war Markus schon wieder bei den Bauklötzen.

Diesmal benutzte er sie als Wurfgeschoße, so als wollte er mit ihnen Kegel spielen. Die Fortsetzung des Gesprächs war nur dadurch möglich, daß die Mutter ihm ihren zur Untersuchung mitgebrachten Vorrat an Keksen und Safttüten zur Verfügung stellte.

Das Bild dieses Kindes rundete sich aufgrund dieser Beobachtungen ab: Markus war noch zu stark von der Einzelzuwendung abhängig. Es war nicht so sehr sein Bedürfnis, im Mittelpunkt zu sein, wie die Eltern es gedeutet hatten, vielmehr war Markus noch auf die individuelle Lenkung angewiesen, um sich auf eine Tätigkeit konzentrieren zu können. Die soziale Reife, die seiner Altersstufe angemessen gewesen wäre, hatte er noch nicht. Er konnte seine guten Kräfte noch nicht in Eigenverantwortung ordnen, wenn er in der Gruppe war. Deshalb rieten wir, dieses Versäumnis in einer heilpädagogischen Gruppe aufzuholen. Für den normalen Kindergarten war er trotz seiner Intelligenz nicht reif.

3. Fall: Der Stuhlentsager, kein Schulversager

Das hätten die Eltern nie gedacht! Eine schöne Bescherung. Noch vor Weihnachten wurden sie zu einer Besprechung in die Schule gebeten. Es wurde ihnen nahegelegt, Ingo aus der ersten Klasse ausschulen zu lassen. Er sollte in den Kindergarten zurück. Ideal wäre gewesen, ihn in eine Vorschule bzw. Förderklasse zu geben, doch eine solche gab es nicht am Ort. Die Eltern waren wie vor den Kopf gestoßen. Ingo hatte doch den Schulreifetest bestanden. »Er versagt auch nicht wegen seiner Intelligenz, obgleich ich von ihr nicht viel bemerken kann«, sagte die Lehrerin. »Ingo kann sich nichts vom Unterricht holen, er kann einfach seine Intelligenz nicht für das Lernen nutzen, weil er noch nicht zuhören und nicht still sein kann, nicht einmal auf dem Stuhl kann er bleiben. Er ist nicht so sehr der Schulversager, er ist vielmehr ein ›Stuhlentsager‹, ein sehr extremer sogar. Selbst bei den spannendsten Geschichten rutscht er spätestens nach fünf Minuten vom Stuhl herunter, um im Klassenzimmer herumzugehen, zu hüpfen, mit Sachen zu spielen oder sich in die Spielecke zu legen. Auf Anruf reagiert er nicht. Er meint das nicht böse. Ein böses Kind ist Ihr Ingo nicht, aber er braucht eine extra Einladung. Wenn ich ihn erreichen will, muß ich zu ihm gehen und ihn berühren. Dann kommt er willig. Tadel erträgt er überhaupt nicht. Dann fängt er an zu weinen wie ein Kleinkind und versteckt sich unter der Schulbank. Überhaupt ist er oft so aufgedreht, nervös, stimmungslabil. Schläft er denn richtig?«

»Ja, darauf achten wir schon. Aber es ist mühsam, ihn zum Schlafen zu bringen. Wir brauchen schon Überredungskünste, damit er überhaupt ins Bett geht. Er bleibt dann aber nicht liegen. Immer wieder steht er auf, will noch etwas nachfragen oder zu trinken haben, muß auf die Toilette oder will sich ankuscheln. Aber das ist doch normal, wenn Kinder nicht gerne alleine einschlafen, oder? Das war sowieso noch viel schlimmer, als er noch klein war. Ab seinem siebten Lebensmonat bis kurz vor der Einschulung war es mit unserem Schlaf vorbei. Nicht nur, daß er wie heute nicht einschlafen konnte, er konnte auch nicht durchschlafen. Viele Male wachte er nachts auf, verlangte nach der Flasche, wir mußten mit ihm spielen, ihn in der Wohnung herumtragen… Sie kennen das ja sicher von diesen Kindern!«

Auch Ingo wurde uns mit der vorgefertigten Diagnose »Hyperaktivität« vorgestellt. Aus dem Gespräch mit den Eltern hat sich ergeben, daß nicht nur Ingos Nächte früher so unruhig waren und es noch sind, sondern auch seine Tage. Immer macht er das, was er augenblicklich will, aber seine Wünsche sind sprunghaft, und was er tut, hält er nicht lange durch. Auf unsere Frage, ob es überhaupt eine Situation gibt, bei

der er sitzenbleibt, zum Beispiel am Eßtisch, sagt die Mutter: »Essen tut er jetzt freilich im Sitzen, aber als er klein war, mußte ich hinter ihm her sein, um ihm einen Löffel Joghurt oder sonst etwas beizubringen.« »Jetzt bleibt er während der ganzen Mahlzeit, solange die Familie beim Essen ist, sitzen?« »Nein, das nicht, nur solange er selber ißt. Warum soll er auch auf uns warten. Wir sind ehrlich gesagt froh, wenn wir in Ruhe zu Ende essen können.« Wir ermitteln weiter: »Wie kommt er überhaupt zur Ruhe?« »Am sichersten beim Fernsehen, dabei hält er stundenlang aus, sogar mehrere Filme hintereinander!«
Also ist auch Ingo nicht immer hyperaktiv.

Was haben die drei Kinder gemeinsam? Und was unterscheidet diese drei Kinder von dem klassischen Bild des Zappelphilipp?

1. Die Unruhe ist nicht von Geburt an vorhanden, sie ist also nicht angeboren. Sie wird erworben und zwar bei allen drei Kindern zwischen dem sechsten und dem 12. Lebensmonat.
2. Es ist auch ein Mädchen betroffen. Von einer »Zappelphilippina« spricht man jedoch nicht.
3. Die Häufigkeit der in der zweiten Hälfte des ersten Lebensjahres unruhig, ja sogar hyperaktiv gewordenen Kinder, ist viel größer als die Häufigkeit des Zappelphilipps mit seiner angeborenen Hyperaktivität. Und die Zahl steigt beständig.
4. Im Unterschied zum Zappelphilipp können die drei geschilderten Kinder unter bestimmten Bedingungen ruhig werden, nämlich dann, wenn sie sich für etwas interessieren, wenn sie also mit Lust an einer Sache beteiligt sind: in erster Linie bei den Lieblingstätigkeiten des Kindes (Bilderbuch bei Rebekka, Fernsehen bei Ingo). Eine weniger interessante Tätigkeit kann das Kind nur dann konzentriert und mit Ausdauer durchstehen, wenn ein Erwachsener seine Aufmerksamkeit lenkt. Es kann sich bei Unlust nicht selbst steuern.

5. Alle drei Kinder weisen eine ausgeprägte Unterentwicklung des sozialen Verhaltens auf. Sie sind alle nicht gruppenfähig, weil sie nicht in der Lage sind, sich an andere aus eigenem Willen heraus anzupassen, einem anderen zuliebe sich selbst zu beherrschen und Verzicht zu üben. Sie können sich viel besser in der Einzelsituation ordnen, wenn sich der Lenkende ihnen anpaßt. Im Unterschied dazu bemüht sich der Zappelphilipp um Anpassung, obwohl ihm das schwerfällt. Unter diesem Gesichtspunkt imponieren manche Zappelphilippe mit einer noch größeren sozialen Reife, als es ihrer Altersstufe entspricht.

6. Von der Unruhe sind auch die Eltern betroffen, hauptsächlich die Mütter.

   Betrachtet man das Eltern-Kind-Verhalten, fällt auf, daß das Gleichgewicht »Aktion/Reaktion« gestört ist.

   Einseitigerweise ist das Kind der Agierende und die Mutter/der Vater der Reagierende. Im Grunde bringt das Kind die Eltern nach seinen noch ganz ungezielten Impulsen in Bewegung, anstatt daß die Eltern die Bewegungsimpulse des Kindes ordnen und ausgleichen.

7. Um die unerträgliche Unruhe des Kindes zu mildern, neigen die Eltern dazu, abzulenken. Sie bedienen sich dabei lukrativer und demzufolge bewährter Angebote wie Getränke, Leckerbissen und Fernsehen.

   Die Kinder konsumieren fortwährend irgend etwas, auch die Kraft der Eltern, ohne daß von den Eltern der anstrengende Versuch unternommen wird, die hinter der Unruhe des Kindes pulsierende Lebensenergie auf das kreative Erleben hin zu kanalisieren. Das Essen und Trinken wird hier zur Leerlaufhandlung degradiert, denn die Kinder sind weder hungrig noch durstig.

All diese Fakten regen zum Nachdenken an.

Vertiefende Gedanken zur Formung der Aktivität

Der neurophysiologische Hintergrund

Das Gehirn macht in den ersten zwei/drei Lebensjahren – mit der Zeugung beginnend – eine rasante Entwicklung durch. Die meisten Nervenzellen (Neurone) sind in der Mitte der Schwangerschaft angelegt. Um ihre Funktion (die über den Nervenzellstoffwechsel läuft) aufnehmen zu können, müssen die Nervenzellen untereinander verknüpft werden über sog. Dendriten und Synapsen. Diese verbindenden Bahnen müssen weiter ausreifen (Vorgang der Myelinisierung).

Das entscheidende Fundament der Verknüpfungen wird ab der zweiten Schwangerschaftshälfte bis in die ersten beiden Lebensjahre gelegt. Man spricht von der Plastizität des kindlichen Gehirns. Der Vorgang der Verknüpfung wird durch Anregung von außen unterstützt. Aktive Wahrnehmung und Handlungen bahnen die Nervenzellverknüpfungen an. Die Verknüpfungen festigen sich in dem Maß, in dem das Kind seine Wahrnehmungen übt und Handlungen oder Denkschlüsse wiederholt.

In der Zeit des ersten Lernens nimmt auch das Gewicht des Gehirns explosionsartig zu: Am Ende des ersten Lebensjahres hat es 50 Prozent, am Ende des dritten Lebensjahres schon 80 Prozent seines endgültigen Gewichts.

Störungen, die in dieser Phase des größten Hirnwachstums einwirken, können die Anzahl der Nervenzellverknüpfungen (Synapsen) vermindern und die notwendigen biochemischen Reifeprozesse verlangsamen. Die Flexibilität der energetischen Versorgung (Transmitter) bestimmter Bahnungen macht

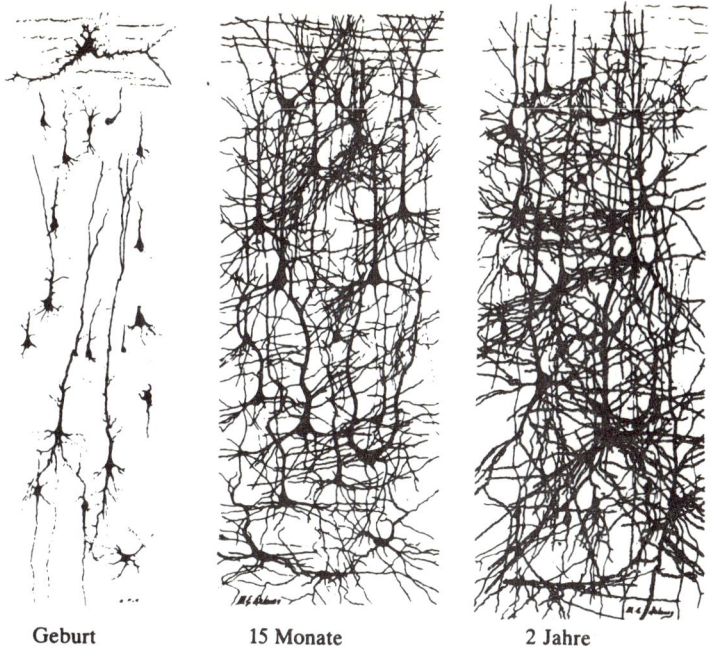

| Geburt | 15 Monate | 2 Jahre |

Dendritenausbildung bei normaler Gehirnentwicklung
(aus Godron/Mc. Kinlay, Das ungeschickte Kind, Hippokrates).
Was durch Wiederholungen geübt wird, wird in der Ausbildung
begünstigt und stabilisiert.

es möglich, daß jene Verbindungen, die der zielgerichteten Aufmerksamkeit dienen, aktiviert werden und die Verbindungen für das Unwesentliche gehemmt werden.

Wir haben einmal eine statistische Auswertung bei den uns unter der Diagnose »Hyperaktives Syndrom« zugewiesenen Kindern vorgenommen. Dabei haben wir aus der Untersuchung alle die Kinder ausgegrenzt, bei denen ablesbar emotionale Faktoren, psychische Belastungen und körperliche Erkrankungen, Behinderungen, Allergien und Nahrungsmittelunverträglichkeiten die Unruhe beziehungsweise Hyperaktivität verursachen.

Bei der dann noch übrigbleibenden Gruppe hyperaktiver Kinder hat sich die Unruhe ohne Ausnahme bis zum 18. Lebensmonat manifestiert. Es ist dies die sensible Entwicklungsstufe, in der sich grundlegende Fähigkeiten im Gehirn ausbilden. Man nennt dies die Phase der sensomotorischen Entwicklung. Schon diese Benennung besagt, daß sich in dieser frühen Lebenszeit entscheidende Verbindungen zwischen Bewegungen und sinnenhafter Wahrnehmung einprägen.

Durch wiederholte Erfahrungen entstehen Gewohnheiten und Einstellungen (Motivation, Neugierde, Anpassungsbereitschaft, Durchsetzungsbereitschaft), die die Ausreifung der gesamten Persönlichkeit (über Stoffwechselprozesse) vorantreiben. Die Qualität der in der sensomotorischen Stufe erworbenen Erfahrungen entscheidet über die Qualität der höheren menschlichen Fähigkeiten wie Sprache, Denken, Schreiben, Rechnen usw. Aber auch Achtung vor dem Nächsten, Liebesfähigkeit, Fähigkeit zur Freiheit, die in die Ehrfurcht vor der ganzen Schöpfung einmünden, werden hier veranlagt.

Was das Hänschen hier nicht lernt, ist für den Hans sehr schwierig nachzulernen. Haben sich erst einmal falsche Verknüpfungen angebahnt, ist es um so schwieriger, sie umzuformen. Falsche Prägung, das heißt schlechte Gewohnheiten und Fehleinstellungen in dieser Lebensphase beeinträchtigen die ganze weitere Hirnausreifung, auch die der Persönlichkeit, und deformieren die ganzheitliche Entwicklung des Menschen, die Entwicklung der Persönlichkeit. Selbst wenn das Kind die Veranlagung zur Hyperaktivität mitbringt, kann in dieser sensiblen Phase durch »richtiges« Lernen, das heißt durch gezielte Steuerung der Aktivität, das hyperaktive Verhalten abgeschwächt werden, ähnlich einer zentral-bedingten Bewegungsstörung, die durch rechtzeitiges Einsetzen krankengymnastischer Maßnahmen abgemildert und manchmal ganz aufgehoben werden kann. Zumindest lernt das frühzeitig behandelte Kind mit seiner Behinderung umzugehen und kommt mit sich und anderen trotz der Behinderung zurecht. Die chronische Hyperaktivität, die die Selbstrealisierung im Leben blockiert, *ist* eine Behinderung!

Bei 20 Prozent unserer Kinder wurde die Unruhe bei der Geburt beobachtet, und einzelne Mütter berichteten davon, daß das Kind schon vor der Geburt unruhiger war als seine Geschwister. Bei 6,4 Prozent entstand die Unruhe im Laufe der allerersten Lebensmonate. Alle übrigen Kinder waren bis zum neunten Lebensmonat ruhig und pflegeleicht. Erst ab dem Alter zwischen neun und 18 Lebensmonaten war ihre Unruhe aufgefallen, die weit über den kindlichen Bewegungsdrang hinausging.

Bei der Hälfte dieser Kinder deckt sich der Beginn der abnormen Unruhe bis auf den Monat genau mit dem Erwerb des freien Gehens. Im Durchschnitt hatten die Kinder dieser Gruppe Laufen mit 12 Monaten und damit der Altersnorm entsprechend erlernt. 32 Prozent der Kinder waren unruhig geworden, nachdem sie krabbeln erlernt hatten, und 18 Prozent einige wenige Monate nach dem Erwerb des Laufens.

Wir fragten die Eltern nach der Art ihrer Früherziehung. Unsere Testfrage war: »Ließ sich das Kind auf dem Schoß halten?« Wir hatten die Frage gewählt, um zu hören, inwieweit die Eltern in der Lage waren, die wachsenden Bewegungsimpulse des Kindes zu kanalisieren, und wir erfuhren, daß 80 Prozent der bis zum 18. Lebensmonat hyperaktiv gewordenen Kinder sich tatsächlich nicht auf dem Schoß halten ließen, auch dann nicht, wenn ihr Drang wegzugehen durch attraktive Angebote (essen, spielen) abgelenkt wurde. Nur etwa 8 Prozent der Kinder hielten es ohne zusätzliches Angebot auf dem Schoß der Eltern aus, aber 12 Prozent ließen sich durch entsprechende Angebote ablenken.

Unsere Erhebungsfrage: »Blieb Ihr Kind auf dem Schoß sitzen?« kann eigentlich in dieser Form nur in unserer Zeit und nur in unserem Kulturkreis gestellt werden. In einer weniger industrialisierten Gesellschaft bzw. in der Dritten Welt wäre das Kind in dieser Entwicklungsstufe bis heute noch die meiste Zeit des Tages im Tragtuch und damit am Körper der Mutter. Tatsächlich gibt es in der Dritten Welt das Problem der Hyperaktivität nicht und auch nicht in dem Teil der zivilisierten Welt, in dem die Früherziehung auf die Hemmung der Bewegungsfreiheit abzielt. In den neuen Bundesländern beispielsweise war das Problem der wachsenden Hyperaktivität kein bekanntes Phänomen. Die Hemmung der Bewegungsfreiheit war schon durch die Unterbringung des Kleinkindes in Krippen vorgegeben. Die Kinder wurden beim Topfen in ihren Kinderstühlchen angebunden und mußten solange sitzen, bis sie zur weiteren Versorgung an der Reihe waren. Es soll hier nicht der Eindruck entstehen, daß wir die Unterbringung in Krippen gut heißen. Ganz im Gegenteil: Der große Nachteil der Krippe ist, daß den Kindern nicht nur Geborgenheit entgeht, sondern auch der Mut zur Eigenwilligkeit. Aber es gibt einen Vorteil: Der unreife kindliche Bewegungsimpuls wird rechtzeitig geordnet. Leider geschieht diese wohltuende Hemmung nicht am Körper der Mutter im Tragtuch, sondern mit Hilfe gegenständlicher, eher technischer Mittel. Ähnliche Hilfen gab es für die Kleinkinder früherer Generationen: den Laufstall, den Gurt im Kinderwagen und am Hochstuhl. Auch beim Topfen wurden die Kinder in ihren Kinderstühlen angebunden. Hier mußte das Kind so lange sitzen bleiben, bis es etwas von sich ins Töpfchen abgegeben hatte. (Vielleicht haben Sie, liebe Leser, noch Fotos davon im Familienalbum?)

Ein alter Mann – das Kind von damals – erinnert sich: »Oh, das waren meine ersten Kraftproben – wertvolle Selbsterfahrungen! Wenn ich aufstehen wollte und nicht konnte, weil mich diese Verriegelungen und Einschnallungen hinderten, habe ich deutlich gespürt, wo meine Hände sind, die sich auf das Brett vor mir stützten, wo ich den Hintern habe, wie sich meine Knie strecken möchten, wieviel Kraft ich dazu benötige und wieviel Kraft ich schon habe. Da habe ich verdammt gut mich selbst gefühlt! Und meine Wut!«

Was ist an der Hemmung der Bewegungsimpulse gut?

Jeder von uns weiß es, bloß ist es uns meist nicht bewußt: Wenn wir etwas konzentriert wahrnehmen wollen – Lauschen, Betrachten, Schmecken, Riechen –, dann halten wir uns ruhig, das heißt, wir hemmen unwichtige Wahrnehmungen und geben den wichtigen den Vorrang. Wenn ein Wanderer die Landschaft genießen und sie in sich aufnehmen will, dann bleibt er stehen. Im Konzertsaal sitzt man still, um die Musik mit allen Fasern aufnehmen zu können. Die Musik geht um so mehr nach innen, wird verinnerlicht, ins Herz genommen, wenn ich die Außenreize ausschalte und die Augen schließe. So ähnlich hemmen wir bestimmte Bewegungen, um die zu stärken, die unsere Absicht ausführen sollen. Wenn ich eine Glühbirne in die Deckenlampe einschrauben will, dann muß ich meinen ganzen Körper auf den Zehen nach oben recken und meinen rechten Arm strecken, damit meine Aufmerksamkeit ganz in die Schraubbewegung der Hand einmünden kann. Um diese Aufmerksamkeit auf das Ziel lenken zu können, muß ich während der ganzen Aktion alle seitlichen Bewegungen, aber auch die Fortbewegung und die Bewegung des linken Armes hemmen. Einem

Kind gelingt es nur dann, einen Turm zu bauen, wenn es die Bewegungen seiner Hand – sowohl die Kraft als auch die Richtung – behutsam dosieren kann. Um diese präzise Feinmotorik einplanen und durchführen zu können, muß das Kind seine Grobmotorik zurückhalten können. Jede unvorsichtige, unaufmerksame Bewegung wird dem Kind sein Werk zerstören.

Die unabdingbare Voraussetzung für jede konzentrierte und zielgerichtete Handlung sowie für das Denken ist, daß, je nach Situation, bestimmte Reize in den *Hintergrund* treten, damit andere in den *Vordergrund* rücken. In diesem Sinne setzt *bewußte Wahrnehmung* Hemmung voraus. Je mehr diese Prozesse *von klein auf* geübt und allmählich verautomatisiert und damit zur Gewohnheit werden, um so freier ist das Bewußtsein für das Erreichen und Genießen des angestrebten Zieles. Je routinierter der Mensch in der Selbstbeherrschung ist, um so flexibler, ja freier kann er in seinem Tun sein.

Solange das Kind mit den Prozessen »Hemmung – gezielte Aktivität« noch nicht bewußt umgehen kann, solange es also noch unbewußt ist, braucht es die Hilfe des Erwachsenen, der es für das Kind tut. Es muß in seinem unreifen Bewegungsdrang gehemmt und gesteuert werden, um sein Bewußtsein allmählich in den Leib hereinlenken zu können.

Deshalb sind das festere Wickeln des Babys, sein Sitzen auf dem Schoß der Mutter gegen den eigenen Bewegungswillen, der Kindersitz usw. als wesentliche Hilfe zu sehen. Diese Hilfe aber bekamen unsere drei Kinder von ihren Eltern nicht.

Warum bleibt die Hemmung der Bewegungsimpulse den heutigen Kindern versagt?

Man sagt heute so oft, »das Kind weiß bestens, was es braucht«. Das stimmt. Jedes Kind spürt in seinem tiefsten

Herzen, daß es die Geborgenheit bei seinen Eltern braucht, aber auch Halt und Vertrauen, ihre ganze Liebe. Wie diese kindlichen Bedürfnisse verwirklicht werden, müssen aber in jedem Fall die Eltern wissen und die Verantwortung dafür tragen. Sie sind die Reiferen, die sich in dieser Welt auskennen sollten, um dem Kind auf die Frage nach dem Weg Auskunft geben zu können. Ein pakistanisches Sprichwort drückt dies so aus: »Kinder sind Gäste, die nach dem Weg fragen.« Die Verantwortung hierfür zu übernehmen, fällt den Eltern der Naturvölker leicht. Sie brauchen kein Wissen, das heißt, keine Begründung. Sie haben es bei den eigenen Eltern, Großeltern, Urahnen abgeschaut. Sie können sich ihrer Tradition anvertrauen. *Die Tradition hat bewahrt, was sich bewährt hat*, und das Bewährte fußt auf Instinktsicherheit, dem *Unbewußten*. Im Tragtuch macht das Kind vielfältige Erfahrungen, die ihm durch ihre Wiederholung zu Gewohnheiten werden, zu bewährten und zu zweifelsfreien Gewohnheiten. Zwangsläufig werden seine unreifen, noch ungeordneten Bewegungen durch die Hülle des Tragtuchs gehemmt, und es erhält die Chance, in die geordneten Bewegungen der Mutter eingeschaukelt zu werden. Und wenn sich das Kind gegen dieses Einordnen aufbäumt, so steht zweifelsfrei fest, daß es dennoch gehalten wird, auch wenn es dabei seine Gefühle der Abneigung noch so vehement äußert. Sie werden von der tragenden Mutter angenommen und durch den Halt abgefangen. Das Kind kann sich angenommen fühlen, obwohl es Wut äußert. Es fühlt sich vorbehaltlos geliebt. Trotz aller gefühlsmäßigen Aufwallungen ändert sich nichts an dem alles ordnenden Halt. Das Kind wird jedenfalls daran gehindert, seinen momentanen Bewegungsimpulsen nachzugehen. Nur ab und zu bekommt es dazu die Gelegenheit, wenn es aus dem Tragtuch entlassen wird.

Zu Beginn des 20. Jahrhunderts, im Zuge der technischen Entwicklung, wurde diese unbewußte Art der Frühbetreuung aufgehoben. An die Stelle des Geborgenheit vermittelnden Tragtuchs traten Laufstall und Kinderwagen. Die Wiege am Bett der Eltern wurde durch das eigene Bettchen im eigenen Zimmer ersetzt. Um die Kinder trotz der entstandenen Entfernung zu steuern, wurde nach strengen, autoritären Regeln erzogen. Die Instinktsicherheit erlosch. Anstelle des Unbewußten hätte nun das *Wissen* um die Gesetze der kindlichen Persönlichkeitsentwicklung treten müssen. In dieser Zeit aber war, was man für Wissen hielt, ein Irrtum, denn die Wissenschaft hat zu diesem Zeitpunkt noch erschreckend wenig von den kindlichen Bedürfnissen gewußt. Man hat das Kind unterschätzt. Unter der zunehmend atheistischen Sichtweise wurde das Kind vielmehr als materielles Objekt gesehen, das man zu einer Leistungsfähigkeit maßschneidert. Dies ging auf Kosten der liebevollen Achtung und Behütung seiner Seele auf ihrem Weg zur Einverleibung. Das Verhängnis war, daß man *Unbewußtes durch Unwissen* ersetzt hatte, was man erst später erkannte. Tragischerweise zog sich der Irrtum noch weiter. Als man die unter der autoritären Erziehung entstandenen Deformierungen der kindlichen Persönlichkeit erkannte, schaffte man unüberlegt die bis dahin gültigen Regeln des Miteinanders ab, um dem Kind jenes Glück und jene Freiheit zu geben, die den autoritär erzogenen Eltern entgangen war. Als hätte das kleine Kind schon den Überblick, um den Maßstab für seine Entscheidung zu finden! Als könnte das Kind im Krabbelalter und ersten Laufalter schon Zusammenhänge verstehen und freie Entscheidungen treffen.

Wie ein Kleinkind denken und handeln kann

Die Wirklichkeit ist, daß sich das Kind auf der allerersten Stufe des Denkens befindet. Erst zwischen dem siebten und achtzehnten Lebensmonat gewinnt das Kind die ersten Ansätze zur Vorstellungskraft (*sog. seriale Stufe*). Es kann sich vorstellen, daß hinter dem Tuch das Gesicht der Mama ist und weiß im voraus, daß die Mama »Guckuck« sagen wird, wenn es das Tuch wegzieht. Es zieht an der Schnur vom Hampelmann, damit sich der Hampelmann bewegt. Jedes Mal folgt auf eine bestimmte Ursache eine bekannte Wirkung. Sein zielgerichtetes Handeln verläuft nach einem einfachen, dreigliedrigem Schema:

- *Vorstellung des Ziels* (Mamas Gesicht wird erscheinen und »Guckuck« machen),
- *bewirkende Handlung* (das Tuch herunterziehen),
- *erreichtes Ziel* (Mamas Gesicht erscheint und macht »Guk-kuck«).

Diese Denk- und Handlungsschemata sind einfache Zwei-schritt-Programme (Ursache-Wirkung). Sie sind auch zeitlich gesehen kurz, in der Größenordnung von Bruchstücken einer Minute.

Das Kind verpulvert bei diesen »Geistesblitzen« seine Energie nicht, sofern es ihm ermöglicht wird, die gleiche Aktion immer wieder zu wiederholen. Es gewinnt dabei viel. Nicht nur, daß es Vergnügen daran hat, sich auf seine Vorstellungen verlassen zu können, es erwirbt auch die sichere Beherrschung seiner gezielten Bewegungen.

Es lernt, sich im Raum zu orientieren, seine Bewegungen aus-zurichten und einzuteilen, also bestimmte Bewegungsimpulse zu hemmen, um die anderen in den Vordergrund der Aufmerk-samkeit zu stellen. Es lernt zuverlässig Richtungen einzupla-nen und mit seiner Kraft umzugehen. Das ist der Beginn der Konzentration und der willentlich gesteuerten Aufmerksam-keit. Das Kind macht auf dieser Stufe sogar den ersten Schritt in die Zeitvorstellung: Zunächst … und dann …

Durch das Gelingen dieser wiederholten und immer bewußter werdenden Denk- und Handlungsschemata gewinnt das Kind die erste Sicherheit in sich selbst. Die Freude am konzentrier-ten Tun erwacht in ihm ebenso wie die Überzeugung, daß es sich auf seine Kräfte verlassen kann.

Nachdem wir nun wissen, wie kurzkettig das kleinkindhafte Denken ist, leuchtet ein, daß das Kleinkind noch nicht in größeren Zusammenhängen denken, daß es noch nicht geistig kombinieren kann. Es kann noch nicht gedanklich vorplanen, daß es die Tasse hinunterwerfen muß, wenn es will, *daß dadurch – wegen des Kraches – die Mama kommt.*

Das Kind dieser Stufe weiß nur, wenn man die Tasse herunterwirft, macht es Krach (der erste Gedanke). Wenn man Krach macht, kommt die Mama (der andere Gedanke). Die gedankliche Verbindung zwischen den beiden Gedanken schafft es aber noch nicht.

Wie kann also das Kleinkind gedankliche Schlüsse ziehen, um Urteile zu bilden und die Verantwortung für sein Handeln zu übernehmen? Wenn man sich auf den Satz stützt: »Das Kind weiß bestens, was es braucht«, so müßte man richtiger sagen: *Das Kind fühlt bestens, was es braucht, aber es weiß es noch nicht. Sollte man es von ihm verlangen, so ist das eine Überforderung.*

Gregors Geschichte

Dies ist die Geschichte eines Kindes, das zu früh Freiheit bekam.

Zum ersten Mal sahen wir Gregor mit seinen Eltern, als er etwas mehr als sechs Monate alt war. Sein Kinderarzt wollte Gewißheit haben, daß er sich motorisch unauffällig entwickelt, weil in der frühen Säuglingszeit aufgefallen war, daß er sich asymmetrisch bewegte. Gregor hatte schon eine Serie von Krankengymnastik gehabt, und wir konnten feststellen, daß seine Bewegungen jetzt in Ordnung waren. Das ganze Kind Gregor war in Ordnung! Ein ruhiges, ausgeglichenes Kind.

Die Krankengymnastik hat sicher nicht geschadet, eher gut getan. Jedenfalls hatte Gregor dadurch Gelegenheit gehabt, sein Bewegungsrepertoire zu ordnen.

Wir dachten eigentlich nicht, Gregor wiederzusehen. Aber wir sahen ihn doch – etwa vier Monate später. Diesmal wurde er gebracht, weil er nicht mehr durchschlafen konnte. Die Eltern waren sehr besorgt, und auch Gregor hatte etwas Besorgtes in seinem Gesichtchen. Er hatte nicht mehr den kleinkindlichen, vertrauens- und ruhevollen Blick, den er bei der Erstvorstellung noch hatte, vielmehr waren seine Augen beunruhigt, beobachtend unterwegs, so, als müßte er Wache halten. Er war beständig auf dem Sprung, wollte im Arm der Mutter von einer Seite zur anderen, turnte auf dem Schoß der Mutter herum, strebte bald in den Arm des Vaters, bald nach unten. Letzten Endes schaffte es Gregor, auf den Boden zu kommen, und stolz kommentierte die Mutter: »Er kann jetzt krabbeln und schon stehen! O je«, fügte sie hinzu, »bei uns zu Hause ist seitdem vielleicht etwas los! Ich hätte nie gedacht, daß ein Kind so viel anstellen und so anstrengend sein kann. Ich bin selber jetzt ständig auf Achse, damit ihm nichts passiert.« Der Vater, ein Lehrer, kommentierte schmunzelnd: »Man könnte meinen, uns stünde daheim Hochwasser ins Haus. Immer sind wir dabei, unsere Schätze höher und höher ins Regal zu räumen.« Uns fiel bei diesem Vergleich ein, daß der Arm der Mutter wie ein Vogelnest im Schilf gewesen war und die Hochwasserwellen das Nest schon erreicht hatten. Kein Wunder, daß das Vögelchen aus dem Nest gefallen und auf den Wellen seines erwachenden Bewegungsantriebs weggetrieben worden war.

Als Gregor dann von einem kleinen Tisch die Kaffeetassen und die Blumenvase wegwischen wollte, baten wir die Eltern, ihn daran zu hindern. Wir hatten nämlich nicht die Absicht, unsere Schätze höher zu stellen: »Nehmen Sie ihn doch auf den Schoß«, rieten wir dem zunächst sitzenden Vater an. »Wie denn? Der ist nicht zu halten, wenn er sich etwas anderes in den Kopf gesetzt hat.« Aber der Vater versuchte es doch. Es sah jedoch so aus, als wollte er damit beweisen, daß er mit seiner Behauptung recht hatte. Tatsächlich entwand sich ihm Gregor sofort, was seinen Vater offensichtlich erheiterte. Dann versuchte die Mutter, Gregor aufzuhalten. Auch ihr entzog er sich prompt, und auch die Mutter reagierte belustigt und auch ein wenig stolz auf den Tatendrang des kleinen Mannes.

Wir versuchten den Eltern aufzuzeigen, daß zwischen nächtlicher Unruhe und dem ungesteuerten Tatendrang Gregors ein ursächlicher Zusammenhang besteht. Die Schlafprobleme sahen wir als Zeichen eines Stresses, dem Gregor durch die Reizüberflutung ausgesetzt war. Wir rieten, Gregor tagsüber Schonräume anzubieten, in denen er ruhig und dafür ausgiebig Dinge seines Interesses untersuchen kann. Der Vater zwinkerte: »Ich weiß schon, Sie spielen auf den guten alten Laufstall an … Aber ich halte davon nichts!« Ratschläge für die Nacht nahmen die Eltern williger auf.

Nach wenigen Wochen wendete sich aber das Blatt. Gregor war jetzt zwölf Monate alt und konnte schon seit einiger Zeit laufen, er war ein gewandter Kletterer geworden. Er konnte alle Schubladen in seiner Blickhöhe erreichen, aufziehen und ausräumen. Besonders anziehend waren Steckdosen und Geräteschalter, und er hatte an allen Gegenständen Freude, die er umwerfen oder irgendwie hinabwerfen konnte. Blumentöpfe von der Fensterbank warf er besonders gerne herunter. Seine Eltern hatten längst die Heiterkeit über seinen Tatendrang verloren, zumal Gregor überhaupt nicht auf ihr mahnendes und lenkendes: »Nein, nein« reagierte. Auch auf seinen Namen reagierte er nur selten. Gregor war immerfort zugange, und die Eltern verglichen ihn in letzter Zeit immer häufiger mit einer Rakete. Manchmal nannten sie ihn schon zärtlich »unser Raketchen«. Das zärtliche Gefühl erlosch bei der Mutter aber immer mehr. Da er sich auch nicht mehr gerne von ihr auf dem Schoß halten ließ, fühlte sie sich oft schmerzlich von ihm abgelehnt. Ihre Mutterrolle empfand sie immer anstrengender. Einerseits konnte sie Gregor nicht mehr aus den Augen lassen, weil er auf seinen wilden Erkundungsgängen das Mobiliar und sich selbst gefährdete. Andererseits fühlte sie sich hilflos, ihn zu bremsen, weil er sich durch ihre Ablenkungsmanöver so gut wie nicht umlenken ließ. Durch nichts ließ er sich abhalten. Sie kam immer mehr in Streß. Genauso erging es dem Vater. Auch er empfand den Streß, wurde immer gereizter und unzufriedener. Die Gespräche der Eltern drehten sich am Ende ausschließlich um dieses unfaßbare Kind.

»Wie oft habe ich versucht, Gregor abzulenken und auf andere Gedanken zu bringen. Meinen Sie, er möchte wie andere Kinder in seinem Alter mit dem Teddybär oder mit Klötzchen spielen? Er ist immer auf Achse, und ich kann immer hinterherlaufen! Wie oft habe ich seither an Ihre Ratschläge gedacht. Aber mein Mann ist nun einmal der Ansicht, daß diese altmodisch sind!«

Die Hintergründe der erworbenen Hyperaktivität

Charakteristischerweise bricht die Unruhe der Kinder an der Stelle auf, wo sie sich aus eigener Kraft »vom Nest« entfernen und sich den Raum mit der eigenen Fortbewegung erobern können. Davor hielt sie ihr eigenes Unvermögen noch in einem Schonraum zurück.

Bis dahin hatte das Kind nämlich die ganz natürliche Chance, gehalten zu werden. Es war ohne die Fähigkeit zur Aufrichtung und Fortbewegung noch hilflos. Demzufolge mußte es getragen werden. Wir nehmen alle gerne mit warmem Herzen wahr, wie der kleine Säugling sich den alles umschließenden Halt erkuschelt. Mit Vorliebe lassen sich kleine Kinder beruhigen, wenn sie auf der Schulter der Mutter oder des Vaters liegen, mit der Vorderseite ihres Körpers die Festigkeit des mütterlichen/väterlichen Körpers fühlen von Kopf bis Fuß. Das sichere Gefühl wird noch durch den haltenden Arm, den es im Rücken spürt, gestärkt. Ähnlich beruhigend wirkt sich für das Kind das Liegen auf einer Unterlage aus, zum Beispiel auf einer Matratze. Von der einen Seite spürt es die Festigkeit dieser Unterlage, von der anderen Seite den Halt der Zudecke.

Solange das Kind hilflos ist, bekommt es den Arm der Eltern und die Unterlage noch heute und somit den Schonraum und die Steuerung seiner Bewegungsimpulse. Mit den ersten eigenen und auf die Aufrichtung und Fortbewegung hingerichteten Bewegungsimpulsen, die es in der zweiten Hälfte des ersten Lebensjahres erwirbt, läuft es aber Gefahr, dieser Hilfen verlustig zu gehen. Warum?

– Das Tragen wird beim älteren Säugling immer seltener. Noch am ehesten erhält das Kind diese Hilfe beim Spaziergang oder beim Einkaufen. Zu Hause ist die Notwendigkeit nicht so klar ersichtlich. Das Kind erhält die Hilfe wohl, allerdings nur, wenn es danach verlangt, da in diesem Alter der Impuls zur Fortbewegung in der Regel stärker ist als das Verlangen nach Ruhe. Außerdem fällt der Mutter unseres Kulturkreises das Tragen immer schwerer. Sie ist darin nicht so von klein auf geübt wie eine Mutter aus Peru oder Afrika.

– Die gegenständlichen Hilfen zur Hemmung des Bewegungsimpulses sind heute verpönt. Der Laufstall wird als Gefängnis, der Gurt im Kinderwagen oder Hochstuhl als Fesselung, der Laufgurt als menschenunwürdige Hundeleine erlebt.

– Von der Ideologie der sechziger Jahre hat man noch im Ohr: »Jedes Kind hat das Recht auf Freiheit, auf seinen Willen.«
»Den Bewegungsdrang nicht hemmen.«
»Ja nicht das Kind gegen seinen Willen halten!«

So halten es viele Eltern heute für einen Verstoß gegen die Menschenrechte des Kindes, es gegen seinen Wunsch nach Freiheit auf dem Schoß beziehungsweise im Laufstall zu halten. Mit anderen Worten: *Man läßt das Kind in die eigene Unruhe, den Streß und damit in die Unfreiheit hineinlaufen.* Wie wirkt sich das konkret aus?

Setzen wir die Geschichte von Gregor fort: Auf unser Befragen hin erinnert sich seine Mutter, daß seine Unruhe mit dem Krabbeln begann: »Da wurde er anstrengend«, und sie fuhr wie zu sich selber sprechend fort: »Plötzlich gehörte ihm die ganze Wohnung! Warum hätte ich ihn auch in ein Zimmer einsperren sollen? Ein Kind muß doch die ganze Wohnung kennenlernen, die seiner Familie und ihm gehört. Es sind ja auch alle Zimmer bei uns warm, überall ist schöner weicher Teppichboden – weshalb hätte ich ihm die Wohnung nicht als Übungsfeld zur Verfügung stellen sollen? Dummerweise haben wir überall diese Einbauschränke, deren Schubladen man nicht abschließen kann. Kaum hatte Gregor erkannt, daß man die Schubladen ausziehen und ausräumen kann, trieb er sein Spiel überall! Und dann sein Tick mit den Steckdosen und Schaltern und allen technischen Geräten! Er ist da wie mein Mann! Der hat die gleichen Interessen. Deshalb kann er auch gar nicht verstehen, wenn ich mich abends darüber beklage, wie mich Gregor auf Trab hält. Im Gegenteil, ihn freut es noch, daß Gregor diese technischen Interessen hat. Er erwartet zwar von mir, daß ich seine Geräte vor Schaden schütze, aber andererseits erwartet er auch, daß ich Gregor in gewisser Weise damit spielen lasse, damit er seine Erfahrungen damit sammeln kann.«

So wie es bei »Gregors« zugeht, geht es auch in vielen anderen Familien zu. Nicht nur in der gegenständlichen Welt wächst ein Chaos, auch die Ordnung in den zwischenmenschlichen Beziehungen gerät ins Schwanken. Je mehr sich das Kind ausbreitet und die Umwelt auf seine umtriebige Weise in Beschlag nimmt, um so häufiger läuft die Mutter hinter ihm her, verfolgt es und belästigt es mit Verboten und Ablenkungsangeboten, als wären in der Wohnung nicht genug Verführungen. Jetzt wird auch die Mutter zur Störung! Im Grunde zerstört sie noch die letzten Inseln der kindlichen Aufmerksamkeit. Die Mutter, die das Kind so gerne lieben möchte, wird nun zum Feind. In einer Wechselwirkung schaukelt sich gegenseitig eine Haß-Liebe auf. Alle Beziehungen werden bedroht: zwischen Kind und Mutter oder Vater und Mutter, Vater und Kind.

Vor diesem unerträglichen Streß würde man am liebsten flüchten, jeder auf seine Weise, jeder zu seinem Ding. Das Kind betäubt sich beispielsweise mit Krachmacherei, die Mutter vielleicht mit stundenlangem Telefonieren, der Vater am Computer. Jeder versucht auf seine Weise, sich vor seiner inneren Unruhe zu retten. Jeder für sich alleine. Wo bleibt das Recht auf die Liebe und auf die innere Freiheit?

So geht im Laufe der Geschichte eine Sicherheit nach der anderen verloren. Zunächst verloren aufgrund der Zivilisation die Instinkte an Bedeutung, später auch die Regeln und die technischen Hilfen. Das einzige, was sich hielt, ist das *Unwissen*. Das Unwissen läßt den Denkfehler zu, daß beim Kind Freiheit den Vorrang vor Geborgenheit hat und somit Lösung vor der Bindung steht. Vertauschung, Verirrung, Verwirrung.

An dem unruhigen Verhalten der Kinder ist ablesbar, daß die Wahrheit anders sein muß. Kinder sind Boten aus einer anderen Welt. Sie kommen aus der göttlich geordneten Welt und möchten auf dieser Erde in unserer Zeit in der Familie landen. Hier möchten sie die Umstände vorfinden, die ihnen wahre kindliche Lebendigkeit zusichern. Können sie diese Umstände nicht vorfinden, reagieren sie auf diese Leere mit Angst. Angst und Streß. Der Streß äußert sich in Unruhe.

Die eigentliche Botschaft der vielen unruhigen Kinder ist, daß das menschliche Gleichgewicht aus den Fugen geraten ist. Der Mensch kann nämlich nur dann in sich ruhen, wenn er mit sich und der Welt im Ein-Klang ist.

Über die Einbindung in die schöpfungsbedingte Ordnung

Eben dieses Wissen um die Ordnungen, die den Ein-Klang herstellen, muß erneuert werden. Immer wieder hören wir Mütter sagen: »Ich lasse mich durch kein Wissen verunsichern. Es steht sowieso in jedem Buch etwas anderes. Ich verlasse mich lieber auf mein Gefühl.« Das klingt überzeugend und wirkt auf den ersten Blick herzerfrischend. So oft aber erweist sich dieses tapfere Bemühen um instinktive Sicherheit als Illusion. Was gibt der Mutter die Sicherheit, daß ihr gut gemeintes Gefühl nicht ein neurotisches Nachholbedürfnis ist? Weil sie in ihrer eigenen Kindheit zu streng erzogen wurde und zuwenig Freiheit zur Entfaltung ihres Eigenwillens bekam, gibt sie später ihrem Kind jene Freiheit, die ihr entging, im Übermaß. Eben dieses Übermaß kann das Kind aber noch nicht verkraften, und die Auswirkung davon ist seine Unfreiheit. Das Gegenteil also.

Der Tatsache, daß das Wissen um die Lebensgesetze eine objektive Wahrheit ist, kann man sich nicht entziehen. Subjektiv kann das Wissen von den Lebensgesetzen auch aufgenommen werden, solange der Mensch mit seinem ganzen Sein in die Wahrheit selbst, das heißt also in die ganze Schöpfung eingebettet ist. Über die Instinkte waren wir fraglos in die schöpfungsbedingten Ordnungen eingebunden und konnten sie unbewußt leben. Die krankmachenden Folgen der erlahmenden Instinktsicherheit rütteln uns nun wach. *Die einzige sich eröffnende Chance ist, das Urwissen über die schöpfungsgemäßen Ordnungen aus dem Unbewußten nun in unser Bewußtsein zu heben.* Der Weg der Menschlichkeit führt vom Instinktiven (unbewußten Wissen) zum Geistigen (bewußten Wissen).

Der verbindende und treibende Stoff ist die Liebe, die über unser Herz fließt. Instinkte ohne Liebe tragen Brutalität in sich. Wissen ohne Liebe ist kalt. Nur die Liebe verwandelt Instinkte und Wissen in Wahrheit. Das ist die Logik des Herzens, nach der es uns heute so sehr verlangt.

Wenn ich mit Menschen- und mit Engelszungen redete und hätte der Liebe nicht, so wäre ich ein tönend Erz oder eine klingende Schelle.
Und wenn ich weissagen könnte und wüßte alle Geheimnisse und alle Erkenntnis und hätte allen Glauben, also daß ich Berge versetzte, und hätte der Liebe nicht, so wäre ich nichts.
Und wenn ich alle meine Habe den Armen gäbe und ließe meinen Leib brennen und hätte der Liebe nicht, so wäre mir's nichts nütze.

(1. Kor. 13,1-3 in der Luther-Übersetzung)

Die Wahrheit ist immer das Ganze. Wenn wir die einzelnen für die Menschwerdung not-wendigen schöpfungsbedingten Gesetze anschauen, heißt es keinesfalls, daß sie einzeln und getrennt voneinander wirken. Was aus dem Ganzen herausgelöst wird, verliert alsbald die wohltuende Wirkung und büßt an Lebendigkeit ein. Wenn eine Rose abgeschnitten wird, so büßt der Rosenstock nur wenig ein. Die Rose aber, getrennt vom Ganzen, behält ihre Schönheit nur noch kurze Zeit.
Wenn der erwachende Bewegungsdrang des Kindes aus den vielfältigen Zusammenhängen der zielgerichteten Handlungen und der gemeinsamen Freude am Tun herausgerissen wird, so führt er alsbald zur selbstzweckmäßigen Stimulation und mündet in Leerlaufhandlungen ein. Auch hier geht die wahre Lebendigkeit durch die Abspaltung verloren.
Wie im Orchester durch das Zusammenklingen vieler Töne das Herz des Zuhörers berührt wird, so wirken in der ganzen Schöpfung viele Ordnungen. Damit sich der Mensch bewußt in das Orchester der Schöpfung einfügen kann, muß er aber die einzelnen Töne, ihre Bedeutung und den Umgang mit ihnen kennen. Aus diesem Grund wollen wir den Versuch unternehmen, einige der wichtigsten schöpfungsgegebenen Ordnungen

darzustellen. Wir richten unser Augenmerk auf die Gesetzmäßigkeiten, deren Einhaltung dem Kind seine wahre Lebendigkeit zusichert.

I. Das Gesetz der Gegensätze

Gott ist die absolute Einheit, die vorbehaltlose Liebe, der voll-
kommene Frieden, das allesumfassende Ganze. Der Mensch
kann diese Einheit nicht fassen, aber er sehnt sich danach.
Er nähert sich dem Ziel seiner Sehnsucht und begegnet dem
Göttlichen in sich wie auch im Gegenüber, wenn er ganzheit-
lich wahrnehmend sich der vorbehaltlosen Liebe öffnen und
den Frieden erleben kann.
Eine Ahnung vom Göttlichen im Menschen vermittelt uns das
Kleinkind, denn es nimmt nicht anders als ganzheitlich wahr.
Es lebt vorbehaltlose Liebe und verlangt nach Frieden – sprich
Geborgenheit.
Die Sehnsucht nach dem Göttlichen ist in jedem Menschen und
bestimmt seine ethischen Maßstäbe. Sie ist die Grundlage seines Gewissens und die Urquelle, aber zugleich auch das Ziel
seiner Lebenskraft.
Der Mensch kann diese Sehnsucht aber nur aus einem Mangel
heraus bewußt empfinden. Je schmerzhafter der Mangel erlebt
wird, um so größer ist das Streben nach der Fülle. Die Sehnsucht ist eine Folge des Mangels. Der Mangel ist der Anfang
des Wegs. Der Weg ist unsere Bestimmung. Er ist unser
Schicksal, aber auch das göttliche Geschenk.
Die Energie, die notwendig ist, um den Weg zur *Ein*-heit hin
immer wieder annehmen zu können, erhält der Mensch aus
einer *Zwei*-heit. Und erst durch die Auseinandersetzung mit
Gegensätzen wird jeder einzelne Pol bewußt wahrgenommen
und erkannt. Erst wenn ich im Dunkeln bin, sehne ich mich
nach dem Licht und nehme jeden Lichtblick wahr. Das Gefan-

gensein in dem Dunkeln macht meinen Willen frei, zum Licht zu streben...

Darum geht es in der Entwicklung jedes einzelnen Menschen wie auch der ganzen Menschheit, den Willen zu befreien und auf die ausgewogene Mitte zu lenken.

Die von uns ersehnte Mitte entsteht niemals durch krampfhaftes Bemühen, die Mitte zu halten, sondern immer nur dadurch, daß der Mensch jeden der beiden Gegensätze zuläßt und auswiegt. Erst im Prozeß dieses Auswiegens, in dem die Lebensenergie fließt, entsteht die Ausgewogenheit, die Mitte.

Das In-sich-ruhen-Können ist also kein statischer Zustand, keine Friedhofsstille, sondern ein dynamisches Geschehen, strömendes, ewiges Leben. »Ich bin der Weg, die Wahrheit und das Leben.« Diese tiefsten und zugleich höchsten Erfahrungen des In-sich-ruhen-Könnens sind jenes mystische Erleben der göttlichen Einheit, die Vereinigung mit Gott durch ihn und in ihm.

Um dem Menschen in diesem Sinne Leben zu ermöglichen, gab er ihm konkrete Lebensbedingungen, die auf dem Gesetz der Gegensätze fußen. Die ganze Bibel spricht davon. Sie ist das Buch von der Zweiheit, sozusagen die Handlungsanweisung für den Menschen.

Am Anfang schuf Gott den *Himmel und die Erde.*
Am ersten Tag ließ er *Licht* werden als Gegensatz zur *Finsternis*
und er sah, daß es gut war.
Er nannte das Licht *Tag* und die Finsternis *Nacht*
und er ließ *Abend und Morgen* werden.
Er trennte die Wasser *unterhalb* des Firmaments von den Wassern
oberhalb des Firmaments,
schied *Wasser und Land,*
schuf *Adam und Eva* ...
ließ im Paradies den *Baum des Lebens* und den *Baum
der Erkenntnis* wachsen.

Gott gab das Verbot, vom Baum der Erkenntnis zu essen (der *in der Mitte des Paradieses* wuchs) und stiftete auch die Aufbäumung dagegen und somit den freien Willen. Das Naschen von der Frucht der Erkenntnis eröffnete dem Menschen die Möglichkeit, zwischen *gut* und *böse* zu unterscheiden. Das gab ihm die Illusion, schon wie Gott zu sein… Die Folge des Vorfalls war die Vertreibung aus dem Paradies in die Not-wendigkeit hinein, den Pol der Mühsal und des Leidens zukünftig auf sich zu nehmen. Aus dem paradiesischen Menschen war der irdische geworden, der aber, indem er durch den Pol des Leidens geht, sich Erkenntnis erarbeiten und geistige Seligkeit auf einer bewußteren Stufe zurückgewinnen kann.

Das Erleben von Verzicht und Leiden auf sich zu nehmen, ist von jeher für den Menschen schwer. Er fühlt sich dabei klein und voller Angst und neigt daher dazu, der Erfahrung auszuweichen. Der Appell von Christus war, im Rahmen der Polarität eindeutig zu sein und das Erleben des Gegensatzes zuzulassen, ohne ihn zu verwischen. »Seid Feuer oder Wasser, aber nicht lau…« »Eure Rede sei ja oder nein…« Den Weg der Erlösung aus dem menschlichen Dilemma lebte er selber vor. Sein Kreuz war die gelebte Liebe zum Feind, die Aussöhnung der Gegensätze.

Dieses Gesetz der Gegensätze ist nicht nur in der christlichen Philosophie verankert. Es ist vielmehr der Grundstein fast aller Philosophien. Der dialektische Materialismus sagt, daß sich alles in Gegensätzen entwickelt, und daß erst aus dem Aufeinandertreffen zweier Gegensätze eine neue Qualität entsteht.

Es genügt nicht, über die Gegensätze zu philosophieren und sie gewissermaßen als Zuschauer zu erleben. Letztendlich geht es um die Leidenserfahrung und die Aussöhnung der Gegensätze durch eigenes aktives Tun. Wenn ich nur davon höre oder lese, daß Leute nach anstrengender Arbeit gerne ruhen, bleibt meine Vorstellung flach und ungenau.

Erst wenn ich selber mühselig gearbeitet habe, kann ich verstehen, wie wohltuend Ruhe ist. Es ist nicht notwendig – und auch nicht möglich –, alle Leidenserfahrungen selbst zu machen. Aber um den Leidenden zu verstehen und mich in ihn einfühlen zu können, ist es notwendig, daß ich ihn wenigstens ein Stück auf seinem Weg aktiv und mit offenem Herzen begleite. Damit die Auseinandersetzung mit der Polarität zum Guten führt, muß in der Konfrontation der sogenannte positive Pol gewinnen. In diesem Buch benutzen wir nur ungern die Gegensätze *negativ/positiv*, weil sie in bestimmten Situationen oder Zusammenhängen so leicht wertend besetzt sind. In der Schöpfung gibt es nichts Negatives. Alles ist gut, was geschaffen ist; sofern wir bereit sind, uns mit dem Zerstörerischen auseinanderzusetzen, um dem lebenspendenden Guten den Weg zu bahnen.

Drei Verstöße gegen den Prozeß der Erlösung, das heißt gegen die Rückführung in die Einheit, gibt es: Den negativen Pol gewinnen lassen, einen der Pole abspalten, die Gegensätze verwischen:

1. Den negativen Pol gewinnen lassen.
Beispiel: Wenn ich aus Angst vor Enttäuschung nie eine verbindliche Beziehung eingehe, zerstöre ich meine Liebesfähigkeit, bleibe einsam, bedrückt durch Ängste. Der nicht gelebte, lebensbejahende Pol setzt mein Selbstwertgefühl herab.

2. Einen der Pole abspalten.
Machen wir uns nochmals bewußt, daß die ganze Schöpfung auf Gegensätzen beruht, die Gegensätze also das Ganze in der irdischen Wahrheit ausmachen. Wenn eine Seite abgespalten oder verdrängt wird, dann ist das Ganze nicht mehr ganz, sondern nur noch halb, einseitig, eine Ruine der Wahrheit.
Beispiel: Wenn ich mich nur anpasse, bin ich ein Duckmäuser, ein Sklave ohne eigenes Selbst. Wenn ich mich durchsetze, bin ich der Rücksichtslose, der Herrscher, ein Egoist.
Besonders anfällig sind wir dafür, den Pol des Bösen abzuspalten und nur zu dem Guten zu stehen. Hier wird die lu-

ziferische Verblendung wirksam, wie Gott sein zu können. Die besondere Heimtücke des Verstoßes besteht darin, daß ich zwar eindeutig Stellung beziehe zu »Gut« und »Böse«, mich aber aus der Zweiheit hinauskatapultiere. Es ist dies die distanzierte »gute« Art der Heuchler, Moralisten, Pharisäer, die das Böse der anderen anschauen und darüber urteilen. Welche Weisheit offenbart doch das Wort Ur-teil. Der abgetrennte Teil bleibt zwar bestehen, verliert aber die Verbindung zur wahren Lebendigkeit.

3. Die Gegensätze verwischen.

Wenn ich weder-noch, nicht Fisch, nicht Fleisch bin, von jedem Pol nur ein bißchen habe, nur ein wenig lebe, dann führt das zu einer Verflachung. Stehe ich nicht klar zu meinem »Ja« und traue ich mich auch nicht, das »Nein« auszudrücken, dann bin ich in der unentschiedenen Schwebe des »J-ein« (Zweideutigkeit = Zwiespalt = Ambivalenz). Die Folge ist, daß ich in meinem Handeln blockiert bin, aber auch den anderen blockiere. Weder ich noch der andere sind ausgewogen, weil da nichts zum Auswiegen war. Die nicht abgeleitete, die unerlöste Lebensenergie mündet in Unruhe ein.

Um kurz zusammenzufassen:

Alles Geschaffene besteht aus Gegensätzen. Jeder der beiden Pole eines Gegensatzes muß eindeutig ausgestaltet sein. Unter der Auseinandersetzung strömt die Lebensenergie. Diesem Gesetz von der Polarität ist jede irdische Energieform unterworfen: Energien, die aus geistig-seelischen, auch leiblichen menschlichen Erfahrungen erwachsen, wie auch die Energien der anderen Naturreiche. Elektrischer Strom ist das exemplarische Beispiel dafür. Plus- und Minuspol müssen eindeutig sein, aber untereinander in Verbindung treten, damit der Strom ins Fließen kommt.

Im Hinblick auf die Unabdingbarkeit der Gegensätze stellt sich die Frage: Wie mag sich das Kind fühlen, wenn es ohne Begrenzung nur die Freiheit erfährt? Ist es möglich, ohne diese Begrenzung überhaupt von der Freiheit zu wissen? Wie kann das Kind Freude an der eigenen Bewegung haben, wenn es vorher nicht still sein mußte? Ist es möglich, ohne den Widerstand die eigene Kraft zu erfahren, und wie ist es möglich, ohne von der eigenen Kraft zu wissen, die eigene Lebendigkeit zu genießen? Wie kann es auf die Stimme der Mutter reagieren, wenn es sie dauernd im Ohr hat? Wie kann es die im »Ja« enthaltene Vergünstigung schätzen, wenn es das »Nein« nicht kennt?

Tatsächlich sind es die Eltern dem Kind schuldig, ihm das Gesetz der Gegensätze erfahrbar zu machen. Nur unter dem Schutz des Nestes, unter Mithilfe der Eltern, kann es lernen, die Gegensätze zu erfragen und sie zugunsten der Lebendigkeit auszuwiegen. Nur mit der Hilfe der Eltern kann es für den Weg der Mühsal ausgerüstet werden.

Durch die Gegensätze bekommt die kindliche Welt Konturen. Diese Konturen muß es zunächst an den Eltern ablesen können. Kann es sie nicht ablesen, bleibt ihm das Bild von Mutter und Vater und der Welt verwaschen.

II. Über den Rhythmus

Bleiben wir beim Bild der Schöpfungsgeschichte. Am vierten Tag schuf Gott die Zeit und machte sie erfahrbar, indem er sie rhythmisch ordnete. Er ließ Sonne, Mond und die Sterne werden, damit sie herrschen über Tag und Nacht und zwischen dem Licht und der Finsternis scheiden... und damit sie als Zeichen dienen für Festzeiten und Tage und Jahre. Er schuf sie als Leuchten am Himmel... als leuchtende Meilensteine für den Fluß der Zeit.

Seit jenem fernen vierten Tag wirkt der Rhythmus der Leuchten am Firmament ununterbrochen. Er ist der Garant dafür, daß alle Systeme der Schöpfung in Übereinstimmung verbleiben. Die Bewegungen der Sonnen- und Planetensysteme, die Bewegung der Erde um die Sonne und die des Mondes um die Erde, alle sind sie rhythmisch geordnet und wirken auf die Erscheinungen der Schöpfung auf der Erde: Jahre, Monate, Wochen, Tage, Stunden, Minuten, Sekunden ergeben sich für uns aus ihnen, die Jahreszeiten, Ebbe und Flut… Rhythmus wohnt der ganzen Schöpfung inne. Er ist der Materie und dem Menschen eingegeben durch den Geist.

Rhythmus ist ein griechisches Wort, das den Fluß der bewegenden Kraft bedeutet, eine sich wiederholende Verbindung zwischen zwei Tönen, zwei Takten. Dabei wird – nach dem Gesetz der Polarität – der erste zum Sprungbrett für den zweiten, der zweite zum Sprungbrett für den dritten … Unter dem Absterben des einen wird der nächste gezeugt. Die rhythmische Bewegung ist nicht ungezügelt, frei, sie ist vielmehr nach Prinzipien, die mit Zahlen erfaßt werden können, gegliedert und geordnet. Ihre Einschränkung spielt sich nicht auf Kosten der Lebendigkeit ab. Sie ist die Bewegung der Musiker und Tänzer. Je mehr der Fingersatz und die Schrittvariation eingehalten und zur Meisterschaft getrieben werden, um so mehr gewinnt die Innigkeit des Seelenausdrucks. Der Rhythmus ist die ordnende Kraft für die Lebensenergie. Alles Lebendige ist daher in kosmische Rhythmen eingebunden. Daß auch der Mensch in kosmische Rhythmen eingebunden ist, zeigt sich für uns am einfachsten dadurch, daß er am Tag wach ist und in der Nacht schläft. Aber auch sein Atem und sein Herzschlag unterliegen diesen rhythmischen Gesetzen. Solange diese Rhythmen harmonisch aufeinander bezogen sind, ist sich der Mensch ihrer nicht bewußt und fühlt sich wohl. Erst wenn die rhythmischen Abläufe ins Stocken geraten, wird ihm durch das Erleiden des Un-heils die Notwendigkeit des Rhythmus bewußt.

Im Atem zieht der Mensch Lebenskraft in sich hinein. Im Ausatmen gibt er diese Kraft verwandelt im Innen nach Außen ab.

Der Atem[1] verbindet Außen und Innen. Mit einer Einatmung[2] beginnt der Mensch sein Leben. Mit einer Ausatmung[3] beendet er es im Sterben. Ein- und Ausatmen ist der belebende Zyklus schlechthin. Er hält sowohl den Kreislauf im einzelnen Menschenleben in Gang wie er auch im Laufe der vielen Leben im Rahmen ihrer Geschichte Leben bewirkt. Atem und Blut kehren zurück und gehen hinaus – ewig wechselnd.

Im Rhythmus lebt die Zahl. Faszinierend ist, wie Rhythmus und Zahl miteinander in Beziehung sind. Versuchen wir einen Einblick in die Großartigkeit der Schöpfung, indem wir eine der Zahlen in ihrer erstaunlichen Bedeutung für unser irdisches Leben anschauen, die Zahl 4:

Auf einen Atemzug entfallen vier Herzschläge. Ein Herz hat vier Kammern, viermal pro Atemzug wird zur bereinigenden Verwandlung verbrauchtes Herzblut in die Lunge gestoßen. In der Atemluft, mit der es dort in Verbindung tritt, kommt ein Teil Sauerstoff auf vier Teile Stickstoff. Welches Geheimnis ist in dem Zahlenverhältnis 1:4 verborgen?

Die 4 ist die Zahl der Materie: Wasser, Feuer, Erde, Luft sind die vier Elemente. Ost, West, Süd und Nord sind die vier Rich-

---

[1] Durch den Atem besteht eine zahlenmäßig erfaßbare Beziehung zwischen Mensch, Erde und Kosmos. Johannes Kepler, der Astronom und Astrologe, sagte einmal: »Die Erdkugel ist ein Leib, die einem Lebewesen zugehört.« Ein Tag ist ein Atemzug dieses Lebewesens. An einem Tag führt der Mensch 18 x 60 x 24 = 25.920 Atemzüge aus. 25.920 Tage ergeben 72 Jahre, das durchschnittliche Lebensalter des Menschen. Man nennt diese Zeitspanne in der Astrologie einen Weltentag (mein Leben ist vor Dir wie ein Tag). 25.920 Monate entsprechen 2.160 Jahren, das ist der Zeitabschnitt eines Weltenmonats, 25.920 Jahre endlich (= 12 x 2.160 Jahre) ergeben das Weltenjahr oder auch großes platonisches Jahr (Äon) genannt –, das sich aus dem Sonnenumgang im Tierkreis ergibt.

[2] Einatmen = Inspiration (aus dem Lateinischen: »Den Geist hereinholen«).

[3] Ausatmen = Exspiration (aus dem Lateinischen: »Den Geist abgeben«).

tungen des Raums. Vier Gliedmaßen braucht der Mensch zur aktiven Bearbeitung der materiellen Umwelt. Ein in vier gleiche Teile geteiltes Quadrat ist die Formel für das materiell bzw. leiblich wahrnehmbare Gleichgewicht von oben und unten, links und rechts (jeweils Gegensätze). Durch seine Einteilung entsteht das Kreuz.

4 x 7 ergibt 28. 28 Tage braucht der Mond, um einmal voll zu werden. 28 Tage ist der Zyklus der Frau, in dem sie ihre Periode bekommt. Von Periode zu Periode, über vier Wochen, macht sich der Leib der Frau immer wieder aufs neue bereit, zu empfangen. 10 mal 28 = 280 Tage dauert eine Schwangerschaft, das sind vierzig Wochen. Die Zahl 40 treffen wir in der Bibel immer da, wo eine Offenbarung erwartet wird. Vierzig Tage lagerte Moses am Berg Sinai, 40 Tage wanderte der Prophet Elia zum Berg Horeb. 40 Tage verbrachte Jesus in der Wüste, 40 Tage liegen zwischen Ostern und Himmelfahrt... Das Gemeinsame der genannten Beispiele besteht darin, daß in allen Fällen die Zeit der Vorbereitung unter Ausschluß der lauten Welt in einer Nische verbracht wird, aber innig mit der Sicherheit verbunden, daß sich die angekündigte Verheißung erfüllt.

Einem Code gleich trägt der Mensch in seiner ganzheitlichen Gestaltung alle Geheimnisse der Schöpfung in sich. Durch die Harmonie seiner Lebensabläufe ist er vom Atem Gottes durchdrungen und befindet sich mit ihm im Einklang.

Das Kind ist Schlüssel zu diesem Code. Seine Seele kann sich mit seinem Leib nämlich nur nach diesem Code verbinden. Indem es für seine Entstehung die Einhaltung des Codes unabdingbar beansprucht, wird es zu dessen Offenbarung. Das Kind ist die Offenbarung der Schöpfung an sich. Es verweilt in der rhythmisch bewegten Nische wie Moses in seinem Körbchen. Seine Nische ist der Leib der Mutter. Ihr wurde sein Werden angekündigt dadurch, daß der Rhythmus ihres weiblichen Zyklus sich verändert und sie in »andere Umstände« kam. Das Kind wird in die Rhythmen der Mutter einverleibt. Sie bewegt das Kind unter ihrem Herzen, und es erfährt den Rhythmus ihres Herzschlages, ihrer Atembewegungen, ihres Umhergehens.

Rhythmus verbindet auch hier das leibliche mit dem seelischen Befinden. Kommt der mit Vertrauen erwartete Ur-Rhythmus zustande, findet das Kind in das Ur-Vertrauen. Das sichere Eintreten des Erwarteten wird zum Gefühl der Sicherheit, und das im Rhythmus körperlich erlebte Gleichgewicht wird zum seelischen Gleichgewicht. Im Rhythmus ordnet sich alles Werdende, nur unter Rhythmus kann es sich entwickeln. Der Rhythmus verbindet und schafft Bindung. Er macht Gefühle bewußt, so wie es zum Beispiel beim Liebkosen und Streicheln geschieht.

Die rhythmischen Erfahrungen in der Nische muß das Kind auch noch nach seiner Geburt lange fortsetzen können. Seine Wahrnehmung und Erlebnisfähigkeit verändern sich mit der Entbindung vom Mutterleib nicht. Das Kind braucht nach wie vor seine Hülle, die Wärme und das rhythmische Bewegt-sein. Damit es überhaupt in die Welt hineinwachsen kann, muß es sich auf die Rhythmen dieser Welt einlassen können: auf Tag- und Nachtrhythmus, Zeiten von Schlafen und Wachen, von Ruhen und aktivem Tun, auf den Rhythmus der Mahlzeiten, auf den regelmäßigen Ablauf des Tages, der Woche, des Jahres.

Der Lebenslauf des Menschen ist also eingebettet in vielfältige Rhythmen, und vielfältige Rhythmen weben ihn in die irdischen und kosmischen Ordnungen ein. Nicht nur die Rhythmen seines Körpers machen ihn zum Teil der ganzen Schöpfung, sondern auch sein Hineingestelltsein in die zeitlichen Abläufe mit zyklisch wiederkehrenden Marksteinen. Die großen Feste des Jahres, Ostern, Pfingsten, Sommersonnwende, Erntedank, Weihnachten, Jahrmärkte, Jubiläen und ihr spezifisches Brauchtum, das bewußte Erleben von Arbeits- und Ruhetagen, Werk- und Sonntagen können den wohltuenden Rhythmus wahrnehmbar machen. Als wohltuend wird er empfunden, wenn er zwar ordnet, aber dem, was werden will, Freiheit läßt.

Die Gestaltung dieser vielfältigen Rhythmen kann das Kind aus sich nicht entwickeln. Um zu seinem eigenen Biorhythmus finden zu können, muß es in seiner Umwelt einen Rhythmus antreffen. Vermitteln kann ihm dies nur die Mutter (die Eltern). Wenn sein eigener Biorhythmus im Einklang mit den äußeren Rhythmen ist, fühlt sich der Mensch wohl und frei, er ist im Gleichgewicht, er kann in sich ruhen, er spürt seine Mitte. Man erkennt es an seinem ausgeglichenen Verhalten, an seinem regelmäßigen und ruhigen Atmen, an seinen harmonisch fließenden Bewegungen, an seiner leiblichen Gesundheit.

Wie mag es also einem Kind ergehen, wenn es den für seine Einverleibung unabdingbaren Rhythmus von außen nicht vermittelt bekommt? Was muß es machen, um überhaupt Rhythmus zu empfinden? Es muß sich selbst in Bewegungen bringen, die an Rhythmus erinnern. Im Bettchen schlägt es mit dem Kopf hin und her. Auf den Knien wippt es. Es krabbelt hin und her und her und hin. Es bedient sich eines Teefläschchens, an dem es rhythmisch saugt. Es wedelt mit den Armen… So oft mündet das Spiel mit den Matchbox-Autos in stereotypem Herumbewegen. Leerlaufhandlungen.

Wenn das Kind rechtzeitig und regelmäßig abends zu Bett ginge und durchschlafen würde, hätte es am Tag die Chance, ausgeglichen und tatkräftig zu sein. Diese Chance muß ihm entgehen, wenn die Eltern zulassen, daß es die Nacht zum Tage macht. Statt dessen verbraucht es seine Energien und die der Eltern für seine sinnlosen nächtlichen Ruhestörungen.

Je mehr das Kind durch seine eigenen (Ersatz-)Rhythmen eingeschränkt wird, um so mehr werden ihm seine sinnlosen unruhigen Handlungen zum Schicksal und um so weniger kann es sich an das Äußere anpassen. Die in Stereotypien gefangenen Kinder können sich nicht nur den Eltern, sondern dem Leben allgemein kaum anpassen. An der Tatsache, daß der Rhythmus der Puls des Lebens ist, kommen wir nicht vorbei.

III. Stufen des Wachsens

Aus den bereits beschriebenen Grundbedingungen des Lebendigen ergeben sich die Gesetzmäßigkeiten des Wachsens. So wie die Lebenskraft sich einverleibt, innerlich zunimmt und sich nach außen ausweitet, so schreitet die Entwicklung des Menschen stufenweise voran. Wenn die Kräfte abnehmen, geht die Entwicklung zurück – wie bei einem Greis oder bei krankhaften Blockierungen (Regression).

Zum Ziel der Menschwerdung strömen die Entwicklungsgänge aus verschiedenen Richtungen, verbinden die Wasser verschiedener Quellen sich zu einem Fluß: Bindung mündet in Loslösung ein. Der Gang der Wahr-nehmung lenkt zum Denken hin. Greifen wird zu Be-greifen, die Abhängigkeit vom Schutz des Nestes wandelt sich in Freiheit. Unbewußtes *Es* wird zum bewußten, sozial empfindenden *Ich*. Aus nachahmenden Gebärden wie Winken, Kopfschütteln (Nein-nein) und Zeigen wird die Bereitschaft wie auch die Fähigkeit zum Dialog, entwickelt sich die Sprache.

Es fällt uns schwer, die Entwicklungsbereiche einzeln zu betrachten. Sie sind bei dem noch ganzheitlich wahrnehmenden kleinen Kind ohnedies nicht voneinander getrennt, sondern ineinander verwoben und verzahnt. Wir wollen von der ganzheitlichen Wahrnehmung und Wahrnehmungsfähigkeit deshalb so ausführlich sprechen, weil sich in diesem Stadium der frühen Kindheit alle die Störungen manifestieren, von denen hier die Rede sein soll.

Wir wollen uns auf das Wesentliche, das dem Wesen des Menschen Entsprechende beschränken. Das vorgeburtliche Stadium beschreiben wir deshalb so ausführlich, weil die Menschwerdung mit der Befruchtung beginnt und bereits in den frühen Tagen der Schwangerschaft die Grundlage zum Erlangen der Mitte und des Selbstbewußtseins gelegt wird.

BEGRIFFE	Art der Verarbeitung	Ausdehnung der Neugierde
	symbolisierend (Ansätze zur Abstraktion) ▲ Phantasie	immer mehr Zusammenhänge sachlicher und sozialer Art, auch »als ob« gekoppelt
18 Mon.	kombinierend (zielgerichtet innerhalb konkreter Zusammenhänge) ▲	Mittel werden varriiert, Umwege gesucht, *um* auch in unbekannten Situationen die Lösungen zu finden Erfassung von neuen Zusammenhängen und mehr Gegenständen
11 Mon.	schematisierend (einfache Handlungsschemata in zeitlicher Abfolge) △▲	bekannte Mittel werden in bekannten Situationen eingesetzt, *um ein* bekanntes Ziel zu erreichen erprobter Zusammenhang zwischen zwei Gegenständen wird nochmals wiederholt eine Tätigkeit an mehreren Gegenständen Verstecktes wird gesucht
8 Mon.	intermodal greifend (ungezielte Exploration unter Sinneskoordination)	Transfer: eine Tätigkeit wird auf andere Tätigkeiten an einem Gegenstand übertragen
3 Mon.	empfangend *postpartal:* Ausweitung des vorgeburtlich begonnenen Dialogs mit der Mutter unter Beteiligung ▲ mehrerer Sinne und Empfang von neuen Außenreizen innerhalb einzelner Sinne	Ergreifen von Gegenständen, die der Tastsinn signalisiert
GEBURT in utero	Empfang des über Körpersinn und Hören wahrnehmbaren Dialogs mit der Mutter	

(Linke Randbeschriftung: **be-greifen**, **GREIFEN**)

Sinnesmodalität = die Art und Weise der Wahrnehmungsverarbeitung (Sehen, Hören, Tasten ...)
intermodal = Verknüpfung der verschiedenen Wahrnehmungen
Lateralität = das Vorherrschen einer Körperseite

Reife der Bewegungsfähigkeit		Grundwert für die Persönlichkeit
Nachahmung	Beherrschung des Körpers des Objekts	
Nachahmung »als ob« aufgeschobene Nachahmung von Handlungsketten	Verfeinerung der Körperkoordination Beherrschung der gegenläufigen Bewegungsmuster im Fluß, leistungsbetont	das ICH wird erfahren (Grenzen, Chancen) in diversen sozialen Situationen gemeinsames Spiel Kommunikation ICH-IDENTITÄT
Nachahmung von Handlungsketten in konkreter Form Nachahmung von bisher unbekannten Bewegungsmustern, die das Kind an sich selbst nicht sieht (Mundmotorik, Beherrschung der Schließmuskeln)	Beginn der Lateralität Kreuzung der Mittellinie Koordination beider Hände differenziertes Benützen der Finger Auge-Hand-Koordination Öffnungen werden mittels Werkzeug erforscht	Ich als Schöpfer Durchführer Manager Entwerfer Willensstärker Vorstellungsvermögen für Alternativen im Zeitraum
Nachahmung vertrauter Bewegungen, die das Kind an sich selbst nicht sieht und nicht hört (z. B. winken)	Bewußtsein des Körperschemas willentliches Planen kurzer Bewegungsreihen Dosieren von Körperkraft (schieben, ziehen) Öffnungen werden mittels Körperteile erforscht	erstes bewußtes Planen eigener Wirksamkeit Verständnis für zeitliche Abfolgen Beginn der Vorstellungskraft, der Erwartungshaltung
Nachahmung vertrauter Bewegungen, die das Kind an sich selbst sieht und hört (z. B. patschen)	greifen Motorik vermittelt zwischen Sinnesmodalitäten (greifen nach Gesehenem)	Entfaltung der Neugierde für Alternativen entdecken eigener Körperteile
das Baby nimmt wahr, wenn es von der Mutter imitiert wird (baby talk)	symbiotisches Anklammern Reflexbewegungen	URGEBORGENHEIT
rhythmisches Mitschwingen		

Durch die leiblich-rhythmische, seelisch mitschwingende Verbindung von Mann und Frau wird im Prozeß des Gebens und Nehmens das Kind gezeugt und empfangen. Und nur über den Leib kann sich die Seele des Kindes bei den Eltern einbetten: über die leibliche Einnistung des Embryos geschieht zunehmend die leibliche »Einnestung« des Kindes.

Es mag dem Leser merkwürdig erscheinen, daß wir etwas so Selbstverständliches wie die Bedeutung des Leibes für die Leibwerdung betonen. Wir tun es aber mit gutem Grund. Die Pflege der ersten leiblichen Wahrnehmungen, die über den Körpersinn laufen, wird heute unterschätzt und schürt die Krankheit unserer Zeit, das Thema unseres Buches, die Hyperaktivität. Tatsächlich ist es der Körpersinn, der die ersten entscheidenden Lebenserfahrungen sammelt.

Was ist der *Körpersinn*? Er ist die komplexe Wahrnehmung von
- *Tasten* (Druck, Temperatur, Schmerz ...),
- *Bewegung* und
- *Gleichgewicht* (Orientierung im Raum, Ausbalancieren der Körperlage...).

Diese drei Komponenten des Körpersinnes gehören unzertrennlich zusammen. Ein Beispiel: Daß ich gehen kann, hat zur Voraussetzung, daß ich mit meinen Füßen den Boden unter mir spüre, daß ich mich nach oben aufrichten und mich nach vorne und hinten, links und rechts bewegen kann.

Auch der Körpersinn ist dem Gesetz der Polarität unterworfen. Er besteht aus
- der *wahrnehmenden*, das heißt empfangenden Funktion, die aufnimmt und hereinholt, was draußen ist, die den Anschein des Passiven erweckt, und aus
- der *durchführenden* Funktion, die hin zur Welt geht und gibt.

Diese beiden Funktionen müssen im Gleichgewicht stehen, damit die Lebendigkeit wahrgenommen wird. Nur unter diesem sich stets auspendelnden Gleichgewicht bilden sich die wesentlichen Fähigkeiten des Körpersinnes:

- Die Empfänglichkeit für Tastreize.
- Die Bereitschaft, sich mit Berührungen von Menschen und Gegenständen auseinanderzusetzen.
- Die Fähigkeit, wichtige Reize in den Vordergrund der Aufmerksamkeit zu stellen und die unwichtigen Reize zu hemmen (Filterfunktion).
- Die Fähigkeit, sich dem Bewegungsmuster des Gegenübers anzupassen. Dies bedeutet auch die Fähigkeit, sich auf das Bewegungsmuster im voraus einzustellen.
- Die »Einplanung«
  - der angemessen dosierten Kraft- und Druckanwendung,
  - der Ablösung der An- und Entspannungsprozesse,
  - einer bestimmten Richtung und das Einhalten derselben beim Durchführen einer Bewegung.
- Die Fähigkeit, das Gesehene (auch das visuell Vorgestellte) in die Vorstellung der Bewegung (kinästhetische Vorstellungskraft) zu übertragen (zum Beispiel Nachahmung der Mimik oder bestimmter Bewegungen, etwa des Winkens).
- Die Fähigkeit, motorische Sequenzen zu bilden und diese zu verautomatisieren (beispielsweise beim Wiegen, beim Kauen, beim Gehen).

Schauen wir, welchen unabdingbaren Anteil der Körpersinn am Werden des Kindes hat:

Die Gebärmutter ist das erste Nest, in das hinein das Kind aus der Ewigkeit heraus geboren wird. Die Gebärmutter (Uterus) hat alle Merkmale des Nestes. Sie ist warm, weich und abgerundet und hat feste Wände. Solange das Kind im Mutterleib sich frei schwimmend bewegen kann, spürt es den Nestcharakter noch wenig. Zunächst spürt es den Rhythmus mehr als den Halt. Erst im Heranwachsen an die festen Wände spürt es deren Schutz, der darin besteht, daß dem Kind zunehmend gleichbleibende, vorausspürbare Erfahrungen garantiert sind. Das Kind kann sich darauf verlassen, daß seine erwarteten Wahrnehmungen zustande kommen. Da seine eigenen ungezielten und deshalb chaotischen Bewegungen durch die wachsende Enge im Mutterleib gehemmt werden, kommt das Kind durch das Mitschwingen mit den geordneten Bewegungen der Mutter immer mehr zur Ruhe und wird zur konzentrierten Wahrnehmung auf sich selbst gelenkt. Immer deutlicher spürt es die wiegenden Bewegungen der Mutter, denen es ununterbrochen ausgesetzt ist und deren ordnende Wirkung es Sekunde für Sekunde wahrnehmen kann. Wenn die Mutter das Kind nicht anders bewegt als durch ihren ruhigen Atem, dann kommen dem Kind 16 bis 18 Schwingungen pro Minute zu. Wenn sie das Kind durch ihr Schreiten wiegt, dann sind es durchschnittlich 60 bis 80 Schwingungen in der Minute. Arbeitet sie körperlich, kehrt oder mäht sie, pflückt Obst, wäscht noch von Hand, schwenkt und wringt die Wäsche, dann erhöht sich die Zahl der Schwingungen auf über hundert. Das Kind wird buchstäblich in die Polarität des dreidimensionalen Raums eingewiegt. Es wird bewegt von oben nach unten, von vorn nach hinten, von links nach rechts…

Ohne starr zu sein, weichen die Wände seines Nestes seinem Anstoßen nicht aus. Die Umkehrpunkte der Bewegung sind Pol und Gegenpol der Schwingung und werden stets als Widerstand erlebt. Die Wand der Gebärmutter ist die Grenze, an die das Kind anstößt und in der Konfrontation mit diesem Gegenüber entsteht Anspannung, die sich in Entspannung wieder auflöst, um alsbald in eine neue Anspannung beim Erreichen des Gegenpols überzugehen. Aus dem steten Einüben der Wahrnehmung eines Widerstands erwächst die immer bewußtere Bereitschaft zum Dialog, zum Austausch mit der Mutter. Wenn die Mutter die spontanen Bewegungen erspürt und durch Betasten und Streicheln ihres Leibes beantwortet, reagiert das Kind darauf mit neuen Bewegungen. Es erlebt, daß seine Lebensäußerungen bestätigt sind und erfährt seine Wirksamkeit. Alle diese Selbsterfahrungen mit der Leiblichkeit und der Verbindung mit der Mutter unter Urvertrauen und Liebe werden durch den erwachenden Körpersinn geleitet. In dieser innigsten

Verbundenheit nimmt das Kind auch an den Gefühlen der Mutter teil. Es fühlt ihr Unglück und ihre Zweifel wie ihr Einverständnis mit seinem Werden und ihre Hingabe. Der Doppelsinn dieser Leiberfahrungen blieb in der Sprache bewahrt. Bewegen, Spüren und Berühren sind Wörter, die jeder von uns benutzt, wenn er von Gefühlen spricht.

Mit der Entbindung wird das Kind zwar in die Außenwelt hineingeboren. Die enge Bindung an die Mutter – leiblich und seelisch erlebt – bleibt aber noch lange erhalten. Bis zum zweiten/dritten Lebensjahr sind die Bedürfnisse nach Geborgenheit und Bindung vorherrschend. Erst allmählich tritt das Bedürfnis nach Loslösung und eigenem Willen in den Vordergrund. Erst allmählich wird aus dem »Es« das »Ich«. Die meisten Kinder entdecken das Wort »ich« um das zweite/dritte Lebensjahr.

Die wichtigsten Ansätze für die Ich-Kräfte gewinnt das Kind noch unter dem Schutz des Nestes. Damit es die nach der Geburt vielfältig auf es einstürmenden Gefahren ertragen kann, muß es an die im Mutterleib gewonnene Erfahrung des Ur-vertrauens anknüpfen können, und zwar auf gleiche Weise wie im Mutterleib selbst durch den Körpersinn: unter der Einengung, das heißt gut gewickelt, unter Rhythmus, das heißt im Tragtuch am Körper der Mutter/des Vaters, in der Wiege oder Hängematte, unter dem Filter der Mutter, das heißt, daß die Mutter/der Vater das Kind vor zu vielem Neuen beschützt und für Gleichbleibendes sorgt. Indem die Eltern das Kind auf stets gleichbleibende Weise versorgen, neue Erfahrungen auf wiederholte, gleichbleibende Weise dem Kind ermöglichen, machen sie sich vorausspür-, vorausseh- und voraussagbar und demzufolge für das Kind zuverlässig. Das Kind kann noch lange nicht mit den eigenen Kräften wirtschaften und verantwortlich damit umgehen. Deshalb braucht es noch lange die wachsame Begleitung durch die Eltern, die ihm eine Überforderung abnehmen.

Inneren Halt kann das Kind nur dadurch gewinnen, daß es den Halt von außen erfährt. In dem Maß, wie sich seine Neugierde und sein Wirkungskreis ausweitet, seine Belastbarkeit und seine Fähigkeiten wachsen, werden ihm die Grenzen gesetzt und ausgeweitet, wird ihm die Unterstützung gewährt. Unter dem Schutz dieses Nestes erwirbt es die Grundausrüstung für seinen Lebensweg, den Umgang mit der Polarität. Es lernt das »Nein« und die Einengung zu ertragen, um sich um so mehr am »Ja« und der Freiheit zu erfreuen. Es lernt Angst und Schmerzen zu ertragen und gewinnt seinen Lebensmut immer wieder aufs neue zurück. Das massive Aufbäumen des wachsenden Ichs, das im Trotz sichtbar wird, traut sich das Kind nur bei den Eltern, und nur mit ihnen zusammen erfährt es den Segen der Aussöhnung. Die im Umgang mit der Polarität bereits vertrauten Eltern sorgen dafür, daß die vielfältigen Auseinandersetzungen des Kindes mit der Welt in den lebensbejahenden Pol gelenkt werden.

Auf diese Weise wird das Kind herangeführt an die Erfüllung der göttlichen Absicht, daß der Mensch nach seinem Bilde wird. Der Mensch kann wie Gott sein, wenn er vorbehaltlos liebt und wenn er aus freier Entscheidung auch den Feind liebt. Das ist die höchste Form der Liebe, die tatsächlich nur dem Menschen aufgetragen ist.

Es ist schon atemberaubend, wie der Schöpfer seinen Trainingsplan hierzu angelegt hat. Im Unterschied zu den anderen Lebewesen bedachte er den Menschen mit dem biologischen Typus des Traglings. Bei einem Konflikt voneinander zu fliehen, ist eine instinktive Bereitschaft aller Lebewesen. In den ersten Jahren der Prägung wird das Menschenkind aber durch das Tragtuch bzw. den elterlichen Arm an der Flucht gehindert. Das Kind wird trotz seiner negativen – sprich feindlichen Gefühle getröstet, und es lernt die Mutter trotz seiner Abneigung, seiner feindlich und bestimmend erlebten Verhaltensweisen zu ertragen. Indem es gehalten wird, lernt es auszuhalten, und indem es getragen wird, lernt es zu ertragen. Darin besteht seine Geborgenheit, daß es sich auf die vorbehaltlose Liebe verlassen kann, daß es sich ihr anvertrauen kann.

Erinnern wir uns und führen wir weiter aus: Im Zuge der Menschheitsentwicklung wurde das Kind in der noch nicht zivilisierten Gesellschaft über Jahre getragen, erfuhr so seine Einbindung in seine Gemeinschaft und entwickelte die sogenannte kollektive Seele. Für seine vorbestimmte Entwicklung zum freien Selbst sorgte der Schöpfer dadurch, daß die Eltern heute über das erste Lebensjahr hinaus nicht mehr tragen müssen, weil sie technische Hilfen, wie beispielsweise den Kinderwagen, haben, aber auch nicht mehr tragen können, weil ihre körperlichen Kräfte durch harte körperliche Arbeit nicht mehr trainiert sind.

Es geht aber auch nicht um den Transport alleine. Transportieren vermittelt noch keine Geborgenheit. Auch ein Esel oder ein Pkw kann transportieren. Es geht um den unter Halt erlebten Austausch von Gefühlen, die – selbst wenn sie zunächst unangenehm sind – in Liebe gewandelt werden. Diese sakrale Handlung der Wandlung ist nicht an Transport und Wanderung gebunden, sondern vollzieht sich – im Sitzen oder Liegen – von Herz zu Herz und mündet in Frieden und Verbrüderung ein. Unter dem wachsamen Schutz der Eltern lernt das Kind also seine Mitte zu finden und mit dem Gegenüber ins Lot zu kommen.

Sprachlich und intellektuell ist das Kind noch lange nicht für Einsichten zu erreichen. Die Verständigung mit den Eltern läuft zunächst hauptsächlich über den Körpersinn. Seinen Kummer und seinen Ärger weint das Kind im Arm der Eltern aus. An der Hand geführt, kann es in gefährlichen Situationen bestehen und zum Beispiel seine Angst, einen Hund zu streicheln, überwinden. Um das strikte Nein zu verstehen, wird das Kind vom Gegenstand seiner Versuchung körperlich abgewandt. Je kleiner das Kind ist, um so mehr muß es die Kommunikation mit dem ganzen Körper fühlen. Später genügt ihm die Andeutung: kurzes Streicheln, Beklopfen, Drücken, An-die-Hand-genommen-Sein.

Zunächst kann das Kind seine Umwelt nicht anders aufnehmen, als daß es diese wahrnimmt. Seine Wahrnehmung ist ganzheitlich. Die Ganzheitlichkeit besteht darin, daß alles, was es mit den Sinnen erfaßt, zu Gefühl wird, und was gefühlt wird, wird innerlich erlebt. Das Kind lacht mit dem ganzen Körper und ärgert sich mit dem ganzen Körper. Es ist so verschmolzen mit der es umgebenden Welt, daß es sich noch nicht als Teil von dem Ganzen verstehen und sich aus den Geschehnissen heraushalten kann. Weil es alles auf sich selbst bezieht, setzt es auch voraus, daß alle fühlen wie es selbst. Es kann noch nicht verstehen, daß andere anders fühlen. Bis ins dritte Jahr kann es »Ich« und »Du« nicht trennen und Lebendiges und Unlebendiges nicht unterscheiden. Bis ins 7. Lebensjahr können sich Phantasie und Wirklichkeit noch verweben. Der Säugling betrachtet die Rassel als seine verlängerte Hand und das Stofftier, mit dem es schläft, als seinen Freund und Beschützer. Es meint, daß das Wochenende nur deshalb gekommen ist, damit sein Papa von der Montage nach Hause zurückkehren kann.

Die Wahrnehmung läuft über die Sinne. Mit dem Körpersinn – Tast-, Gleichgewichts- und Bewegungssinn – verbinden sich zunehmend andere Sinneskanäle: Riechen, Schmecken, Hören, Sehen. Die Koordination dieser Sinne entwickelt sich unter dem zielgerichteten Tun. Wenn ein Kind zum Beispiel einen Turm aus Holzklötzen baut, dann übt es die Vorstellung, das Einhalten von räumlichen Proportionen und das Gleichgewicht bei sich und anderen zu halten. Es übt die Koordination von Hand und Auge. Seine ganze Aufmerksamkeit ist auf das Ziel gerichtet, und der Spannungsbogen seiner Aufmerksamkeit und Ausdauer ist durch das Erreichenwollen des Ziels bedingt. Mit Vollendung des Werkes erlebt sich das Kind als großartigen Schöpfer. Die aus dem Kind kommenden sprudelnden Kräfte des Schöpfers verlangen nach Inspiration und Formung. Das Kind möchte kochen wie die Mama, so sägen und hämmern wie der Papa, malen wie die ältere Schwester … und gestaltet sein Spiel nach einem Vor-bild. Die Bezugspersonen, die das Vor-bild abgeben, werden als Meister anerkannt und haben die Chance, die kindlichen Kräfte zu formen. Sie halten das Kind bei der Stange, stehen ihm mit Rat und Tat zur Verfügung, damit es sein Werk vollenden und sehen kann, daß es gut ist, und freuen sich mit dem Kind an seiner Tätigkeit. Das Vorbild hat in allen Erlebensfeldern des Kindes eine prägende Bedeutung. Wie man mit Freunden umgeht, wie man Bedürftigen hilft, wie man Tiere schützt, wie man sich am Eßtisch verhält usw. Wie heißt es doch bei Wilhelm Busch: »Wie man sich räuspert oder spuckt, alles wird doch trefflich abgeguckt.«

Auf dem Wege der konkreten Erkenntnisse erwirbt das Kind zunehmend die Fähigkeit zur Verallgemeinerung und zur Abstraktion. In diesem Zusammenhang entfaltet es auch seine Sprache. Die vorgebildeten Handlungsschemata und sprachlichen Schablonen werden immer mehr untereinander kombiniert und in anderen Zusammenhängen und zu anderen Zielsetzungen gebraucht und variiert. Zunehmend wird das Kind selbst-ständig in Erfassung und Wertung von Zusammenhängen, im Denken und Handeln und kann sich vom Vorbild lösen.

Die Stufen des Wachsens zeigen das Schicksal der Menschwerdung auf. Aus der unbewußten, traumhaften Wahrnehmung erwachen unter dem Schutz der Eltern über die aktive Auseinandersetzung mit der Welt im Kind Erkenntnis und Bewußtsein. Es wird sich seines Seins bewußt.

Selbst dem Erwachsenen geht es so, daß er unruhig wird und Hilfe beanspruchen möchte, wenn er den Überblick verliert und ungeordneten Reizen ausgeliefert ist. Wie mag es dann dem kleinen Kind ergehen? Ohne den Schutz der Bezugsperson, die den Überblick hat und die einstürmenden Reize filtern kann, muß sich das Kind in einer beständigen Unruhe befinden.

Auf welcher Stufe auch immer die Unruhe aufbricht, ab diesem Punkt ist die weitere Entwicklung auf allen beschriebenen Gebieten gefährdet:

– Der ganze *Wahrnehmungsbereich*, das heißt die gesamte Aufmerksamkeit, ihr Aufteilen auf wichtige und unwichtige Reize, das konzentrierte Zusammenspiel mit der Motorik usw.

– *Das Denken* in seinen vielschichtigen, aufeinanderfolgenden Zusammenhängen.

– *Das zielgerichtete Handeln* sowie das gedankliche Vorplanen der notwendigen Abläufe (und damit auch Selbstüberwindung und der Wille, bis zum Ende durchzuhalten).

– *Die ganze Persönlichkeitsentwicklung* in allen ihren Stufen.

Das vor seiner Unruhe ungeschützte Kind kann sich nicht geborgen fühlen. Die Unruhe raubt ihm alle Kräfte, die es zur Entfaltung eines starken *Ichs* benötigt. Äußerlich mag es auf den ersten Blick losgelöst erscheinen. Aber alsbald merkt man, daß dahinter eine Loslösung von Ordnungen, jedoch nicht eine wahre Freiheit ist. Wie kann das Kind die wichtigste Voraussetzung für das Heranreifen eines Ich-Bewußtseins erfüllen, wenn es sich stets mit seiner Unruhe berauscht und wenn ihm die Wahrnehmung des »Du« und damit auch das nachahmungswürdige Vorbild, die Auseinandersetzung, die Achtung usw. entgeht? Novalis spricht davon, »das Menschsein lernt das Kind am Menschen«.

Aus dem Gesetz der Zweiheit, aus dem Eingebundensein in den Rhythmus und in die Reifestufen ergeben sich die Ordnungen im familiären Beziehungssystem.

IV. Die Ordnungen im familiären Beziehungssystem

Es handelt sich dabei um archaische Ordnungen, ungeschriebene, aber erfahrungsmäßig beglaubigte Gesetze, die unsere zwischenmenschlichen Beziehungen regeln und für Ausgleich sorgen. Das Beachten und Einhalten dieser Gesetze entscheiden darüber, ob uns unsere Beziehungen in Liebe und Frieden gelingen, oder ob sie im Haß zerfallen. Einige dieser Gesetze, die bei Nichtbeachtung Unruhe und Zerfall in den Familien stiften, wollen wir hier aufführen:

1. Jeder, der sich in die Familie einbringt und eingebracht hat, der sie mitprägt oder von ihr geprägt wurde, hat ein Recht auf seine Stelle innerhalb des Systems, ein Recht auf Zugehörigkeit und Würde. Dieses Anrecht haben auch die bereits Verstorbenen, Ausgestoßenen und Weggeschwiegenen, die sogenannten schwarzen Schafe, die Gehaßten, Verlassenen und nicht Geehelichten, alle, an die die Erinnerung noch lebendig ist.

   Diesem Gesetz zufolge gehören also auch der geschiedene Ehemann und die geschiedene Ehefrau genauso wie die Kinder aus vorangegangenen Ehen zu der Familie.

   Es geht nicht darum, daß man sich bei Kaffee und Kuchen trifft und miteinander plaudert oder daß man einen Kranz aufs Grab trägt, weil es sich an Allerheiligen so gehört. Es geht um die Eindeutigkeit der Gefühle, um Aussöhnung und Dankbarkeit. Es geht darum, daß man wahrhaftig anschaut, was ist oder war und die negativen Gefühle nicht abspaltet oder den »Feind« ausklammert. Es geht darum, daß man nicht verleugnet oder verdrängt, sondern sich in vollem Bewußtsein der Lage aussöhnt, den Menschen, also auch den »Feind«, ins Herz schließt. Es geht um Verbrüderung und nicht um Wertung und Abwertung, Schuld oder Unschuld, sondern um die Bereitschaft, zu verstehen und zu lieben.

2. Zu der Beziehung von Mann und Frau gehört, daß der Mann Mann bleibt und die Frau Frau. Geben und Nehmen muß in der Beziehung zwischen Mann und Frau ausgewogen sein – nicht nur untereinander, sondern bei jedem einzelnen müssen sich Geben und Nehmen die Waage halten.

3. Aus der Auseinandersetzung und Vereinigung der Zweiheit Mann und Frau entsteht Elternschaft als neue Qualität und Einheit. Die Paarbeziehung der Eltern ist primär und hat Vorrang vor der Beziehung zu den Kindern.

4. Die Eltern sind zunächst größer und reifer als das Kind, und sie geben dem Kind. Sie geben ihm Geborgenheit, Nahrung und das Vorbild und die Vor-form, in die sich seine Lebensenergie einbindet. Das Kind aber ist zunächst klein und unreif und nimmt. Es nimmt von den Eltern die Geborgenheit, die Nahrung, das Vorbild, die Vor-form.

Das klingt wie eine Binsenweisheit, nicht wahr?

Tatsächlich findet sich in der Natur kein einziges Beispiel, das die Verhältnisse umkehrt. Es ist einfach ein Gesetz, daß das Küken kleiner ist als die Henne, der Ableger kleiner als der Baum.

Es sind also zunächst die Eltern, die vor allem geben, und es ist zunächst das Kind, das vor allem nimmt. Die Ausgewogenheit von Geben und Nehmen entsteht erst im Prozeß des Heranwachsens, in dem das Kind den Eltern zunehmend gibt. Mehr und mehr übernimmt es aber auch Pflichten.

5. Eingebunden in die zeitliche Ordnung, hat der Erste das Recht auf die erste Stelle, der nach ihm Kommende das Recht auf die zweite bzw. dritte Stelle, und jede Stelle hat ihre besonderen Rechte, Pflichten und ihre Würde. Die erste eheliche Verbindung behält ihr Recht auf die erste Stelle, womit gemeint ist, ihr steht die Achtung zu, die erste zu sein. Dies gilt auch für die Kinder, die aus dieser ersten Ehe stammen.

Wenn diese Ordnungen nicht eingehalten werden, wenn zum Beispiel die Ausgewogenheit zwischen Geben und Nehmen nicht stimmt oder wenn eine Lücke nach einem Ausgeklammertsein entsteht und die Aussöhnung nicht stattgefunden hat, dann ist unausweichlich die Liebe zu sich selbst und zu dem anderen und deren Ausgewogenheit blockiert. Unter der Nicht-Liebe leidet die Freiheit, denn wahre Freiheit entsteht nur dort, wo die Liebe zwischen dem Ich und dem Du strömt.

Auf dem Weg zum gottähnlichen Selbstbild kommt den Eltern der entscheidende Brückenschlag zu. Sie sind im Erleben des Kindes Stellvertreter Gottes auf Erden: Sie lieben das Kind, obgleich es stört, und weil sie es lieben, muten sie ihm Entbehrung, Mühsal und Prüfung zu. Sie sind das Gesetz, vertreten Polarität von Gebot und Verbot, weisen Grenzen auf. In diesem Sinne verkörpern sie die unfaßbare, aber allerbarmherzigste, überlegene, ganz und gar unbegründete und nicht faßbare Autorität. Sie sind immer anwesend, auch da, wo sie Freiheit lassen, und antworten, wenn man sie anspricht: »Klopfet an, so wird euch aufgetan.«

Nicht in der Erfüllung materieller Ansprüche erschöpft sich die Liebe Gottes und die der Eltern. Sie äußert sich vielmehr im Vertrauen auf die Lebenskräfte des Kindes, die sich dem Verzicht und der Mühsal stellen.

So wie der Mensch in Gott Vater und Mutter im höchsten Sinne sucht, so ist im tiefsten Sinne sein Streben darauf ausgerichtet, Gott ähnlich, mit ihm und in ihm einig zu werden. Auch in diesem Sinne sind die Eltern Vorbild für das Kind. Was sie von den göttlichen Kräften annehmen und wie sie die göttlichen Ordnungen verinnerlichen, geben sie an das Kind weiter. Sie sind im kindlichen Erleben das Sprachrohr Gottes.

Je mehr die Eltern selbst in den schöpfungsbedingten Ordnungen beheimatet sind, je mehr Selbstsicherheit und Vertrauen sie auf das Kind ausstrahlen, um so geborgener kann sich das Kind in der Welt fühlen und den Stürmen des Lebens standhalten.

Wie soll sich ein Kind geschützt fühlen können, wenn seine Mutter sich ihm gegenüber als schwächerer Partner darstellt? Wenn seine Eltern sich nicht trauen, das Maß für das Kind festzulegen, und somit unreif erscheinen? Und kann sich das Kind überhaupt in die höheren Ordnungen eingebunden fühlen, wenn sich ein Elternteil heraushält und das Kind somit die Eltern verliert? Wie kann das Kind ruhig bleiben, wenn die geschiedenen Eltern einander nicht in Ehren halten?

Wir sind fest davon überzeugt, daß der Mensch deshalb immer unruhiger wird, weil er immer mehr aus den schöpfungsbedingten Ordnungen herausfällt.

Verunsicherte Eltern

Die Frage der Allergien

Das Thema reizt uns besonders deshalb, weil die Eltern, die uns aufsuchen, das Wort »Allergie« zu leicht als Begründung für die Unruhe ihres Kindes auf der Zunge tragen. Wenn man solch eine Allergie feststellen kann, ist es manchmal tatsächlich leicht, das Kind von seiner Unruhe zu befreien.

Hauptsächlich ist in diesem Zusammenhang die Rede von sogenannten Nahrungsmittelallergien. Es handelt sich hierbei im medizinischen Sinn aber nicht um Allergien, sondern um sogenannte Unverträglichkeiten: Milchunverträglichkeit, Phosphatüberempfindlichkeit und »Vergiftungen«, von denen die Bleivergiftung am häufigsten auftaucht. Tatsächlich ist es so, daß unsere Nahrungsmittel heute belastet sind durch Umweltschadstoffe, und man kann sich vor diesen Stoffen nicht einmal mehr dann vollkommen schützen, wenn man sich biologisch-dynamisch ernährt.

Von seiten der Forschung wird versucht, den Zusammenhang zwischen Allergie (bzw. Nahrungsmittelunverträglichkeiten) und Hyperaktivität aufzudecken. Wir selber beobachten einige Zusammenhänge. Wenn eine bestimmte Unverträglichkeit festgestellt und die angeordnete Diät eingehalten wird, tritt eine Milderung der Unruhe ein. Bei vielen Kindern entsteht allerdings unwillkürlich die Frage:

Wird das Kind ruhiger, weil man endlich eindeutige Regeln eingeführt hat und auf ihrer Einhaltung konsequent besteht? Weil sich die Eltern mit Überzeugung in eine Ordnungsstruktur gefügt haben, darin eine Sicherheit fanden und für das Kind eindeutig, zuverlässig voraussagbar geworden sind?

Als wir dieses umstrittene und vielschichtige Kapitel angingen, suchten wir das fachliche Gespräch mit dem Allergologen unserer Klinik.* Zu ihm kommen Eltern und ihre Kinder von weit her. Wir fragten ihn, ob unter den allergischen Kindern die Erscheinung der Hyperaktivität häufiger ist.

»Die Frage läßt sich so leicht nicht beantworten«, meinte er. »Von welcher Allergie sprechen Sie? Von der Phosphatüberempfindlichkeit?« »Zum Beispiel.« »Dazu nenne ich Ihnen nur ein Beispiel aus der Forschung. In einer amerikanischen Studie waren Kinder, bei denen man die Phosphatüberempfindlichkeit annehmen mußte, auf eine entsprechende Diät gesetzt worden. Zugleich wurden die Eltern zur konsequenten Erziehung angeleitet, worauf sich das unruhige Verhalten der Kinder deutlich verbesserte. Ohne Wissen der Eltern (natürlich auch der Kinder) wurden nach einiger Zeit der Nahrung phosphathaltige Bestandteile beigemischt. Ein Rückfall in die Unruhe konnte nicht beobachtet werden.«

»Und der vielbesprochene Zusammenhang Neurodermitis und Hyperaktivität?« »Der muß erst noch genauer untersucht werden. Es ist ja so, daß die Neurodermitis-Kinder einen höheren Histaminspiegel als andere Kinder haben, und Histamin macht nun einmal unruhig und verursacht Schlafstörungen. Der Volksmund kennt den Zusammenhang. Es heißt ja: »Man ist aufgekratzt.« Aber das ist sicher nur ein Teil der Wahrheit. Wenn ein Neurodermitis-Kind tatsächlich hyperaktiv ist, dann sind dafür bestimmt auch noch andere Faktoren verantwortlich. So kam erst kürzlich eine Familie mit einem zweijährigen Kind zu mir, das immer noch gestillt wurde, zum Unbehagen der Mutter, die es aber tat, weil man ja sagt, daß es für Atopiker** gut ist, wenn man sie möglichst lange stillt. Ich führte mit der Mutter (der Va-

---

* Dr. med. Stephan Illing, Autor der Bücher: *Allergische Erkrankungen im Kindesalter* und *Neurodermitis – atopische Dermatitis*, beide Hippokrates Verlag, 1985 und 1991.
**Atopiker = ein sinnverwandtes Wort für Allergiker.

ter war trotz Aufforderung nicht mitgekommen) ein langes Gespräch, in dem ich unter anderem, eher nebenbei, zum Ausdruck brachte, daß ich das Stillen jetzt nicht mehr notwendig fände. Zu der Allergentestung hatte ich das Kind später, etwa 14 Tage nach dem Erstgespräch einbestellt. Seine Haut und der ganze Zustand des Kindes waren erkennbar besser, als ich es zur Testung wiedersah. Heimlich vertraute mir die Mutter an, daß sie inzwischen – und hinter dem Rücken ihres Mannes – abgestillt habe und sich jetzt bedeutend erleichtert fühle.«

»Also half dem Kind die eindeutige Haltung der Mutter?«

»So könnte man es sehen; es gehört zu meinem Behandlungskonzept, den Eltern eines erkrankten Kindes zuallererst klare Anweisungen und Sicherheit für ihre Handlungsweise zu geben. Sie können dazu auch ›Anleitung zur Konsequenz‹ sagen. Ich habe den Eindruck, daß das alleine schon viel hilft. Jedenfalls trägt es zur Entspannung der meist angespannten Situation bei.

Hierzu noch eine weitere Geschichte: Unlängst sah ich ein Kind mit Neurodermitis, bei dem viele Nahrungsmittelallergien bekannt waren. Die Mutter mußte es umständlich ernähren. Sie kam jetzt, um das Kind – von neutraler Seite – nochmals durchtesten zu lassen. Die Mutter wirkte abgekämpft und sehr angespannt. Schon als ich im Gespräch darauf hinwies, daß ich es für das beste hielte, wenn das Kind vor allen Dingen gesund ernährt würde, wurde die Mutter lockerer. Es stellte sich heraus, daß ich das Kind Jahre zuvor schon einmal gesehen hatte. Schon damals hatte ich denselben Rat, nämlich den der vernünftigen und gesunden Ernährungsweise, gegeben. Die Neurodermitis hatte sich gebessert. Erst als die vielen Fachleute, die die Mutter in ihrer Heimatstadt konsultiert hatte, so vielerlei Nahrungsmittelallergien gefunden hatten und die Ernährung des Kindes für die Mutter so schwierig geworden war, reagierte die Haut wieder stärker, und ein belastetes Kind ist dann auch gleich viel unruhiger. – Sehen Sie, das sind alles Beispiele, die aufzeigen, daß in das ganze Thema viele Faktoren hereinspielen und man nicht einfach hergehen und sagen kann: Hyperaktivität wird durch eine Allergie erzeugt.«

»Sie sprechen von einer vernünftigen, gesunden Nahrung. Was verstehen Sie darunter?« »Einheimisch, naturbelassen, möglichst der Saison entsprechend, eine ausgewogene, vitaminreiche Mischkost, die man im Kreis der Familie lustvoll aufnimmt. Das gehört übrigens unbedingt dazu, daß man mit Lust und Freude miteinander ißt!«

Auch der Volksmund weiß das: »Der Mensch ist, was er ißt« und: »Der Mensch lebt nicht vom Brot allein«. In beiden Sprichwörtern drückt sich ein psychosomatischer Zusammenhang aus. Wenn der Leib seine Vollwertnahrung nicht bekommt, leidet auch die Seele, und wenn die Seele ihre Vollwertnahrung nicht bekommt, leidet der Leib.

Es besteht kein Zweifel daran, daß es Nahrungsmittelallergien und Nahrungsmittelunverträglichkeiten gibt. Kinder, die anfällig dafür sind, sind es meist aufgrund einer angeborenen Disposition. Wie bei vielen Krankheitsanlagen löst sich auch hier die Veranlagung ein und wird zur Erkrankung, wenn das Abwehrsystem durch inneren oder äußeren Anstoß fehlgeleitet wird und überreagiert.

Kinder, die sich nicht auf voraussagbare Reaktionen ihrer Umwelt verlassen können – vor allem wenn dies eine immer wiederkehrende Erfahrung ist –, können sich nicht fallenlassen. Sie sind beständig auf der Hut und demzufolge unter Streß. Wenn dieser Streß chronisch ist und vom Kind aus eigener Kraft nicht abgebaut werden kann, schwinden dem Kind – vereinfacht ausgedrückt – die Abwehrkräfte. So kann es sich auch nicht mehr wehren gegen schädliche Stoffe, die heute in Nahrung, Luft und Medikamenten sind. Dieser psychosomatische Zusammenhang stellt einen krankmachenden Kreislauf dar und in bezug auf das hyperaktive, allergische Kind stellt sich die Gretchenfrage: »Was war zuerst, Henne oder Ei? Ist Hyperaktivität eine Folge der Allergie oder die Allergie Folge der Hyperaktivität?«

Im Symptom der Hyperaktivität kommt jedenfalls immer Streß zum Ausdruck, und so weitet sich der psychosomatische Zusammenhang, denn der Streß kann dem Kind auch durch die Haltung der Eltern entstehen. Hierfür sprechen die eben erwähnten Krankheitsverläufe, bei denen die entschiedenere Erziehungshaltung und größere Sicherheit der Eltern schon eine Besserung der klinischen Symptomatik bewirken konnte. Tatsächlich kommt ein verhängnisvoller Teufelskreis in Gang:

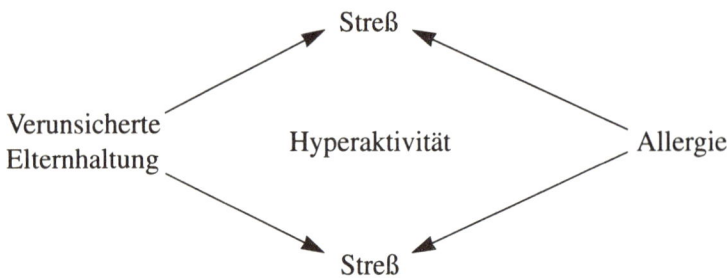

Je verunsicherter die Eltern sind, um so mehr kommt das Kind in Streß und reagiert mit Hyperaktivität. Je weniger es den Streß abbauen kann, um so anfälliger wird es für die Allergie. Die Allergie bedeutet Streß für Kind und Eltern zugleich und trägt zur weiteren Verunsicherung der Eltern bei. Die Verunsicherung wird wieder an das Kind weitergegeben, erzeugt Streß usw.

Wie ist aber nun Abhilfe möglich? Die Anfälligkeit für die Allergie ist angeboren. Der allergieerzeugende Stoff ist in der Umwelt, in der Luft, im Boden, im Wasser. Es ist gut, ihn zu kennen, damit man ihn gegebenenfalls meiden kann. Je größer die Verseuchung unserer Umwelt ist, um so bewußter müßten wir mit Luft, Wasser und Nahrung* umgehen. Leider schreitet im Augenblick aber die Verseuchung viel schneller voran, als

---

* Als wichtigste allergiefördernde Umweltfaktoren gelten heute Virusinfekte und Luftschadstoffe. Zusätze (Schadstoffe in Lebensmitteln) spielen eine vergleichsweise geringere Rolle bei der Allergieanbahnung und -entstehung.

wir unser Bewußtsein dafür schärfen können. Um so mehr sollten wir unsere Kräfte versammeln, die uns anvertraute Erde von der Vergiftung zu befreien und neue Verseuchung nicht mehr zuzulassen. Denken wir an die weisen Worte des Indianerhäuptlings Seattle, die er 1885 vor dem Präsidenten der Vereinigten Staaten gesprochen hat:

»... Die Luft ist kostbar für den roten Mann – denn alle Dinge teilen denselben Atem – das Tier, der Baum, der Mensch – sie alle teilen denselben Atem. Der weiße Mann scheint die Luft, die er atmet, nicht zu bemerken; wie ein Mann, der seit vielen Tagen stirbt, ist er abgestumpft gegen den Gestank. Aber wenn wir Euch unser Land verkaufen, dürft Ihr nicht vergessen, daß die Luft uns kostbar ist – daß die Luft ihren Geist teilt mit all dem Leben, das sie enthält. Der Wind gab unseren Vätern den ersten Atem und empfängt ihren letzten. Und der Wind muß auch unseren Kindern den Lebensgeist geben. Und wenn wir Euch unser Land verkaufen, so müßt Ihr es als ein besonderes und geweihtes schätzen, als einen Ort, wo auch der weiße Mann spürt, daß der Wind süß duftet von den Wiesenblumen ...«

Und:
»... behaltet die Erinnerung an das Land, so wie es ist, wenn Ihr es nehmt. Und mit all Eurer Stärke, Eurem Geist, Eurem Herzen, erhaltet es für Eure Kinder und liebt es – so wie Gott uns alle liebt.
Denn eines wissen wir – unser Gott ist derselbe Gott. Diese Erde ist ihm heilig.«*

Der Häuptling Seattle wußte es demnach noch, daß man die Erde im Sinne der Schöpfung nur mit der Stärke und der Weisheit des Herzens verwalten kann. Wir scheinen es vergessen zu haben. Der Weg der Erneuerung kann trotzdem nur über die Stärke und Weisheit des Herzens gehen. Diese werden von

* Wir sind ein Teil der Erde. Die Rede des Häuptlings Seattle vor dem Präsidenten der Vereinigten Staaten von Amerika im Jahre 1855. Walter-Verlag 1982.

Generation zu Generation über die Eltern weitergegeben. Die Verunsicherung der Eltern müßte es nämlich nicht geben, sofern wir uns dessen ganz sicher bewußt sind, was unsere wahre Lebendigkeit schwächt, aber auch ganz sicher dessen bewußt sind, was wir zu ihrer Erneuerung brauchen.

Nachdem wir nun gesehen haben, wie sich die Verunsicherung der Eltern beim Kind auswirkt, wollen wir uns nun noch weitere Situationen anschauen, in denen die Verunsicherung der Eltern die Unruhe im Kind schürt. Der gemeinsame Nenner dieser Störungsfelder ist in den sich durch die Zivilisation überstürzt ändernden Lebensbedingungen zu sehen. Die Begleiterscheinungen sind Zerstörung der Wahrnehmungsfähigkeit, Verfall der Werte und ein Machbarkeitsrausch einerseits und Zweifel infolge des Halbwissens andererseits. Auf der einen Seite steht der Wunsch nach Perfektion, auf der anderen Seite tauchen existentielle Ängste auf. Die technisch-wissenschaftlichen Versuche, in die höchsten Geheimnisse der Mensch-werdung und des Lebens vorzudringen, das verbotene Obst, das zunächst schmeckt, aber einen bitteren Geschmack auf der Zunge hinterläßt.

Wenn wir im folgenden von betroffenen Eltern und Kindern sprechen, so *soll nicht der Eindruck entstehen, daß wir den Eltern die Schuld an der Unruhe ihrer Kinder in die Schuhe schieben wollen. Sie sind wie die Kinder Leidtragende des kranken Zeitgeistes.* Aber auch dieses Leid hat eine Kehrseite. Die Hoffnung liegt darin, daß durch diese Eltern und ihre Kinder neue Erkenntnisse für ein verändertes Bewußtsein entstehen, ein Bewußtsein, das die Rückbesinnung auf die schöpfungsbedingten Ordnungen zuläßt. Diese Rück-Bindung heißt auf lateinisch *Re-ligio*.

Die große Angst der Eltern, Fehler zu machen

Mit der Angst, Fehler zu machen, plagen sich die heutigen Eltern besonders. Was schürt diese Angst? Es sind viele Flammen, die den Waldbrand nähren!

1. Der Wunsch nach Makellosigkeit

Dieses Feuerchen glostet schon lange. Es wurde geschürt durch den Wunsch nach Makellosigkeit, wie er durch die Technik erfüllbar zu sein scheint. Die den Brand legten, waren die Eltern der heutigen Eltern. Sie haben die Mühsal des Aufbaus der Nachkriegszeit noch bei ihren eigenen Eltern erlebt oder auch am eigenen Leib erfahren. Sie haben das Wunder des technischen Fortschritts kennengelernt und waren Zeugen davon, wie die Technik zum beliebten Konsumgut wurde. Sie waren nicht nur Zeugen dieser Entwicklung, sie waren auch die Er-Zeuger davon. Die Erkenntnis, die sie daraus gewannen und die sie auch den Eltern von heute weitergaben, lautet: »Du mußt dich nicht mit praktischen Problemen plagen. Wir haben für dich schon alles angeschafft. Du sollst es besser haben wie wir. Du kannst alles haben, wenn du Geld hast. Aber das Geld kannst du nur vermehren und deinen Lebensstandard steigern, wenn du die entsprechende Ausbildung hast. Wir erwarten von dir, daß du auf eine weiterführende Schule gehst und das Abitur machst. Du sollst unsere Liebe daran erkennen, daß wir dir dies ermöglichen, und wir werden deine Liebe daran erkennen, wenn du das leistest, was wir von dir erwarten.« Das makellose Funktionieren wird zum Ideal, das Defekte wird weggeworfen und ersetzt. Diese autoritäre Botschaft der Eltern (= heutige Großelterngeneration) hat das Kind (= heutige Elterngeneration) verinnerlicht und übersetzt in

- *Konfliktscheu* (infolge mangelnder Erfahrung mit mühsam erarbeiteten Lösungen bei praktischen Problemen),

- *Kopflastigkeit* (da das Aufsammeln von Wissen zur Sicherheit wurde),
- *Angst vor dem Nichtgeliebtsein* (da die Liebe der Eltern an makelloses, störungsfreies Leisten geknüpft war).

Kürzlich war eine Mutter mit ihrem Kind bei uns, das unruhig war und immer wieder Ekzeme hatte. »Bis zu diesem Kind lief bei mir alles glatt, Schule, Führerschein, Lehre. Dann lernte ich meinen Mann kennen. Wir waren gleich im siebten Himmel miteinander, und ach, was hatten wir für eine schöne Hochzeit! Ich sollte Ihnen mal die Bilder zeigen. Das Kind kam so, wie wir es uns gewünscht hatten – ein Mädchen, so wie es mein Mann wollte. Ganz die Mama, sagten alle. Unser Glück war perfekt, solange ich gestillt habe. Dann kam dieses schreckliche Ekzem und mit ihm lauter Probleme. Stets experimentiere ich seitdem mit der Ernährung herum – meine Mutter sagte schon, ich würde spinnen. Und dieses Gör verweigerte mir jede Nahrung! Zudem ist es nervös geworden, kratzt sich blutig und schreit ganze Nächte. Ich komme zu nichts mehr – nicht einmal zum Friseur! Ich bin selber schon ganz schön nervös und kann mich schon nicht mehr leiden. Und, was ich nie für möglich gehalten hätte, ist eingetroffen: Ich schreie mein Kind an und schlage es, wenn es sich kratzt. Als mein Mann letzthin zu mir sagte: ›Was bist du für eine Mutter!‹, da hat er mir das Schlimmste angetan. Seitdem ist bei uns dicke Luft. Was ist er für ein Vater, daß er mich mit allem alleine läßt! Sagen Sie bitte, bin ich eine schlechte Mutter?«

2. Die Rebellion gegen die Maßstäbe der Eltern

Trotz ihrer Angst vor dem Nichtgeliebtsein, trauen sich die heutigen Eltern die Rebellion gegen die leistungsbetonten Maßstäbe ihrer Herkunft zu. Den Rückhalt geben ihnen die vielen humanistischen Bewegungen der letzten 50 Jahre.
Weg von unbegründeter Autorität, hin zur freien Selbstverwirklichung! Beleuchtet durch die Ideale der Freiheit, versu-

chen die Eltern heute mit ihren Kindern einen neuen Weg zu gehen. Die Bestätigung seiner Richtigkeit werden sie bekommen, wenn er makellos gelingt. Bis zur Ernte ihrer Bemühungen führt aber ein langer Weg! Ein Weg mit vielen Unsicherheiten! Ein Weg mit noch unscharf umrissenem Ziel!

Aus eigenem Nachholbedürfnis wird Freiheit und Liebe als das Ziel erahnt. Doch ist es noch ohne Struktur und Konturen. Entsprechend der eigenen Prägung, daß man vor einer Autorität bestehen können muß, lauert für diese Eltern am Wegesrand ständig die Gefahr des Nichtgelingens und der Kritik, denn sie sind immer noch Kinder ihrer Eltern. Sie haben Angst, ihren konservativ denkenden Eltern schließlich doch Recht geben zu müssen. Es könnte die Mutter/der Vater schließlich sagen: »Siehst du, was habe ich dir immer gesagt!« Und damit wäre alles verloren: Nicht nur, daß das Kind nicht gelang, es wäre auch die eigene Rebellion, die eigene Selbstverwirklichung, die eigene Identität verloren. So lauert am Wegesrand für diese Eltern *die Angst vor dem vollkommenen Versagen.*

3. Die Illusion der Freiheit

Ihr Zündholz war der Wunsch nach Individualität – aber der Wind, der den Flächenbrand entstehen ließ, war der brennende Wunsch, aus der autoritären Unterdrückung auszusteigen und zur vollkommenen Freiheit zu gelangen. Dieses Feuer bewegte die ganze Gesellschaft Ende der 60er Jahre und rüttelte sie wach. Die Kinder, die unter dieser antiautoritären Welle groß wurden, rücken immer mehr in den Stand der Elternschaft. Ihre Prägung ist die Illusion der Freiheit. Das Illusionäre dieser Art von Freiheit besteht nämlich darin, daß sie auf dem Hintergrund der wohlorganisierten technokratisch wohlständischen Gesellschaft ohne die Auseinandersetzung mit Widerständen dieser Welt, sprich Grenzen, entstehen kann. Der große Nachteil dieses Erneuerungsversuchs ist, daß die Anpassung nicht geübt wurde, weder die Anpassung an widrige Umstände und Mühsal noch die Anpassung an den Mitmenschen. Somit entging den Kindern auch die Chance, die Enttäuschung zu ertragen und durch sie zu neuen Lösungen zu finden.

Als Eltern fühlen sich die Kinder dieser Revolution restlos überfordert, wenn ihnen ihr Kind oder ihre Kinder Schwierigkeiten bereiten. Erst als Eltern werden sie durch ihr eigenes Kind zur Anpassung und zum Aushalten von Frustrationen herausgefordert. Das Kind verlangt unbewußt nach seinem Recht, daß seine Grundbedürfnisse erfüllt werden. Das Grundbedürfnis des Sich-verlassen-Könnens auf das Gleichbleibende stellt eine schöpfungsbedingte Ordnung und damit eine natürliche Autorität dar. Das Kind wird für diese Eltern zum ersten Menschen, der mit Vehemenz und Konsequenz etwas von ihnen fordert. Auf seine Not kann es aber nur mit Schreien und Weinen aufmerksam machen. Die Auseinandersetzung mit dieser unbekannten Störung löst in den Eltern Hilflosigkeit und unerträgliches Unbehagen aus. Man kann nicht flüchten oder wenn, dann immer nur einer. Die Eltern haben nicht erfahren, was Lenkung ist, können deshalb auch selbst nicht lenken. Obwohl sie noch erkennen, daß es notwendig wäre, möchten sie auch den »Willen ihres Kindes nicht steuern« (»nicht brechen«), weil es ihrer eigenen Prägung nicht entspricht.

Die Eltern befinden sich in der Situation des Schach-Matt und sind auch matt.

Es macht ihnen angst,
- das *Unbekannte* und das *Ausweglose* ihrer Situation zu erleben,
- ihrem Kind den Willen zu steuern und *eine Ordnungsstruktur zu entwickeln,*
- *auf eigene Lust* und *eigene Freiräume verzichten* zu müssen
- und der *endlosen Kette von Enttäuschungen* ausgeliefert zu sein.

Solchen Eltern begegnen wir immer häufiger in unserer Sprechstunde. Sie kommen in einem teils depressiven, teils aggressiven Zustand, sind stets im Zwiespalt der Haß-Liebe, gegen sich, den Partner wie auch gegenüber dem Kind, das als Störenfried empfunden wird. Am liebsten möchten sie das Kind gar nicht mehr haben.

Schaut man, wie sie mit dem Kind umgehen, so haftet ihrer Handlungsweise etwas Sprunghaftes und Unstetes an. Sie haben wenig Geduld für das Kind, aber auch wenig Vertrauen in ihre eigene, elterliche Intuition. Es fehlt ihnen das Vertrauen in die elterliche Kompetenz und damit auch das Selbstvertrauen, daß das, was sie tun, für ihr Kind gut ist.

Am liebsten würden sie sich bei einem Spezialisten ein Patentrezept abholen. Aber weil es keines gibt, laufen sie von Spezialist zu Spezialist. Erst kürzlich kam eine Familie – angemeldet als dringender Notfall – über 400 km angereist, nur deshalb, weil ihr fünfjähriger Sohn bei Tisch nicht sitzen bleiben wollte. Solche Eltern reagieren häufig paradox, indem sie sich über Kleinigkeiten, wie eine kurzfristige Appetitlosigkeit ihres Kindes, heftig erregen, aber ernsthafte Alarmsignale, wie beispielsweise die langfristige Verweigerung von Blick- und Körperkontakt, nicht wahrnehmen.

4. Der Verlust traditioneller Formen der Kinderbetreuung

In der konservativen Form der Kinderbetreuung war nicht alles schlecht. Im Gegenteil. Sie war zwar unbewußt und unbegründet, indem sie auf Instinkten beruhte, dafür aber war sie im Einklang mit der schöpfungsbedingten Ordnung. Sie berücksichtigte sowohl das Gesetz der Gegensätze wie auch die Wohltat des Rhythmus, war den Stufen des Wachsens angemessen und beachtete die Ordnungen im familiären System. Wenn auch Fehler geschahen – Fehler geschehen immer und müssen geschehen –, so waren sie doch in eine größere Ordnung eingebunden, in die Logik des Ausgleichs wie Buße oder Wiedergutmachung, als Anlaß zur Belehrung eines Besseren. »Ohne Irrtum wird niemand zum Meister«, sagt das Sprichwort. Die Fehler wurden von allen gelassener aufgenommen. Sie gehörten zu dem mühseligen Weg, Kinder ins Leben zu bringen. Wenn man über den steinigen Weg geht, stolpert man eben auch. Die damaligen Eltern, die fraglos eingebettet waren in die alte Form der Kinderbetreuung, empfanden es auch nicht als Fehler, wenn sie ihr Kind körperlich züchtigten. Sie erhielten ihre Rechtfertigung durch Sprüche, die sie durch ihre Kindheit begleitet hatten, weitergegeben von Generation zu Generation: »Wen der Herr lieb hat, den züchtigt er«, »Schade um jede Ohrfeige, die daneben ging« usw.

Keinesfalls wollen wir die körperliche Züchtigung, ja nicht einmal den Klaps gutheißen. (Wir haben ja in unserem Buch »Kinder sind Gäste, die nach dem Weg fragen« schon eindeutig Stellung bezogen und Empfehlungen entwickelt, wie man selbst den Klaps vermeiden kann.) Wir möchten aber doch festhalten, daß alle – Eltern und Kinder – dabei gelassener reagierten und ruhiger waren, eingebunden in die traditionelle Ordnung. Es entstand keine Beunruhigung und keine Unruhe. Wenn jemand den Halt hat, so hat er auch den Rückhalt. Es gehörte zu der Tradition: der Schonraum des Wochenbetts von Mutter und Kind, die Art des Wickelns vom Säugling, die Art wie er getragen und wie er in den Schlaf gewiegt wurde und wie er von ihn überfordernden Umwelteinflüssen (Sonne, Kälte, Lärm) geschützt wurde.

Es gehörte zur Tradition des Eingebundenseins in einen größeren Familienverband mit gemeinsamen Mahlzeiten, bei denen jeder seinen Stammplatz hatte. Es war ungehörig, etwas zu nehmen, ohne mit dem anderen zu teilen. Bei den Gelegenheiten der Mahlzeiten und gemeinsam begangenen, im Jahresablauf verankerten Festen konnte das heranwachsende Kind am Vorbild der Älteren lernen, das Vor-Bild abnehmen.

In der Tradition war auch verankert, daß der Jüngere dem Älteren mit Achtung begegnet, daß man zu den Älteren höflich ist und daß man auf ihren Anruf sofort reagiert. Man achtete auch die (Lebens-)Erfahrung des Älteren und man hörte zu, wenn in der Dämmerung des Abends oder bei Festen alte Familiengeschichten erzählt wurden. Jeder hat auf seine Weise die Lehre aus den Berichten gezogen: Man wählte das Vorbild, man beachtete die Warnung, man war mit den Vorangegangenen in der Sippe verbunden und man wußte, daß man zu ihr gehört und der Träger ihrer Ehre ist.

Mit dem Zerfall der Großfamilie gingen die traditionellen Formen der Kindererziehung jedoch weitgehend verloren. Es wurden neue Ideologien gestiftet, nach denen man die traditionelle Form als konservativ und rigide abwertete, abbaute und als unwissenschaftlich und überholt verabschiedete. Das Kind wurde zum Maß aller Dinge: »Das Kind weiß doch bestens, was gut ist. Wir Erwachsene sind schon verbogen. Wir sollten von den Kindern lernen«, sagte uns einmal ein Vater, während sein Sprößling seine Kekse durch das Zimmer warf. »Ich wollte, meine Eltern hätten mir meine Spontaneität nicht aberzogen!«

Der Instinkt wurde durch den Intellekt verdrängt, ohne das richtige Bewußtsein für die Situation, das heißt das Bewußtsein für die Einbettung des Menschen in eine höhere Ordnung berücksichtigt zu haben.

Der durch die Technik ermöglichte Wohlstand machte es möglich, daß sich jeder für sich selbständig macht, seine eigene Wohnung, sein eigenes Auto, sein eigenes Bankkonto hat. Die eigenen vier Wände sind ziemlich undurchlässig geworden für soziale/mitmenschliche Erfahrungen, sie sind aber sehr durchlässig für die Informationen/Einflüsse der Massenmedien – Fernsehen, Illustrierte, Tageszeitung, Radio: Sie vertreiben die modernsten Empfehlungen. Aber niemand ist für die isolierte Mutter da, niemand, der ihr beisteht, wenn ihr Kind unstillbar weint oder wenn es sich nicht davon abbringen lassen will, seine Finger in die Steckdose zu stecken, und weder auf ein »Nein« noch auf einen Klaps reagiert.

»Wegen der Unruhe unseres Kindes gerieten wir in unserem Hochhaus immer mehr in eine Isolation. Dabei wohnen wir in einem Haus mit mehreren Familien mit Kindern. Aber die anderen Familien meiden uns. Vermutlich weil sie fürchten, unser Sohn könnte ihre Kinder mit seiner Unruhe anstecken ...«, sagte ein Vater. »Wir haben niemanden, mit dem wir uns über Erziehung austauschen können. Also gingen wir zu offiziellen Beratungsstellen. Und wir haben schon zweimal ein Elternseminar mitgemacht. Wir haben schnell bemerkt, daß jeder etwas anderes sagt. Der eine sagt: ›Lassen Sie die Unruhe unbeachtet.‹ Der andere: ›Schicken Sie das Kind in sein Zimmer, wenn es im Wohnzimmer Unruhe stiftet.‹ Der dritte meint: ›Sagen Sie es Ihrem Kind doch, daß Sie es nicht mögen, wenn es Sie stört.‹ Und wieder andere sagen: ›Tun Sie etwas mit Ihrem Kind!‹ – Tun ja, aber was?«

Auf die Massenmedien ist da auch kein Verlaß, da sie sich oft widersprechen: So bleibt der Mutter bzw. den Eltern in den eigenen vier Wänden oft nichts anderes als die Improvisation. Zum Genuß wird die Improvisation aber nur dann, wenn sie spielerisch, leicht und unverbindlich bleibt. So etwa wie die herrlichen Improvisationen am Klavier. Aber hier – im Falle von Eltern und Kind – geht es um Verbindliches. Es geht um die Verantwortung, was aus dem Kind wird. Die Improvisation ist mit Angst vor Fehlern nicht zu vereinbaren! Die heute notwendige Improvisation in Sachen Erziehung führt auf ein dünnes Eis, worüber man noch heiter Witze treiben kann, solange das Eis hält, wo man aber doch ständig durch die Angst vor dem Einbruch begleitet wird.

Viele Eltern von heute haben nicht nur die Einbettung in traditionelle Strukturen verloren, sie haben auch ihren Rückhalt, ihre Sicherheit verloren. Daraus resultiert die *Angst, rückständig zu sein.* Sie verstehen das Wort »konservativ« nur in seiner negativen Bedeutung, die so viel beinhaltet wie »festschreiben, unverändert erhalten«. Sie fühlen leider nicht den lebensspendenden Sinn des Wortes »con-servo«. Es bedeutet nämlich »bewahren, erretten, am Leben lassen, das Leben schenken«. Das ist auch der tiefe Sinn der Tradition.

5. Die Klein- und Kleinstfamilie

Der Vorteil einer großen Geschwistergruppe war, daß die Eltern nicht mehr Erziehungsarbeit leisten mußten als in der Ein- oder Zweikindfamilie von heute. Die Mutter hatte auch nicht nur die Kinder zu erziehen, sie hatte auch noch den umständlichen Haushalt, wo man noch alles von Hand machen mußte, und oft auch noch Feldarbeit oder andere Pflichten wie Heimarbeit, Versorgung der Alten usw. Sie konnte wesentlich weniger mit den Kindern spielen und war vielmehr darauf angewiesen, daß ihr die Kinder helfend zur Hand gingen, sowohl bei der Arbeit wie bei der Erziehung der jüngeren Geschwister. Die große Altersstreuung der Geschwister führte zu einer natürlichen Rangordnung, bei der sich die Kinder gegenseitig erzogen.

Es entsprach den systemischen Ordnungen, denn der Ältere war für den Jüngeren verantwortlich, er übernahm Pflichten, war ihm Vorbild und gab ihm mehr, als er zu nehmen berechtigt war. Der Jüngere mußte nehmen, aber dem Älteren seiner größeren Erfahrung wegen auch die Achtung geben. In dieses System waren auch die Nachbarskinder eingebunden. Wenn unter den zehn (oder mehr) Kindern einer Familie zwei oder drei nicht so geraten sind, so war dies noch kein Beweis für die elterliche Unfähigkeit. Es war vielmehr normal, und Behinderungen und Mißerfolge gehörten zum Leben.

Nicht so in der Klein- und Kleinstfamilie: Wenn zwei oder drei Kinder in der Familie sind oder gar nur ein einzelnes, dann kann kein Mißlingen riskiert, keine Behinderung in Kauf genommen werden. Zwei Kinder tun sich auch schwer, sich in einer natürlichen, von Autorität bestimmten Rangordnung zu arrangieren. Eher gleicht ihr Versuch, sich zu arrangieren, einem Rivalenkampf. Ein altes lateinisches Sprichwort sagt, daß erst drei die Gemeinschaft stiften (tres faciunt collegium!). Zwei Kinder beanspruchen meist die Mutter oder den Vater als Schiedsrichter, das heißt die Eltern werden so in die Rolle der älteren Kinder in der Familie geschoben, und aus einem ganz ähnlichen Grund fühlen sie sich verpflichtet, ihrem Kind bzw. ihren Kindern den Spielkameraden zu ersetzen, dies um so mehr, weil auch die Nachbarskinder fehlen.

Da die Rolle und die Stellung der Eltern verschwommen ist, sind Kinder und Eltern in ihrem gegenseitigen Verhalten gleichermaßen verunsichert. Gilt die Aggression dem Spielkameraden oder der Mutter bzw. dem Vater? Sprechen die Eltern aus elterlicher Autorität oder als Rivalen? Die natürliche Autorität des Erfahreneren, sei es der Eltern oder älterer Geschwister, ist im heutigen Bewußtsein so nachhaltig in Verruf geraten, daß viele Eltern befangen sind, sie sich zu gestatten. Der ältere Bruder würde ganz natürlich dem Geschwister, das sich traute, mächtiger als der ältere zu sein, spürbar die Grenze aufweisen, aber genau dieses erlauben sich die Eltern aufgrund ihrer Befreiungsideologie in der Rolle des Spielpartners nicht.

Hierzu eine Szene aus unserem Wartezimmer: Während die Mutter mit dem kleineren Kind bei der EEG-Untersuchung ist, spielt der Vater mit dem älteren Sohn – knapp sechs Jahre – im Wartezimmer mit Bauklötzen. Beide sind in das Spiel versunken. Der Turm, den die beiden bauten, ist tatsächlich schön und groß. Eine in der Nähe des Vaters sitzende und bis dahin zuschauende Mutter muß aber hinausgehen. Sie bittet höflich, »Entschuldigung, bitte, darf ich durch?« Durch die Bewegung des Vaters stürzt der Turm ein. »Du blöder Depp, du!« schreit der Sohn und drischt auf den Vater ein. Wir fragen den Vater mitfühlend: »Ist das der Grund, weshalb Sie zu uns kommen?« »Ach das!« antwortet er ganz ruhig und unbewegt. »Das ist bei uns die Regel. Wir sind doch Kumpel. Unser Sorgenkind ist der Kleinere. Er wird bewußtlos, wenn er wütend ist.«

So groß ist also die *Angst* der Eltern, *dem Kind die Willenskräfte zu brechen.*

Besonders extrem sind die Verhältnisse in einer Familie, die man kaum mehr als Familie bezeichnen kann, aber doch heute mit dem Begriff der Ein-Eltern-Familie immer mehr belegt wird: eine alleinstehende Mutter mit ihrem Einzelkind. Ihr ständiger Begleiter ist die reale *Angst*, daß sie ihrem Kind allein nicht gerecht werden kann.

6. Das veränderte Verständnis der Mutterrolle

Durch das Infragestellen der überkommenen Wertvorstellungen ist es für die junge Mutter nicht mehr selbstverständlich, bei ihrem kleinen Kind zu bleiben. Sie empfindet sich häufig als benachteiligt, wenn sie dies tut. Denn dadurch wird sie zur Hausfrau und unter der heute üblichen Bewertung zur »nur noch Hausfrau«. Sie verzichtet auf ihre berufliche Selbstverwirklichung und bleibt sich selbst dadurch etwas schuldig. Andererseits: Bleibt sie im Beruf und vertraut sie das Kind einer Tagesmutter an, so verzichtet sie zu einem großen Teil auf ihre Mutterrolle und ihr Kind und fühlt sich darüber hinaus dem Kind gegenüber schuldig.

Sie gerät in den Zwiespalt ihrer Neigungen, aber in beiden Fällen empfindet sie Schuld und *Angst vor der Schuld*. Die Schuld auf sich zu nehmen ist ihr unerträglich, weil sie aufgrund ihrer Erziehung sich selbst nur annehmen kann, wenn sie ohne Fehler ist. Und die Erlösung aus der Angst vor der Schuld ist nur möglich, wenn die Auswirkungen ihrer jeweiligen Entscheidung für das Kind oder für den Beruf fehlerlos gelingen. Das Kind muß also wohlgeraten – so oder so.

Hat sie sich für das Kind entschieden, kann sie ihr Selbstwertgefühl nach außen und vor sich nur dann verteidigen, wenn sich der Aufwand lohnt. Sie muß sich selber beweisen als Supermutter, und ihr Kind muß unter Beweis stellen, daß es ein prächtiges und unternehmungslustiges Kind ist. Hat sie sich für ihre Berufstätigkeit entschieden, so erhält sie ihre Entlastung dadurch, daß das Kind ganz offensichtlich keinen Schaden genommen hat. Und auch dieses Kind muß ein makelloses, prächtiges Kind sein – ein Kind, das die Mutter nicht vermißt und seine Aktivität nach außen richtet.

So oder so übernimmt das Kind Alibifunktion für seine Mutter. Sollte dies nicht gelingen, wäre es eine vernichtende Erkenntnis: »Nun bin ich weder eine gute Bankkauffrau noch eine richtige Mutter. Eigentlich bin ich ein Nichts.«

Die Angst vor der Schuld steigert sich in die *Angst vor dem Nichts, vor dem Nicht-Sein.*

Hier stellt sich die Frage, warum Fehler bei den Eltern und in bezug auf das Kind so schwer wiegen, wo doch jeder weiß, daß der Mensch unvollkommen ist und ein Recht auf Fehler hat. Ist es nicht geradezu paradox, daß die heutigen Eltern, die doch ehrlichen Herzens nach einem neuen Weg suchen, so große Angst vor Fehlern in der Erziehung ihrer Kinder haben, wo jeder weiß, daß zur Suche neuer Wege *immer* Fehler gehören? Was stiftet also die Angst, die Unruhe?

Der einseitig gewordene Intellekt, das vom Fühlen losgelöste Denken.

Wie aber konnte sich das mütterliche Denken vom Fühlen lösen? Wir wollen versuchen, eine Erklärung dafür zu geben. Es gibt zwei Arten des Denkens:

– *die Art des männlichen Prinzips,*
– *die Art des weiblichen Prinzips.*

Sie stellen Gegensätze dar, aber wie Yin (weiblich) und Yang (männlich) aufeinander bezogen, und ergänzen sich in stetem Streben nach einem dynamischen Gleichgewicht. Jeder ist Träger beider Prinzipien, doch ist das Weibliche in der Frau, das Männliche im Mann betont.

Das weibliche Denken ist charakterisiert durch die ganzheitliche Sicht, die verschiedenen Dimensionen menschlichen Erlebens (einzelne Sinneswahrnehmungen, Gefühle, Denken, Phantasie, das Vergangene wie das Zukünftige, Körperliches und Geistiges usw.) zu einem Gesamten zusammenzufassen und zu vernetzen. Dabei ist das Ganze stets mehr als die Summe der Einzelteile. Das weibliche Denken versteht, ohne nach Begründungen fragen zu müssen, liebt die Variation und ist flexibel, ja manchmal sogar ungeordnet. Es strebt nicht nach Genauigkeit, sucht eher das Wesentliche, weil es das beseelte Denken ist. Diese Art des Denkens kann Fehler ertragen. Wenn dem Sänger das hohe C nicht gelingt, so ist seine Gesangskunst als Ganzes doch nicht in Frage gestellt und die Arie kann noch immer als schön empfunden werden. Diese Art des Denkens ist die Grundlage für Dankbarkeit, Glauben und vorbehaltlose Liebe. Es wird oftmals als die Logik des Herzens bezeichnet.

Das männliche Denken ist die Logik schlechthin und eher technisch. Es ist analysierend, kritisch, ordnend. Es sucht nach exakten Begründungen, plant zielgerichtet, und seine Lösungen sind folgerichtig und genau. Das männliche Denken ist viel mehr nach außen als nach innen gerichtet. Sein Anspruch auf Genauigkeit und Systematik muß Gefühle ausschalten, muß sich viel mehr auf Zahlen und Berechnungen (Statistik, Diagramme) verlassen. Es *muß* nach dem Fehler suchen und ihn ausrotten. Der Computer muß fehlerfrei arbeiten, sonst sind alle seine Daten in Frage zu stellen. Wenn beim TÜV technische Mängel am Auto entdeckt werden, darf das ganze Auto nicht mehr fahren.

Beide Arten des Denkens sind für den Menschen notwendig und gut, insofern sie in Beziehung zueinander und miteinander im Gleichgewicht sind. So wie das Verhältnis von Mann und Frau durch Ebenbürtigkeit ausgewogen sein muß, müssen auch die verschiedenen Arten des Denkens ausgewogen sein.

Im Zuge der Menschheitsentwicklung und der Naturwissenschaften wurde aber unser Denken aufgewühlt und das technische Denken immer mehr bevorzugt. Die Zeit der Maschinen, Systeme, Organisationen und Computer begann. Der gesunde Menschenverstand – die Synthese von männlichem und weiblichem Denkprinzip, von Kopf und Herz – wurde immer mehr unterhöhlt. Herz war zugunsten von Kopf immer weniger gefragt, und so ritt man sich in eine seelenlose Kopflastigkeit hinein. Immer mehr entfremdete sich der Mensch selbst. Die große Bewegung ging immer mehr zur exakten Funktion und immer weiter weg von der Menschlichkeit – bis schließlich die Maschine mehr zählte als der Mensch selbst.

Durch die Einseitigkeit wurde das schöpfungsbedingte Gesetz der Gegensätze grob verletzt. Weil der Zeitgeist durch das männliche Denken getragen wurde, wurde die Gesellschaft in ihren Wertvorstellungen immer männlicher, und die Weiblichkeit und damit auch die Mütterlichkeit wurde verhängnisvoll abgewertet. Um der Abwertung zu entgehen, versuchten sich die Frauen im Zuge der Emanzipation der Männlichkeit anzugleichen. Dadurch wurde die Weiblichkeit dann erst recht abgewertet.

Das angestrebte Ideal war der Mann in der Frau. Die emanzipierte Frau übernahm die Rolle mit allen Nachteilen inklusive der Intoleranz Fehlern gegenüber. Ohne Angst kann die Frau den männlichen Part übernehmen, solange sie sich in der technisch organisierten Gesellschaft bewegt. In die Teufelsküche gerät sie aber, sobald sie die männliche Welt verlassen muß, weil sie eine unverwechselbar weibliche Aufgabe übernimmt – und das ist das Kind und seine Betreuung. Sie nimmt die hormonell bedingten Veränderungen ihres Leibes noch auf sich, wenn sie Mutter wird. Denn das geschieht im Rahmen der Vorsorgeuntersuchungen noch unter dem durch die männliche Art des Denkens gesicherten Schutz vor Fehlern. Sie bekommt Medikamente, wenn der Blutdruck entgleist, die Wehen zu früh einsetzen, und im Notfall kann sie eine Cerclage erhalten. Der Arzt findet sicher heraus, woran es fehlt. Aber wenn das Kind weint, nicht schläft, nicht gut ißt, wenn es sich nicht beruhigen läßt und der ärztliche Rat nicht sogleich greift, gerät sie außer sich und reagiert kopflos. Jetzt lähmt sie die panische Angst vor Fehlern. In ihrer Angst kreist sie mehr um sich selbst, anstatt sich in die Bedürfnisse des Kindes hineinzufühlen. Statt das Kind im Arm nach ihm vertrauten Rhythmen zu wiegen, versucht sie hektisch dies und jenes. Aber eben jene unerwartete Vielfalt von Angeboten beunruhigt das Kind erst recht. Der Teufelskreis beginnt sich zu schließen: Die Unruhe der Mutter steigert die Unruhe beim Kind und umgekehrt, und damit ist schon der nächste Teufelskreis veranlagt: Je länger die Störung, sprich die Beunruhigung und Unruhe des Kindes anhält, um so mehr steigert sich die in der Mutter aufkommende Ahnung, eine schlechte Mutter zu sein, zur Gewißheit.

Solange die Eltern nur vorbeugend nach Rat suchten, genügte ihnen die unverbindliche Stellungnahme eines Spezialisten. Wenn aber der Fehler offenkundig wird und der Rat des Spezialisten nicht taugt, laufen sie zum nächsten und zum übernächsten Spezialisten, von einer Beratungsstelle zur anderen, und es treibt sie von Buch zu Buch. Spätestens jetzt bemerken sie die Widersprüchlichkeit vieler Ratschläge. Das bisherige Vertrauen in die (natur-)wissenschaftlichen Erkenntnisse wird zutiefst erschüttert. Ihre Verunsicherung wächst – und damit ihre Beunruhigung.

Die Unruhe des Kindes hat ihre tiefsten Wurzeln in dieser Beunruhigung der Eltern, deren tiefste Wurzeln wiederum in der Angst der Eltern vor Fehlern begründet sind.

Das Verhängnis ist, daß die Eltern, indem sie sich zwanghaft bemühen, fehlerfrei zu sein, und sich mit Fehlern (in der Erziehung) *ihrer Kinder selbstzerstörerisch quälen, den allergrößten Fehler begehen: Sie opfern ihre elterliche Gelassenheit!*

Sie verlieren die innere Ruhe, die das Kind braucht, um bei den Eltern Halt und Sicherheit zu finden. Sie opfern ihren Überblick. Vor lauter Prüfung einzelner Bäume entgeht ihnen der Genuß am Wald. Mit seinen feinen Antennen spürt das Kind die Erregung der Eltern. In dem aufgewühlten Hafen seiner Geborgenheit kann sein Schifflein nicht mehr einfahren, nicht ankern. Es muß sich auf den stürmischen Wellen weiterwirbeln lassen.

Welchen Ausweg gibt es nun aus diesem Dilemma. Natürlich ist es leicht gesagt: Seien Sie doch gelassener, haben Sie keine Angst vor Ihrer Fehlbarkeit. Sie gehört zu Ihrem Menschsein und damit auch zu Ihrer Elterlichkeit. Ohne Zweifel ist es schwer, gelassen und ohne Angst zu sein, und doch gibt es keinen anderen Ausweg.

Das Kind weiß tatsächlich, was es braucht. Es ist im Heranwachsen nämlich auf Gelassenheit und Sicherheit angewiesen und sucht diese in erster Linie bei seinen Eltern. Bei ihnen will es zunächst die Ruhe und den Halt spüren, sonst könnte es sich nicht unbeschwert, frei und vorbehaltlos angenommen, ja vorbehaltlos geliebt fühlen.

Die Vorbehaltlosigkeit der Liebe beginnt bereits dort, wo ich eigene Fehler erkenne und mich trotzdem liebe. Das gleiche gilt in der Liebe zu dem Nächsten, zum Ehepartner und zum Kind. Wenn ich den Vorbehalt nicht zulasse, kann ich auch nicht vorbehaltlos lieben.

Wenn die Eltern den Kindern ein wahrhaftiges, glaubwürdiges Vorbild sein sollen, dann gehört es auch dazu, daß sie zu ihren Fehlern stehen und den Kindern vorleben, wie sie mit den Schwächen umgehen. Stolpern über den steinigen Weg gehört zur menschlichen Mühsal. Das Vorbild wirkt nicht nur in der Gegenwart, sondern auch im Rückblick. Deshalb sollen die Mutter und der Vater ihren Kindern von der eigenen Kindheit erzählen und dabei nicht verheimlichen, welche Fehler sie machten und wie sie aus den Fehlern lernten.

Es gehört aber auch dazu, daß die Eltern den Mut haben, dem Kind gegenüber einzugestehen, was sie jetzt in ihrer Erziehung nicht gut machen und daß sie aus dieser Erkenntnis heraus einen neuen Weg versuchen wollen. Zum Beispiel: »Bisher machte ich den Fehler zuzulassen, daß du abends ins Bett gehst, wann du willst. Ich sehe ein, daß du zu deiner Regelmäßigkeit finden mußt. Deshalb werde ich ab heute darauf achten, daß du jeden Abend um 20.00 Uhr im Bett bist und zum Schlafen findest.«

Geben Sie ihrem Kind Anschauungsunterricht. Wenn Sie sich einmal gar nicht ausstehen können, weil Sie irgendeinen Fehler gemacht haben, sagen Sie Ihrem Ehepartner: »Nimm mich fest in den Arm und tröste mich! Ich habe Kummer, weil ich das Gefühl habe, alles falsch zu machen.«

Bedingungslose Liebe ist eben tolerante Liebe: Ich kann mich geliebt fühlen, obwohl ich unvollkommen bin. So werden wir doch alle von Gott geliebt und gehalten, selbst dann noch, wenn wir gegen das Gute verstoßen haben! Haben Sie Mut, Fehler zu machen. Stützen Sie sich auf das Gesetz der Gegensätze. Es sagt unter anderem, daß man aus Fehlern klug wird. Den neuen Weg kann man ja nur dann finden, wenn ich Versuch und Irrtum wage. Unsere Zeit verlangt nach neuen Wegen, und Sie dürfen den neuen Weg gehen.

Liebe Eltern, fühlen Sie sich in diesem Sinne getragen und gehalten von den guten Kräften dieser Welt. Sie sind nicht alleine! Sie sind eingebunden in den großen Strom des Lebens, in den Strom, den viele von uns schon verlassen haben, und den Strom derer, die noch kommen werden.

Wir haben nun die einzelnen Flammen untersucht, die die Angst und den Unruhegeist nähren. Wir erkennen sie an dem Bild der Zerstörung, das sie hinterlassen. Das Bild ist nicht immer dasselbe. Je nach dem Stoff, der brennt, je nach dem Wind, der weht, ist dieses oder jenes unserer Lebensfelder betroffen.

Schauen wir uns einige der Bilder an. Versuchen wir die Spuren der Brandstiftung zu erkennen und das Unheil abzuwenden.

Der Zwiespalt oder die Ambivalenz

Das kontrollierte Kind

Angelika und Willi, einwandfrei füreinander vorgesehen, beide kaufmännische Angestellte, er drei Jahre älter und zwölf Zentimeter größer, beide aus gutbürgerlichen Verhältnissen, gehen eine Ehe ein. Sie nehmen sich vor, eine Eigentumswohnung zu kaufen, und Willi soll seine begonnene Zusatzausbildung beenden. Erst danach möchten sie ein Kind – eins! Denn auch Angelika hat Freude an ihrem Beruf und möchte auf alle Fälle wieder in den Beruf zurückkehren, nachdem sie ihren Mutterpflichten Genüge getan hat. Deshalb wählen Angelika und Willi vorsichtig den Zeitpunkt der Zeugung.

Über Jahre nimmt Angelika die Pille. Nun ist sie zur Empfängnis bereit – aber es will nicht klappen. Die erste Angst steigt hoch, ob sie die Pille zu lange genommen und an dem empfindlichen Hormonhaushalt zu stark gerüttelt hat? Aber schließlich hat es doch geklappt. Angelika und Willi sind glücklich.

Ihr ganzes Leben richtet sich nun auf das werdende Kind aus: Sie gehen zur Volkshochschule und belegen Kurse für werdende Eltern. Sie machen gemeinsam Entspannungsübungen, besorgen sich viele Bücher und abonnieren Zeitschriften. Angelika strickt Jäckchen und geht regelmäßig zu den Vorsorgeuntersuchungen.

Es scheint alles in Ordnung zu sein. Aber ob der Schein nicht trügt? Denn bei einer der Untersuchungen erwähnt der Arzt so nebenbei: »Es ist ein zartes Kind, schauen Sie sich nur das kleine Köpfchen an!« Und dabei hat er auf den Monitor gezeigt. Das kleine Köpfchen? Das *zu* kleine Köpfchen? Ist das der Anfang seiner Aufklärung über die Behinderung des Kindes?

Der Arzt sagte: »Nur keine Angst, das wird sich schon auswachsen.« Erst jetzt steigt die Angst in Angelika so richtig hoch. Der Arzt tröstet sie also und schont sie noch. Angelika findet nicht mehr zur Ruhe. Was wird ihr der Arzt bei der nächsten Untersuchung sagen? Wird das Kind doch eine Behinderung haben? Wird sie es austragen oder abtreiben? Im sechsten Schwangerschaftsmonat hat Angelika leichte Wehen und Schmierblutungen. Ihr Arzt rät ihr zur Schonung. In großer Angst um die Schwangerschaft schont sich Angelika jetzt total. Sie traut sich kaum noch, umherzugehen. Willi macht den Haushalt. Das Kind in Angelika bewegt sich immer mehr, und wenn die Bewegungen des Kindes zu ungestüm sind, hat sie Angst vor einer Frühgeburt. Immer mehr gerät Angelika in Streß.

Das Kind – ein Junge – kommt drei Wochen vor dem errechneten Termin zur Welt. Die Geburt verlief nach Plan und in Anwesenheit von Willi. Das Köpfchen ist proportioniert – gottlob! Der ganze Bub wohlgediehen und wohlgestaltet, aber ein Unruhegeist!

Schon bei dem ersten Stillen konnte er die Brustwarze nicht ruhig im Mund behalten. Nach zwei Schlucken setzte er ab und zappelte, und so blieb es. Das Stillen wurde für Mutter und Kind gleichermaßen zur Plage. Die Nächte waren furchtbar. Das Kind hatte keinen Schlaf. So wenig wie es beim Trinken in die Stille eintauchen konnte, so wenig konnte es die stille Nacht annehmen.

Sein liebevoll von den Eltern vorbereitetes Himmelbett wurde zum Schauplatz der Hölle. Obwohl er morgens zur Arbeit mußte, löste Willi Angelika willig ab. In der einen Nacht ertrug Willi das Kind und lief mit ihm hin und her – in der anderen Nacht er-trug es Angelika und lief mit ihm hin und her und her und hin. Auch das tägliche Bad war eine Tortur. Weil Angelika Angst hatte, daß ihr der Junge aus den Händen gleiten könnte, wollte sie ihn nicht alleine baden. Dies hatte zur Folge, daß für Angelika und Willi alle Abende und Nächte mit der Umsorgung des Kindes ausgefüllt waren und daß sie selbst immer mehr in Unruhe kamen.

Sie trauten sich zunächst nicht, es laut zu sagen. Aber schließlich war es heraus. Als Angelika wirklich nicht mehr konnte und im Arm von Willi zusammenbrach, stieß sie es als erste und unter Tränen aus: »Warum haben wir uns bloß das Kind gewünscht?« Willi konnte die tröstende Antwort nicht finden, denn wie einen Kloß im Hals fühlte er die gleiche Frage schon lange. Er fühlte sich als Versager: als Ehemann, als Vater und neuerdings auch im Büro, weil ihm aus Ermüdung oftmals Fehler unterliefen. Unbestimmt fühlte er, wie das Kind – dieses Kind – seine einwandfreie Lebensplanung bedrohte. Dabei war es doch erst zwölf Wochen alt – wie sollte es erst werden, wenn es zwölf Monate, zwölf Jahre alt ist! Nein – er wollte das Kind auch nicht mehr haben! Aber wie sehr hatte er sich einen Sohn gewünscht!

Die Aufdeckung der zerstörerischen Kräfte

Üblicherweise wird das ungeborene Kind in seinem Bewußtsein und seinen Wahrnehmungen unterschätzt. Es will empfangen sein und wartet schon lange auf die gute Stunde seiner Empfängnis bei seinen Eltern. Wie mag es sich fühlen, wenn seine Eltern materiellen Werten den Vorrang vor seinem Empfang einräumen? Ob es schon vor der Empfängnis unruhig ist? Darüber kann man je nach Weltanschauung spekulieren. Nicht mehr spekulieren kann man aber über das Empfinden des Kindes im Mutterleib. Darüber liefert die jüngste Forschung unbestreitbar Beweise:

- Auf dem Monitor läßt sich an der Art und Weise, wie sich das Kind bewegt, erkennen, ob es sich wohl fühlt oder nicht.
- Man kann sein Erschrecken sehen, wenn es abgetrieben werden soll!
- Um die Übertragung der Gefühle von der Mutter auf das Kind zu untersuchen, hat man schwangeren Frauen, die dem

Kind zuliebe das Rauchen aufgegeben hatten, eine Zigarette angeboten und die Herzschläge des Kindes registriert. Sobald die Mutter die Zigarette sah, schlug das Herz des Kindes in der Zeit ihrer Unentschiedenheit schneller (soll sie die Zigarette annehmen oder nicht?).

– Ein Experiment, das aus der Streß- und Verhaltensforschung stammt:
Man hat trächtige Ratten auf zwei Gruppen verteilt. Die eine Gruppe lebte »im Wohlstand«. Sie mußte sich weder nach außen hin verteidigen noch mußte sie um Futter kämpfen. Sie lebte ohne Streß. Die andere Gruppe dagegen mußte um ihr Überleben kämpfen, sie war eindeutig im Streß.
Nach dem Wurf wurde die Lebenstüchtigkeit der jungen Ratten untersucht. Dabei erwies es sich, daß die Jungen der gestreßten Mütter durchwegs lebenstüchtiger waren. Die Erklärung liegt auf der Hand: Sie lernten schon im Mutterleib, mit der Lebensenergie umzugehen.

Aus diesen Experimenten lassen sich folgende Erkenntnisse ableiten:

– Das Ungeborene erhält über die Mutter Informationen, auf die es emotional reagiert.

– Das Ungeborene hat Teil an den Krisen seiner Mutter. Wenn sich die Mutter der Krise eindeutig stellt, kann auch das Kind sie überwinden. (Denken wir an die vielen Kinder, die in der ganzen Menschheitsgeschichte im Bauch der Mutter Kriege und Naturkatastrophen unbeschadet überstanden haben, deshalb, weil ihre Mütter eindeutig bereit waren, die kritische Situation zu überleben.)

– Gerät die Mutter in einen Zwiespalt und kann sie sich zwischen zwei Möglichkeiten nicht entscheiden (vergleiche das Experiment der ehemals rauchenden Mutter), erzeugt die nicht abgeleitete Lebensenergie eine Unruhe, die sich auf das Kind überträgt.

Deuten wir die Geschichte von Angelika und Willi nach diesen Erkenntnissen: Mit den ersten Zeugungsversuchen (es wollte ja zunächst nicht nach Plan »klappen«), kamen beide in den Zwiespalt der Ambivalenz, der immer verheerender wurde. Er wurde geschürt von der Angst vor der Schuld, durch das Einnehmen der Pille Schaden angerichtet zu haben, durch die Angst vor einer Behinderung des Kindes und dadurch vor die Entscheidung der Abtreibung gestellt zu werden. Sie entschieden sich für das Kind. Aber diese Eindeutigkeit war von kurzer Dauer. Ab dem sechsten Schwangerschaftsmonat war der Fortbestand der Schwangerschaft schon wieder bedroht. Angelika hatte sich zwar nun eindeutig für das Kind entschieden, aber sie traut sich nicht, sich darauf zu freuen, weil es unsicher war, daß sie das Kind austragen kann. Sie hielt nun strenge Bettruhe ein, um den Gefährdungen zu entgehen, die ihr Kind bedrohten, plagte sich mit ihrer Angst und fürchtete obendrein jede Bewegung des Kindes.

Im Prinzip fürchtete sie sich bis zum Ende der Schwangerschaft vor der Lebendigkeit ihres Kindes, die sie sich andererseits sehnlichst wünschte!

Sie kann weder *Ja* noch *Nein* zu ihrem Kind sagen. Und das Kind spürt diesen Zwiespalt.

Zweierlei stiftet einen unheilvollen Kreislauf. Durch die Beunruhigung, die innere Unruhe der Mutter, wird nun das Kind selber beunruhigt und gerät wie die Mutter in Streß. Der einzige Mensch, der es beruhigen und entlasten könnte durch rhythmisches Bewegen, wäre die Mutter, aber sie kann die Hilfe nicht geben, denn sie muß ihre Bettruhe wahren. So bleiben alle beide – Mutter und Kind – bis zur Geburt dem Streß ausgeliefert.

In diesem Zustand kommt das Kind zur Welt, als Unruhegeist! Beim ersten Stillen flammt nun bei Angelika der Zwiespalt von neuem auf. Anstelle der Angst um das Kind tritt nun der Schmerz, der durch die Kränkung einer vermeintlichen Ablehnung entsteht. »Das Kind nimmt von mir die Milch nicht an, obwohl ich davon genügend habe. Es lehnt mich ab, obwohl ich es doch liebe!«

Das Kind lebt aber in einem ähnlichen Zwiespalt. Es möchte so gerne und in aller Ruhe trinken und sich bei der Mutter geborgen fühlen, aber es spürt die Unzufriedenheit, die Traurigkeit und die Anspannung der Mutter und kommt darüber selbst in Erregung, die es am entspannten Saugen hindert. Aus dieser allgemeinen Erregung findet auch das Kind in der Nacht nicht heraus. Es kann sich doch nicht fallenlassen in ein Nest, das löcherig ist!

Die zerstörerischen Kräfte, die dem Kind von Angelika und Willi das Urvertrauen von Anfang an verhinderten und die Unruhe von Mutter und Kind beständig schüren, sind die nicht endenwollenden ambivalenten Einstellungen und der Irrglaube an die Makellosigkeit, der vorgaukelt, man könnte sich dem Pol des Leidens und der Angst entziehen.

Das Gegenteil ist der Fall. Je mehr man sich ihm zu entziehen trachtet, um so mehr gerät man in seine Fänge.

Die Technik macht es möglich, das Kind zu empfangen, wenn man es will; sie macht aber auch möglich, es abzutöten, wenn man es nicht will. Eigentlich dürfte es dank der Technik machbar sein, nur erwünschte Kinder zu empfangen, die sich im Bauch der Mutter wie im Paradies fühlen müßten. Die Technik macht es möglich, der Mensch ist der Macher. Durch die Technik wird dem Menschen die Macht über Leben und Tod zugespielt. Die Unerwünschtheit und zugleich die Qual des Zwiespalts schleichen sich aber – wie wir bei Angelika und Willi gesehen haben – durch die Hintertüre wiederum mittels der Technik ein.

Der Ausweg:
Elternsein bedeutet Annahme der Polarität und Auseinandersetzung mit den Gegensätzen. Jedes Kind bringt nicht nur Freud, es bringt auch Leid. Auch diese Gabe des Kindes muß man bejahen, wenn man es von ganzem Herzen annehmen und bei sich aufnehmen will. Es gehört zum Elternsein, daß man bewußt bereit ist, mit seinem Kind auch den Weg des Leidens zu gehen.

Jedes Kind braucht daher, um ruhig und glücklich bei seinen Eltern landen zu können, die fraglose Annahme seiner Eltern. Es braucht das uneingeschränkte *Ja* zu seiner Existenz, um sich gut einverleiben zu können. Mit Zweideutigkeit, Halbherzigkeit kann ein Kind nicht umgehen. Das Kind ist immer ganz, es ist immer die ganze Wahrheit und verlangt nach der ganzen Wahrheit. Es will, daß man seine Licht- und Schattenseiten liebt. Es will die Liebe, die ganze, selbstlose und die vorbehaltlose Liebe.

Darin liegt ja gerade die Chance der Elternschaft, daß sie durch die bedingungslose Annahme des Kindes die eigene Liebesfähigkeit vertiefen und erneuern kann. In der uneingeschränkten Liebe wird der Mensch von der göttlichen Liebe berührt. Mit dem Himmel verbunden, kann er sich ruhig auf Erden niederlassen.

Als Eltern sollten Sie die Vorsorgeuntersuchungen wahrnehmen, sie haben ihren guten Sinn. Auch haben sie schon vielen Kindern ins Leben geholfen.

Wir dürfen dem technischen Fortschritt dankbar sein, sofern wir uns seiner in aller Ehrfurcht vor der Schöpfung bedienen. Der Umgang mit der Technik verlangt jedoch nach einem geweiteten Bewußtsein, das um die ewigen Gesetze des Lebens weiß.

Lassen Sie sich aber Ihre eindeutige Freude auf das werdende Kind nicht durch einen Verdacht auf eine Behinderung nehmen. Haben Sie Vertrauen darauf, daß in jedem Fall Ihr Schicksal mit dem Schicksal Ihres Kindes verwoben ist. Daß Ihre Verbundenheit durch eine Behinderung einen besonders tiefen Sinn hat, der zu höheren Einsichten führt. Wenn es Ihnen gelingt, die Behinderung anzunehmen, bekommen Sie auch die Kraft, den schwierigen Weg zu gehen.

Viel wahrscheinlicher ist es, daß das Kind nicht behindert ist. Das eindeutige Bekenntnis der Eltern zum Leben des Kindes, unabhängig davon, ob es behindert oder genial begabt ist, spürt das Kind im tiefsten Herzen. Und dieses Licht am Beginn seines Weges wird ihm den ganzen Weg beleuchten und es aufwärmen.

Wenn Angelika und Willi uns gefragt hätten, wie sie ihr »Ja« zum Kind und ihre Liebe dem Kind mitteilen können, dann hätten wir ihnen gesagt: »Schließen Sie lieber die Augen und spüren Sie – Angelika – Ihr Kind unter Ihrem Herzen und Sie – Willi – unter dem Herzen Ihrer Frau, als daß Sie es auf dem Monitor erleben wollen.

Stellen Sie sich beide vor, wo es sein Köpfchen hat und wo seine Beine sind, und streicheln Sie es mit sicheren Bewegungen. Reden Sie mit ihm: ›Da bist du endlich bei uns, und da sollst du auch bleiben! Du bist unser Kind. Ich bin deine Mama, ich bin dein Papa. Du sollst es gut bei uns haben. Zapple nur, das freut uns.‹

Bewegen Sie Ihr Kind durch Ihr bewußtes Atmen, besonders dann, wenn Ihnen Bettruhe oder Schonung verordnet worden sind. Den wiegenden Rhythmus können Sie Ihrem Kind um so intensiver vermitteln, wenn Sie im Schaukelstuhl oder einer Hängematte ruhen. Singen Sie dem Kind ein Lied. Bereiten Sie schon jetzt die Wiegenlieder vor, die Sie später Ihrem Kind vorsingen wollen, denn wir wissen heute ja, daß Kinder ganze Musikstücke wiedererkennen, die sie im Bauch der Mutter wiederholte Male zu hören bekamen.

Wenn Ihr Kind dann geboren ist, setzen Sie das Gespräch mit ihm auf die gleiche, Ihrem Kind schon bekannte Weise fort:

Begrüßen Sie es mit den gleichen Worten. Streicheln Sie es mit ruhigen Bewegungen. Wiegen Sie es unter den ihm vertrauten Liedern. Es wird große Freude daran haben, all dieses wiederzuerkennen. Denken Sie daran, daß Kinder Wiederholungen mögen. Das Gleichbleibende, Wiederkehrende beruhigt.

Streicheln und wiegen Sie daher Ihr Kind in der gleichen Lage, auf der gleichen Stelle, im gleichen Rhythmus, mit demselben Lied, wenn es unruhig ist, und je unruhiger, um so ausgiebiger – bis es sich endgültig beruhigt hat.

Das Kind ist auf Eindeutigkeit angewiesen. Wechseln Sie sich daher untereinander nicht ab, wenn das Kind nach Ihrem Trost verlangt. Zeigen Sie ihm die Treue und vermitteln Sie ihm die Grunderfahrung »Auf mich kannst du dich verlassen, ich bleibe bei dir, solange, bis es dir gut geht, und solange wiege und er-trage ich dich auch. Ich bin nämlich deine Mama, und ich weiß, was für dich gut ist.«

Das J-ein in der Erziehung

Manchen Kindern wird ihre Unruhe erst zum Problem, wenn sie in die Schule kommen. Es sind dies die Kinder, die nicht sitzen bleiben können, und solche, die nicht auf Anruf reagieren. Wenn der Lehrer sagt: »Kinder, steht auf«, dann muß er damit rechnen, daß ein Großteil der Erstkläßler sich als Mitglied der Klassengemeinschaft nicht angesprochen fühlt. Diesen Kindern fehlt die Stufe der sozialen Wahrnehmung und des sozialen Verhaltens, die für die sogenannte Schulreife Voraussetzung ist. Die Kinder verweigern ihre Reaktion nicht in böser Absicht. Sie sind einfach in ihrer Persönlichkeitsentwicklung noch nicht so weit, um sich im Rahmen einer Gruppe eigenverantwortlich fühlen zu können. Um sie zur Mitarbeit zu gewinnen, müßte der Lehrer – wie bei einem kleinen Kind – zu jedem einzelnen Schüler hingehen, ihn berühren, beim Namen nennen und individuell ansprechen, unter Umständen sogar unter Handführung zur Tätigkeit verhelfen.

Allzuoft gelten diese Kinder als hyperaktiv oder (und) als wahrnehmungsgestört. Sie werden zu Kinderärzten, Psychiatern, HNO-Ärzten, psychologischen Beratungsstellen geschickt.

Wenn uns ein solches Kind vorgestellt wird, fragen wir uns jedes Mal: »Kann es wirklich sein, daß so viele Schulanfänger heutzutage Wahrnehmungsstörungen haben? Etwas kann da nicht stimmen! Stimmt der Maßstab nicht mehr, den wir an die Kinder anlegen? Kann es eine solche epidemische Anhäufung von Hirnausreifungsstörungen geben, die es früher nicht gab?

Was ist anders geworden?« Und bevor wir die aufwendigen Untersuchungen unternehmen, das Kind in unsere HNO-Klinik zur Überprüfung des Gehörs schicken und damit die Krankenkassen mit weiteren Kosten belasten, und bevor wir den scheiternden ABC-Schützen auf seine eventuelle Sonderschulbedürftigkeit hin testen, fragen wir zunächst: »Reagiert denn Ihr Kind zu Hause auf den ersten Anruf?« Wir müßten nicht fragen, wir sehen es.

Während des Gesprächs mit den Eltern untersucht Philipp in der Ecke des Sprechzimmers in aller Ruhe allerlei Spielsachen und schaut Bücher an, auch jene, die eigentlich nicht für die Kinder zum Gebrauch bestimmt waren. Die Mutter bemerkt es und ruft: »Philipp, bitte, laß das!«

Philipp denkt nicht daran, es zu lassen. »Philipp, bitte.« Philipp hört nichts, wird aber unruhig, wechselt das Buch, ebenfalls eines von denen, die nicht für Kinderhände bestimmt sind. »Philipp, muß ich dir denn alles tausendmal sagen! Kannst du denn nicht einmal zuhören…« Und tatsächlich ruft die Mutter Philipp tausendmal und kreist mit ihrer Stimme um Philipps Ohren, als wäre sie eine summende Stechmücke. Eine schwer erträgliche Geräuschkulisse, ein Lärm, gegen den sich Philipp schützen muß. Er schaltet auf Durchzug, um sich vor dem sinnlosen, unverbindlichen Lärm zu schützen. Wir beginnen, Philipp zu verstehen, denn die Mutter gibt ihr Rufen tatsächlich auf mit dem Hinweis: »Ach, er hört ja doch nicht zu. Letzten Endes ist es auch nicht so schlimm, was er tut«, und macht eine Bewegung, als möchte sie ihre vielfachen Aufforderungen in den Wind schlagen. Wir merken, daß Philipp immer fahriger wird.

Nach dieser Beobachtung liegt die Vermutung nahe, daß Philipp durchaus hören kann, aber auf das Gehörte nicht reagiert. Offenbar nimmt er die Information nicht wahr. Also doch eine Wahrnehmungsstörung? Aber welcher Art? Offenbar familiärer Art! Denn nach einer Weile bittet Philipp aus seiner Ecke heraus die Mutter um ein Taschentuch. Er sagt es höflich, trotzdem reagiert die Mutter nicht und rührt den Kaffee, den wir ihr angeboten haben. Philipp kommt näher: »Mama, hast du ein Tempotaschentuch für mich?« Die Mutter rührt, in ihre Gedanken versunken, in ihrem Kaffee, rührt sich aber nicht. Philipp hilft sich schließlich, indem er den Hemdärmel benutzt. Prompt reagiert die Mutter und reicht ihm das Tempotaschentuch. »Da hast du's!« Philipp nimmt das Angebot nicht an. Er braucht ja das Taschentuch auch nicht mehr.

Als wir unsere Standardfrage: »Wann begann denn die Unruhe?« stellten, erfuhren wir, daß Philipp der typische Fall unserer Statistik war. Sobald er laufen konnte, war er nicht mehr zu halten. Er hörte nicht auf Verbote. Die Eltern wollten sture Regeln vermeiden. An Philipps Einsicht zu appellieren, gelang ihnen jedoch nicht, da er ihren Argumenten nicht zugänglich war.

Ihn körperlich zu hindern, scheuten sie sich. Also haben sie ihn lieber abgelenkt, solange und wo es ging. Als er zum Beispiel das Spiel »immer auf die Fensterbank klettern« erfunden hatte, haben sie ihm zur Ablenkung lieber einen Kinderfilm ins Videogerät eingelegt. Um die beständige Konfrontation zu meiden, haben sie auch lieber die gefährdeten und gefährdenden Gegenstände eingeschlossen.

Als wir fragten: »Kamen Sie denn auf diese Weise immer zurecht?«, gab die Mutter zu: »Immer ging es natürlich nicht. Wenn er zum Beispiel in der Küche mit der Hängelampe hin- und herpendelte und mein ›Nein‹ nicht hörte, dann mußte ich schon laut und lauter werden, bis mir schließlich die Hand ausgerutscht ist und es knallte!« »Half denn die Ohrfeige?« »Ach wo, der ist hart im Nehmen. Eher wurde alles noch schlimmer.« Ja, freilich, die Mutter war für ihn nie voraussagbar. Es war weder »Ja« für ihn voraussagbar noch »Nein«. Die Mutter war für ihn am ehesten voraussagbar, und er konnte sich sicher auf sie verlassen, wenn er hartnäckig auf einem Unfug bestand. Er konnte dann sicher sein, daß sie lauter und lauter wurde und es knallte. Den vielen Kindern, die sich auf keine andere Ordnung verlassen können, bleibt nichts anderes übrig, als sich auf diese destruktive Weise Sicherheit zu holen. So bilden sich auch destruktive Zwänge aus, wenn die Provokation der Eltern zur Ersatzsicherheit wird. Das Kind nimmt lieber die Ohrfeige in Kauf, als in der Schwebe zu bleiben. Das J-ein ist den Kindern unerträglich. J-ein macht nervös, weil sich darin die Unschlüssigkeit, die Zweideutigkeit, die Ambivalenz der Eltern offenbart. Das Kind spürt die Schwäche. Es spürt, ich kann mich (jetzt) nicht auf dich stützen.

Eine Geschichte soll dies noch näher verdeutlichen. Wir wählen sie deshalb, weil sie im Hinblick auf erzieherisches Verhalten wertfrei ist, ja, es geht überhaupt nicht um Erziehung. Am Stuttgarter Bahnhof steht eine Mutter mit ihrer etwa achtjährigen Tochter. Die Zeit drängt. Sie haben einen Termin in Tübingen. Die Mutter lenkt ihre Schritte bald da, bald dort hin und überlegt laut: Nehmen wir jetzt besser den Bus oder lieber den Zug? Ach, den Zug lieber nicht. Der Bus ist vielleicht doch schneller. Oder doch nicht? Doch lieber den Zug? Je länger das Weder/Noch andauerte, um so hektischer wurde die Mutter. Die Tochter ließ sich in die Hektik hereinziehen, indem sie die ziellosen Bewegungen der Mutter mitmachte, solange, bis sie entschlossen stehenblieb und es aus ihr herausbrach: »Mama, frag mich doch nicht, *du* mußt es doch wissen!!«

Auch das von den Eltern so gut gemeinte Argumentieren verfehlt bei dem kleinen Kind seine Wirkung. Auch dazu haben wir eine Geschichte: Als der Psychoanalytiker Arno Gruen, der sich in seinen bekannten Büchern für die Autonomie des Menschen einsetzt, noch junger Vater war, folgte er seiner damaligen Überzeugung und gab sein Töchterchen in einen antiautoritären Kinderladen. Eines Tages hörte er zu, wie seine Tochter, die mit ihrer Freundin, die im Regelkindergarten war, Erfahrungen austauschte. Die Freundin erzählt, wie sie im Regelkindergarten bestraft werden. Sie werden in eine Ecke gestellt und bekommen eine besondere Mütze auf den Kopf. Die Tochter von Arno Gruen wollte nicht nachstehen und sagte: »Wir sind auch bestraft!« Oh, da spitzte Arno Gruen die Ohren! Wie bestraft man denn im antiautoritären Kinderladen? Und er hörte seine Tochter sagen: »Sie reden mit uns und reden und reden und reden...!«

Wahrhaftig, die vielen Worte und Gedanken, die über das Haupt des Kindes ausgeschüttet werden, ohne daß es sie verstehen oder sie zurückgeben kann, *sind* eine Strafe!!

Die natürlichste Reaktion darauf ist die Flucht, und die Flucht hat auch Philipp angetreten, indem er die Eltern nicht mehr wahrnahm. Eine Art Emigration nach innen.

Wenn das Kind also keine Grenze erfährt, keinen Halt bekommt, wird es haltlos, ungehalten, ungeordnet, die nicht gesteuerte, nicht kanalisierte Energie mündet je nach Temperament des Kindes früher oder später in Hyperaktivität ein.

Warum tun sich Eltern bloß so schwer, Regeln einzuführen?

Die Antwort ist uns allen eigentlich bekannt. In der autoritären Erziehung war es leider oft so, daß die Regeln Vorrang vor der Liebe hatten. Deshalb wurden sie zu Handlangern von selbstzweckmäßigem Drill, der dann oftmals die Achtung vor dem Kind zerstörte und die Liebe des Kindes zu den Eltern tötete. Die ideologische Aufbäumung richtete sich gegen den Drill, zugleich also gegen die Regeln. Der Zusammenhang: Liebe, Achtung, Regeln, der Weg, der dem Menschen das göttliche Prinzip erlebbar macht, wirkt aber auch umgekehrt. Wenn die Regeln nicht eingehalten werden, geht die Achtung verloren, und durch die verlorene Achtung wird die Liebe zerstört und kehrt sich in Haß-Liebe und Haß um.

Der Ausweg:

Keine Angst vor Regeln! Regeln erleichtern unser Zusammenleben. Sie sind nichts anderes als Verträge, nach denen wir den Umgang miteinander pflegen. Sie sind für alle Glieder der Gemeinschaft gleichermaßen verbindlich. Wenn der Kraftfahrer damit rechnen kann, daß die Grundregel »rechts vor links« von ihm wie auch von anderen Kraftfahrern eingehalten wird, dann muß er nicht stets auf der Lauer sein, ob jemand gegen die Regel verstößt, und er kann frei und mit Genuß die Fahrt genießen. Er hat die Aufmerksamkeit frei für anderes, zum Beispiel für ein Gespräch mit dem Beifahrer, die Betrachtung der Landschaft. So ähnlich müssen auch die Regeln für den innerfamiliären Verkehr für alle Familienmitglieder verbindlich sein und respektiert und eingehalten werden. Wenn sich die Familie auf diese Weise unnötige Spannungen (Unfälle) erspart, wird sie frei für andere, kreative Aktivitäten. Wie alles, was dem Kind zur Gewohnheit werden soll, sollte auch das Einhalten der in der Familie gültigen Regeln am Vorbild der Eltern ablesbar sein. Hat man über Jahre vieles versäumt, so kann man nicht alles auf einmal nachholen. Wir rieten Philipps Eltern deshalb, daß sie mit dem Einführen von Regeln bei dem Problem beginnen, das Philipp zu Hause und in der Schule die meisten Auseinandersetzungen bescherte. Dieses größte Problem war das Nichtreagieren auf andere. Unsere Ratschläge lauteten:

1. Bevor Sie nach Ihrem Kind rufen, üben Sie erst einmal »Rück- und Nachsicht«. Halten Sie sich zurück und schauen Sie erst einmal nach, was Ihr Kind tut. Vielleicht ist ihm seine Tätigkeit wichtiger als im Augenblick der Aufruf. Vielleicht können Sie darauf verzichten, das Kind in seinem Tun zu stören.

2. Wenn Ihnen aber die Aufforderung so wichtig ist, daß Sie das Kind unterbrechen müssen, dann sollten Sie auch mit Nachdruck darauf bestehen, daß Ihr Kind verbindlich auf Sie hört.

3. Gehen Sie schon bei der ersten Wiederholung Ihres Aufrufs zu Ihrem Kind, berühren Sie es mit beiden Händen und stellen Sie Blickkontakt zu ihm her und sagen Sie: »Philipp, komm her, ich habe dich gerufen.« Mit allen Sinnen sollte sich Ihr Kind mit Ihnen verbinden können, wenn Sie verbindlich etwas von ihm wollen! Wenn Sie nur immer wieder die Aufforderung wiederholen und dabei die Stimme erheben, degradieren Sie sich zu einem Weckautomaten, den man letzten Endes als Belästigung ausschaltet. Ver-

bindlich ist hier wörtlich zu verstehen: Spürbar, hörbar, sichtbar. Das Kind muß sich ganzheitlich angesprochen fühlen, dann wird es gerne reagieren, denn es ist ja immer besten Willens! Sie müssen keine Stimme erheben und keinen Machtkampf eingehen, sondern dürfen sich freuen, wenn Ihr Kind auf Sie reagiert. Bevor Sie von Ihrem Kind diese Reaktion verlangen, müssen Sie ihm selber das Vorbild anbieten, das heißt also: Sie müssen auf das Kind reagieren, wenn es nach Ihnen ruft. Indem Sie sich beide gegenseitig beachten, bezeugen Sie sich Achtung schlechthin. Auch diese Art von Achtung vor dem Gegenüber muß und möchte das Kind in seinem Alltag abschauen können. Am besten bei den eigenen Eltern. Nur wenn die Eltern in diesem Sinne einander beachten, kann die Mutter mit Überzeugung sagen: »Schau mal, der Papa antwortet auch gleich, wenn ich nach ihm rufe, und nicht erst beim fünften Mal!«

Als Grundsatz rieten wir an: *Eindeutige Gefühle äußern.*
Freude und Ärger (und damit Lob und Tadel) sollte Philipp am Tonfall und der Mimik von Mutter und Vater auseinanderhalten können. Zweideutige Botschaften, wie zum Beispiel: »Schätzchen, du nervst mich heute wieder ganz schön«, mit gequälter Stimme, aber lächelndem Gesichtsausdruck vorgebracht, sollten zukünftig unterbleiben.
Nur das eindeutig ausgedrückte Gefühl gibt dem Kind die Chance, sich einzufühlen und aus Liebe zu den Eltern Rücksicht zu üben.

Und wie ging die Geschichte weiter? Wir konnten Philipp und seinen Eltern keinen früheren Nachbesprechungstermin als in sechs Wochen geben. Deshalb boten wir an, daß die Eltern uns jederzeit anrufen könnten, falls unsere Ratschläge ihre Wirkung verfehlten.
Die Eltern riefen schon nach zwei Wochen an – aber nicht in der Not, sondern um sich zu bedanken und, wie sie sagten,

eindeutig Freude zu äußern. »Wir stehen alle drei am Telefon, um es Ihnen zu sagen, wie gut es uns schon geht. Philipp ist ein ganz anderer Mensch geworden. Er ist von uns allen wohl der Eifrigste, der darauf schaut, daß wir aufeinander achten. Wir hätten nicht geglaubt, daß das Einhalten so einfacher Regeln eine solche Wende bewirken kann. Erst heute fragte Philipps Lehrer, was wir denn gemacht hätten. Ob Philipp vielleicht Medikamente bekäme. Er sei auf einmal so viel ruhiger und konzentrierter!«

An diesem Beispiel ist *die wohltuende Wirkung der Regeln* erkennbar. *Voraussetzung* ist allerdings, daß sie

- einfach sind,
- klar ausformuliert und
- von allen Beteiligten eingehalten werden.

Wenn sie zu dem *Zwecke* aufgestellt sind, daß man

- aufeinander Rücksicht nimmt und
- einander achtet,

geben sie *Sicherheit*, weil man sich auf das Voraussagbare verlassen kann. Sie *schaffen Ruhe* in Beziehungen (Näheres dazu im Kapitel »Therapie«).

Unruhe in der Beziehungskiste

Wenn wir nach dem Beginn der Unruhe fragen, dann stellen wir oft fest, daß sie zu dem Zeitpunkt auftrat, als sich Veränderungen in den Beziehungen oder gar ein Beziehungsabbruch in der Familie ereignete, daß sich also die Rollen veränderten. Hierfür einige Beispiele:

Wenn der Erstgeborene verliert
Zunächst die uralte Geschichte, die uns allen bekannt ist: Sophia war ein wunderschönes, kluges, von beiden Großelternpaaren viel bewundertes Kind. Das erste Enkelkind in der Fa-

milie. Ihre Mutter hätte sich zwar zuerst einen Jungen gewünscht, aber da dieses Mädchen alle ihre Erwartungen an ein Kind mehr als übertraf, war sie glücklich mit dem Mädchen. Nach etwas mehr als drei Jahren kam der Junge. Sophia fühlte, daß sie die erste Stelle im Herzen ihrer Mutter verlor, aber auch bei ihrem Vater. Wenn nun Besuch kam, schauten alle erst den kleinen Jungen an und staunten über seine Vollkommenheit. So wurde er immer gefüttert, bevor Sophia an die Reihe kam, und auch im Schlafzimmer der Eltern mußte sie ihm Platz machen. Auch hier nahm nun der Bruder die erste Stelle im Herzen der Mutter ein, was Sophia schmerzlich bemerkte, wenn sie wie gewohnt nachts in das Bett der Eltern kriechen wollte. Immer fand sie den Bruder an der Brust der Mutter vor, innigst angesaugt, und ihr wurde es verwehrt. Ihre Nächte wurden immer unruhiger, und infolgedessen war sie am Tag immer gereizter. Ihre Welt stimmte nicht mehr. Sie kam nicht mehr zur Ruhe. Tag und Nacht mußte sie schauen, was los war.

Alsbald fing sie an, im Bett zu wippen und zu schaukeln. Sie wackelte am Eßtisch, fing an, ihr Haar über die Finger zu wickeln, nuckelte wieder, war unkonzentriert beim Spiel. Bei allem, was sie tat, war sie wie auf dem Sprung oder wie aufgedreht. Und dies alles trug ihr immer mehr Ermahnungen ein. Zunehmend fühlte sie sich ausgestoßen.

So manchem Erstgeborenen wird diese Geschichte vertraut erscheinen. Die Störung entsteht dadurch, daß das erstgeborene Kind die erste Stelle verliert, auf die es ein angeborenes Recht hat (vgl. »Die Ordnungen im familiären Beziehungssystem«). Für das Kind löst sich andernfalls die bis dahin gültige Ordnung im Familiensystem auf, und aus seiner Sicht bricht ein Chaos auf.

Der Ausweg:

Man müßte sich sehr bewußt in die Lage des Erstgeborenen hineinfühlen und seinen Platz sichern. Das bedeutet in der Zeit der entfachten Geschwisterproblematik im Alltag und in der »Allnacht«: Den Erstgeborenen nie wegschicken, wenn er ins

Ehebett kommt, ihn nicht beiseite schieben, wenn er im Wege steht. Es bedeutet vielmehr, das Erstgeborene als das erste, große Kind einzubeziehen. Sagen Sie ihm: »Du bist unser Erstes, Großes!« und »das ist unser Zweites, Kleines. Du darfst mit mir zusammen das Kleine füttern, baden und wickeln.«

Aber Vorsicht! Überlasten Sie Ihr Erstgeborenes nicht dadurch, daß Sie ihm die Rolle des Großen als Ersatzsicherheit geben. Nach dem »Strickmuster« des Großen, Hilfreichen um jeden Preis geraten nämlich später die vielen neurotischen Helfer, die nur solange ruhig sind, solange sie helfen können, und unruhig werden, wenn es nichts mehr zu helfen gibt. Sie geraten spätestens dann in den Entzug, wenn sie in Rente kommen oder wenn die Kinder aus dem Hause gehen.

Es stimmt zwar nach den Ordnungen im familiären Beziehungssystem, daß das ältere Kind dem jüngeren Kind gibt und das jüngere nimmt. Aber bedenken wir, daß das erstgeborene Kind durch das nachgeborene Geschwisterchen sehr viel verliert. Es kann also nicht noch die Reste dessen, was ihm verblieben ist, geben, ohne daß es von den Eltern einen neuen Vorrat an Liebe bekommen hat. Selbst wenn es nochmals nach der Brust verlangt, sollte es sie in dieser sensiblen Anfangszeit noch einmal haben dürfen. Wenn es unruhig und nervös wird, weil ihm in der Rolle des Großen etwas nicht gelang, tut es ihm gut, wenn es im Arm den Trost genießen kann, als wäre es noch klein.

Nachdem wir uns nun dafür sensibilisiert haben, wie das menschliche Herz auf den Verlust seines angestammten Platzes im System reagiert, schauen wir uns einige Situationen an, die für unsere heutige Zeit typisch sind:

Die »zusammengewürfelte« Familie
In die Sprechstunde kommt eine auf den ersten Blick intakte Familie (Vater, Mutter, neunjähriger Sohn, siebenjährige Tochter). Alle in der Kleidung in modischen Farbtönen aufeinander abgestimmt. Ein Bild der Harmonie – dachten wir und teilten es den Eltern mit. »Der Schein trügt«, antworteten die Eheleute wie

aus einem Mund und lachten dabei. »Warum, denken Sie, sind wir denn da«, sagte der Vater. »Wir wissen schon gar nicht mehr, was Harmonie ist, jedenfalls ich nicht. Ich kann mich nicht erinnern, wann unser letzter harmonischer Abend war. Dauernd ist bei uns wegen irgend etwas Unruhe, bei jedem Essen, bei jedem Ausflug, in jedem Urlaub. Wenn man irgendwo Harmonie kaufen könnte, ginge ich sofort hin.« Die Eltern meinten, daß der Unruhestifter der Junge sei. Dauernd piesackt er nämlich alle, aber hauptsächlich die kleine Schwester. Wir fragten wie üblich: »Wann begann denn die ganze Unruhe?« »Das mußt du wissen«, sagte die Mutter. »Es fing da an, als ich mich von meiner ersten Frau getrennt habe.« Und so erfuhren wir, daß die Familie, die wir vor uns hatten, eigentlich schon eine dritte Familie war. Beide Eheleute hatten ihre Kinder aus erster Ehe mit in diese Familie gebracht. Der Vater den Sohn, die Mutter die Tochter. Der Vater schildert seine erste Frau als leichtlebig, unzuverlässig, streitsüchtig. »Das war der Irrtum meines Lebens!«
Merkwürdig! Der Bub war also ruhig, obwohl er bei dieser so negativ geschilderten Mutter war, und wurde erst unruhig, als er aus ihrem Bannkreis kam? Nach der systemischen Ordnung war der Verstoß der, daß die erste Ehefrau aus dem Herzen des Vaters ausgestoßen worden war und daß der Vater bei seinem Sohn verhinderte, Achtung und Liebe für die Mutter zu empfinden. Er machte sie in seiner Gegenwart immer wieder schlecht und war dabei der Ansicht, im Recht zu sein. Er meinte, sein Sohn müßte rechtzeitig erfahren, was gut und was schlecht ist und warum die Ehe seiner Eltern gescheitert war. Das kindliche Herz fühlt aber anders. Es fühlt den Verstoß. Es fühlt die Ausklammerung seiner Mutter und ist mit der ganzen Kraft seines Unbewußten dabei, sie bei dem Vater zu vertreten. Es übernimmt demzufolge die Rolle, das heißt das Verhalten der Mutter. Das Kind ist so wie die Mutter war: leichtlebig, unzuverlässig, streitsüchtig und dazu von Unruhe getrieben. Und je ungeliebter es sich vom Vater fühlt, um so mehr muß es sich mit der Mutter identifizieren. Das Kind opfert sich unbe-

wußterweise für die Mutter und schließt eine Koalition der Schwachen, Ausgestoßenen mit ihr und kämpft gegen den Vater und gegen die mit seiner Mutter rivalisierende neue Frau des Vaters und ihr Kind.

Die Problematik dieser Familie war eine doppelte: Auch das Mädchen mußte einen Ausgestoßenen vertreten, und zwar nicht nur ihren Vater, den großsprecherischen, rechthaberischen Muttersohn, sondern auch seine Mutter. Zu ihrer Oma hatte es eine eigenartig innige Beziehung und kämpfte ebenfalls unbewußterweise gegen die feindlich erlebte Mutter und ihren Ehemann. Eigentlich tat sie es für die geliebte Oma.

Wir sahen, daß die Unruhe nicht von dem Bub ausgeht, sondern durch den in der Familie unbewältigten Haß auf die ehemaligen Ehepartner gestiftet ist.

Der einzige Ausweg besteht darin, daß man die Ausklammerungen in der Familie aufhebt, damit beide Kinder für sich selbst leben können und nicht mehr andere vertreten müssen.

Konkret haben wir angeraten: Der Sohn muß von seinem Vater den Freibrief für die Liebe zur Mutter und das Vorbild für die Achtung vor ihr bekommen. Die notwendige Aussöhnung muß aber im Herzen des Vaters geschehen. Er müßte in der Lage sein, dem Sohn zu sagen: »Das ist deine leibliche Mutter und sie ist die richtige für dich. Ich freue mich, daß du sie in Ehren hältst und daß du gerne zu ihr zu Besuch gehst.«

Kann das der Vater mit Überzeugung aussprechen? Hat er den erforderlichen Großmut und den Mut zur Demut im Herzen? Dann ist alles gut. Solange er es nicht kann, ist der Haß am Werke, die Spannung in der Luft. Es ist für kein Kind gut, in dem Bewußtsein groß zu werden, ich habe einen schlechten Vater (oder eine schlechte Mutter), und es macht jedes Kind unruhig, wenn es von seinen Eltern Schlechtes hört.

Die verstoßenen Väter
Häufig sehen wir in unserer Sprechstunde Kinder alleinerziehender Mütter. Die Scheidungsrate nimmt, wie man weiß, stets

zu. Fast jede zweite Ehe wird heute laut Statistik in Mitteleuropa geschieden. »Sobald das Kind kam, ging er«, hören wir. Also ein Egoist? Ein schlechter Vater?

Routinemäßig fragen wir, ob das Kind von ihm erwünscht war und ob er bei der Geburt dabei war, und wir hören: »Er hat sich auf das Kind gefreut. Er war dabei.« Also kann er kein schlechter Ehemann oder egoistischer Vater sein, wenn er sogar die Geburtswehen freiwillig auf sich genommen hat.

Was war also wirklich los? Bei der Geburt war er tapfer dabei. Er spürte eine große Bewunderung und Dankbarkeit für seine Frau. Von der Geliebten wandelte sie sich zur Mutter. Ihre erotische Ausstrahlung allerdings ging für ihn vorübergehend zurück: Ihr Leib gehörte nun nicht mehr ihm, sondern vielmehr dem Kind. Ihr Leib wandelt sich für das Kind. Aber auch mit ihm, dem Vater, ging eine Veränderung vor …

Über diese Prozesse schreibt der Vater zweier Kinder, Martin Greenberg, Arzt und Psychiater, in seinem Buch *Ein Vater wird geboren*. In anschaulicher Weise schildert er den Ansturm und den Aufruhr der Gefühle, die sich beim Vater ereignen und schließlich in Verwirrung einmünden:

> »Wer wurde da eigentlich geboren?
> Das Kind? Ich?
> Bin ich nicht selber und will ich nicht dieses Kind sein,
> wenn diese Frau mir zur Mutter geworden ist …
> … Das eigene Baby als sich selbst sehen?
> Die eigene Frau als Mutter ansehen?
> Sich wie ein kleiner Junge fühlen?
> Auf dieses Kind eifersüchtig sein,
> das man doch so ungeduldig erwartet hat?«

Die Frau möchte aber kein weiteres Baby, keinen kleinen Jungen haben, sondern den Beschützer, der sie im Kreißsaal noch gestärkt hat. Die Beschützerrolle konnte der Vater noch ausüben, als er selber noch Unterstützung erfuhr durch Geburtsvorbereitungskurse und die bei der Geburt anwesenden Geburtshelfer. Jetzt aber müßte er die volle Verantwortung übernehmen. Niemand ist da in der Eigentumswohnung im Hochhaus. Seine Sicherheit hat er immerhin in seinem Beruf. Immerhin ist er jetzt der alleinige Geldverdiener. Auch das ist Vaterrolle. Von seiner Frau aber muß er sich anhören, daß er in den Beruf flüchtet. Sie erwartet von ihm, daß er sie abends ablöst und sich dem Kind als Vater darstellt. Wie denn? Stillend? Wickelnd? Er merkt doch, daß die Mutter inzwischen die größere Routine erworben hat und daß sich das Kind von ihr viel schneller trösten läßt, auch in der Nacht. Längst hat das Kind seinen Platz im Ehebett übernommen. Um für den Tag ausgeschlafen zu sein, geht er lieber ins Gästezimmer. Mit zunehmender Unruhe des Kindes ist ihm der Rückzug versperrt, bis er schließlich ganz abgeschoben ist, entweder selber geht oder gegangen wird.

Aber die Geschichte geht noch weiter. Die Stelle des Ehemanns nimmt der Sohn nicht nur im Bett, sondern allmählich auch im Alltag der Mutter ein. Er wird zu ihrem Partner. Es kann passieren, daß die Mutter ihm viel mehr Rechte gibt und Entscheidungen überläßt, wodurch sie das Kleinkind überfordert. Einige von den »kleinen Tyrannen« hatten diese Vorgeschichte, vor allem dann, wenn sie die Mutter schwächer als sich selbst und manipulierbar erfahren haben. Denn dann haben sie die Geborgenheit bei ihr verloren, und die einzige Chance, Voraussagbares zu erfahren, besteht darin, die Mutter beherrschbar zu erleben. Der »kleine Tyrann« muß zwangsläufig, aber auch zwanghaft, sein magisches Imperium stets unter Kontrolle halten und auf Trab bringen. Das erzeugt und unterhält Unruhe.

Der Ausweg:
Gottlob gerät nicht jeder Vater in diese Verstrickung. Der von uns eben zitierte Martin Greenberg äußert seiner Frau gegenüber Dankbarkeit, daß sie ihn immer dort liebevoll, ja sogar mütterlich aufbaute, wenn er sich im Umgang mit dem Kind

und ihr als Frau und Mutter unbeholfen und geschwächt fühlte. Er äußert Dankbarkeit, wenn sie ihn nicht verstieß, wenn er aus seiner Rolle als Mann und Vater in die Rolle des kleinen Jungen geriet. Sie machte ihn durch ihre weibliche Kraft wieder zum Mann.

Aber nicht jede junge Mutter ist stark wie Frau Greenberg! Nicht jede frischgebackene Mutter erträgt so ohne weiteres die vielen mächtigen Veränderungen, die mit der Schwangerschaft und der Geburt des ersten Kindes einhergehen. Die junge Mutter ist ja nicht nur während ihrer Schwangerschaft in anderen Umständen, sie geht ja auch geradewegs auf völlig veränderte Lebensumstände zu.

Nie mehr wird sie die alte sein. Aus der Geliebten, die mit ihrem Körper den Mann verführt, wird sie Mutter, die ihren Körper immer mehr, immer ausschließlicher in den Dienst des werdenden Lebens stellt, das sie in sich trägt. Ihr Körper verwandelt sich. Der ganze hormonelle Haushalt stellt sich auf die neue Aufgabe ein: ihre Haut verändert sich, der Busen wächst, der Bauch wird dick, die Hüften werden breit, die Füße schwer. Unter dem veränderten Gewicht werden Haltung und Gang anders. Die vielen Inhalte, die ihre Identität sicherten, ihre sportliche, flotte Art, ihre Eleganz, ihre weibliche Selbstverwirklichung im Beruf sind zumindest zunächst einmal dahin, werden eingetauscht gegen Ungewißheiten: Wird die Entbindung gelingen? Wird das Kind gesund sein? Wird sie eine gute Mutter sein können? Wird sie weiterhin für ihren Mann begehrenswert sein?

Mit der Geburt setzen weitere Veränderungen ein. Ihr ganzer Lebensrhythmus schwingt sich auf den des Kindes ein: sein Bedürfnis nach Schlaf, Sättigung und Nähe. Die Fasern der Verbundenheit, die das Kind im Mutterleib – im wahrsten Sinn des Worts – leiblich nährten, sind nach der Geburt wie ein unsichtbares Versorgungsnetz weiter ausgespannt. Die gegenseitige Wahrnehmung ist selbst auf die nun mögliche leibliche Distanz nicht weniger nah erfahrbar. Selbst im Schlaf nimmt die Mutter ihr Kind noch wahr. Der »Ammenschlaf« ist schließlich sprichwörtlich.

Zugunsten der Symbiose mit dem Kind setzt die Mutter ihre Identität, aber auch ihre Beziehung zu sich selbst und die zu ihrem Mann aufs Spiel. Kaum eine Erstgebärende ist so stark, all diese mächtigen Veränderungen im Alleingang bewältigen zu können. Deshalb hatten die jungen Mütter von jeher Unterstützung: Die Aufgabe der alten Hebamme endete nicht mit dem Wochenbett. Sie war um Mutter und Kind besorgt, bis die junge Mutter eine neue Sicherheit erworben hatte. In der alten Großfamilie ergaben sich zwanglos Gruppen erfahrener Mütter, die der jungen Mutter geholfen haben, mit den veränderten Lebensumständen umzugehen.

Es waren da aber auch die tragenden Gruppierungen für den jungen Vater, in denen er Ermutigung und Solidarität erfuhr für die Zeit, in der er sich wegen der symbiotischen Verschmelzung von Mutter und Kind ausgeschlossen fühlte. Erfahrene Männer haben ihm geholfen, sein Recht auf die erste Stelle bei der Frau wieder zurückzugewinnen.

Versuchen wir, von diesen Urerfahrungen *Empfehlungen für die heutige Situation* abzuleiten. Die Orientierung an der Tradition ist um so wichtiger, als die jungen Eltern heute nicht mehr in einer Großfamilie leben und wegen der großen Kluft zwischen Jung und Alt leicht in eine Käfigsituation geraten. Besonders in der städtischen Umgebung ist die Gefahr der Isolation gegeben.

Es ist einem jungen Elternpaar nicht möglich, diese neuen Strukturen zu verändern, aber sie können trotz der Strukturen nach neuen Wegen suchen. Wer gezielt sucht, der findet auch. Die Hoffnung gibt die Kraft zur Tat.

Die *Hoffnung kann nur in der Mitmenschlichkeit liegen und die Tat darin bestehen, daß man die Mitmenschlichkeit bewußt lebt.* Die Ordnungen der Liebe sind nur durch die Liebe herstellbar.

Wohl dem, der jetzt noch Freunde hat, wohl dem, der Freundschaften hat, die er seit der Jugend pflegt: die Frau die ihren, der Mann die seinen. Wie gut, wenn der Freundeskreis gemischt ist und auch Unerfahrenere (Jüngere) und Erfahrenere (Ältere) einschließt.

Man sollte denken, daß es eine wahre Freude ist, Mutter und Vater zu werden, aber in Wahrheit geht die Freude mit einer Krise einher. Und in der Not ruft ja – wie man weiß – das Herz nach dem Freund! Aber in der Not nach dem Freund zu suchen, ist meist schon zu spät. Freundschaften wollen gepflegt sein wie ein schöner Garten: Das ganze Jahr – *die* ganzen Jahre über – umgegraben und begossen! Wie gut, wenn sich junge Eheleute immer wieder gegenseitig die Gelegenheit zum Treffen mit alten Freunden geben. Wie gut, wenn sie ihre Freunde aber auch gegenseitig annehmen und zu eigenen Freunden machen. Nur auf diese Weise bilden sich die Kreise, von denen sich die junge Mutter und der junge Vater tragen lassen können. Bei entsprechender Bereitschaft bilden sich neue Freundschaften über das Kind. Für die Mutter in ihrer Stillgruppe, in Miniclubs, beim Mutter-Kind-Turnen oder wie all die Gruppen für Mutter und Kind heißen.

Im Grunde hat aber der junge Vater das gleiche Bedürfnis und das gleiche Recht auf das Zusammentreffen mit anderen Vätern. »Vater werden ist nicht schwer, Vater sein dagegen sehr!«

Der Frau und dem Mann eröffnet sich durch ihre Elternschaft eine neue Qualität der Beziehung. Ihre Beziehung erhält nach der Geburt des Kindes die Chance zu einer der freiesten Formen der Beziehung zu werden, die es gibt – zur Freundschaft. In der kritischen Zeit geht es nicht mehr um Sexualität, nicht mehr um den eigenen Genuß. Es geht um das Einfühlen in die veränderte Lage des anderen. Es geht um die Geduld mit dem anderen. Es geht um die gemeinsame Sorge um das Kind und die gemeinsame Freude an dem Kind. Die Liebe der Eheleute erhält die einmalige Chance, selbstloser zu werden. So, wie der Mann nun zu der Frau aufschauen kann, die sich zu der großartigen Mutter wandelte, so kann nun die Frau zu dem Mann aufschauen, der ihr zum Beschützer geworden ist. Verhielt er sich ihr gegenüber früher ritterlich – vielleicht rein formell und nicht glaubhaft –, so bekommt sie jetzt den Beweis seiner wahren Männlichkeit. Diese besteht darin, daß der Mann dem Weiblichen im allerbesten Sinne dient. Der echte Mann dient dem Weiblichen ohne etwas dafür zu verlangen und ohne auf die eigene Würde zu verzichten und ohne die erste Stelle bei der Frau aufzugeben. Diesen väterlichen Liebesdienst nimmt die Frau als reife Frau an und nicht als Kind (würde sie ihn als Kind annehmen, so wäre dies ein neurotisches Nachholbedürfnis, eine neurotische Suche nach dem Vater). Als reife Frau regt sie den Mann in Liebe zur wahren Männlichkeit an und bestätigt ihn dadurch. Nur so kann auf natürliche Weise verhindert werden, daß der Sohn den Vater entthront. Nur die in Liebe, Würde und Freundschaft geordnete Beziehung der Eltern stiftet und unterhält den Eltern die Freude am Elternsein und garantiert den Eltern die führende Rolle im Familiensystem.

Kürzlich stießen wir auf eine Geschichte, die Mutter Teresa erzählt hat:

»Meine Mutter war den ganzen Tag immer sehr beschäftigt. Doch kaum kam der Abend, beeilte sie sich, fertig zu werden, um Vater entgegenzugehen. Damals verstanden wir das nicht; wir lachten darüber, wir zogen sie auf, doch jetzt erinnere ich mich, wie sehr und wie zärtlich sie ihn liebte. Ganz gleich, was an dem Tag geschehen war, sie war bereit, ihn mit einem Lächeln zu begrüßen.«

Die auf den Kopf gestellte Familie

Noch eine Geschichte zum Schluß des Kapitels. Eine kurze, eine wahre, vielen von uns bekannte:

Das zum ebenbürtigen Partner erzogene Kind sagt zum Vater »Rainer«, zur Mutter »Bärbel«. Der Rainer aber sagt zur Bärbel »Mama«. Wie kann sich da das Kind in Ruhe entwickeln?

Die mißhandelte Wahrnehmung

Offensichtlich gibt es das Phänomen der Hyperaktivität in der dritten Welt nicht und auch bei uns war sie früher eine ziemlich seltene Erscheinung. Angesichts dieser Tatsache stellen sich uns brennende Fragen:
– Ist Hyperaktivität eine Zivilisationskrankheit?
– Warum war früher von diesen Kindern nicht die Rede?
– Besteht der Streß, der zur Unruhe führt, vielleicht darin, daß der Mensch den sich rasant verändernden Lebensumständen nicht mehr gewachsen ist?
Ähnliche Fragen stellten wir uns – noch ehe das Phänomen der Hyperaktivität in aller Munde war – Anfang der 70er Jahre, als der Begriff der Legasthenie im Schul- und Beratungswesen herumzuspuken begann.
Das epidemiologische Auftreten der Hyperaktivität erinnert in so vielem an das epidemiologische Auftreten der Legasthenie! Und so, wie man heute den Begriff der Hyperaktivität ziemlich unkritisch als Sammelbecken für all die Störungen, die mit Unruhe einhergehen, benutzt, so hatte man damals unter dem Begriff der Legasthenie all jene Störungen der kulturtechnischen Fähigkeiten zusammengefaßt, die auf dem Zusammenspiel der Sinne mit der Motorik beruhen – nicht nur die Leseschwäche. Heute geht man mit dem Begriff um einiges differenzierter um.
Uns ärgerte damals, daß zu den Legasthenikern auch jene Kinder zählten, die eine sogenannte »schwere Hand« hatten und sich beim Schreiben mit Stifthaltung, Linien- und Schriftführung abplagen mußten – ganz unabhängig von der Rechtschreibung, und auch solche, die reine Konzentrationsstörungen hatten.
Tatsächlich war auch schon in den 70er Jahren die Anzahl der schreibmotorisch ungeschickten Kinder verblüffend groß.

Ähnlich wie bei der Hyperaktivität handelte es sich dabei nicht etwa um eine schon immer vorhandene, aber erst jetzt aufgrund einer verfeinerten Diagnostik erkannte Störung. Es handelte sich vielmehr um eine tatsächlich explosionsartige Zunahme einer gestörten sensomotorischen Ausreifung bei einzelnen Kindern. Wir fragten uns schon damals:

– Was macht es den Kindern so schwer, die Beherrschung der feinmotorischen Aktivität auszubilden?

– Was trägt der moderne Lebensstil dazu bei?

– Läßt sich tatsächlich ein Zusammenhang mit dem heutigen Lebensstil herstellen?

Wir gingen diesen Fragen forschungsmäßig nach. Aus heutiger Sicht können wir sagen, daß die Wurzeln der Teilleistungsschwächen im kulturtechnischen Bereich und die der Hyperaktivität sehr verwandt sind. Deshalb stellen wir hier unsere damalige Forschung vor. Am Anfang unserer Überlegungen stand damals die Auflistung der wichtigsten sensomotorischen Fähigkeiten, aus denen sich beispielsweise die schreibmotorische Leistung zusammensetzt. Was muß der ABC-Schütze beherrschen, wenn er einzelne Buchstaben von der Tafel abschreiben können soll?

1. *Die konzentrierte Wahrnehmung von Körperlage und Körperschema:*

Ich sitze ganz still, mit der linken Hand halte ich das Papier fest, mit der rechten Hand den Stift und zwar in einer ganz bestimmten Fingerkonstellation. Ich weiß, da ist rechts und da ist links. Gegen den Widerstand des Bodens fühle ich meine Füße unten, gegen den Widerstand des Stuhles fühle ich meinen Rücken hinten. Mein Kopf ist oben – frei, meine Augen schauen nach vorn.

2. *Die Teilung der Aufmerksamkeit auf Wichtiges und Unwichtiges:*

Unter Hemmung meiner Bewegungen und Ausschaltung aller Nebenreize schaue ich konzentriert auf den Buchstaben an der Tafel. Ich passe mich dem Bewegungsmuster des Buchstabens an, indem ich mit den Augen den Buchstaben zergliedere und Bewegungen verinnerliche, zunächst nur gedacht, dann vorgeplant. Beispielsweise muß ich beim Buchstaben »u« unten links beginnen, dann nach oben gehen und schließlich wieder nach unten usw. Bei dieser Raumzergliederung muß ich jedesmal *die Mittellinie kreuzen.* In meiner *Vorstellung* habe ich nun die Form des Buchstabens wie auch die vorgeplante Bewegung, und erst dann führe ich die Schreibbewegung auf dem Papier aus (Dosierung der Kraft, Dosierung der Bewegung, Dosierung der Richtung). Falls ich »u« wiederholte Male schreiben soll, hilft die *Fähigkeit zur Verautomatisierung.*

All diese Fähigkeiten ergeben sich, wenn der sogenannte *Körpersinn* (Gleichgewichts-, Bewegungs- und Bewegungswahrnehmungs-, Tastsinn) ungestört heranreift. Es ist heute schon eine unbestrittene Erkenntnis, daß zur Entfaltung des Körpersinns eine aktive Auseinandersetzung mit Reizen gehört. Wahrnehmung bedeutet immer beides: Aufnahme und Durchführung zugleich. Das Training dafür beginnt normalerweise schon im Mutterleib. Allerdings wird da nicht der Buchstabe »u« geübt, sondern die wiegenden Bewegungen von links nach rechts, nach oben und unten, in die sich das Kind einfügen und somit anpassen muß, auf die es sich aber doch ganz allmählich im voraus einstellen lernt. Auch das Kreuzen der Mittellinie, das Hemmen bestimmter Bewegungen, die Betonung anderer Bewegungen werden im Mutterleib veranlagt sowie das Hören und Aufmerken.

Nach der Geburt wird das begonnene Training fortgesetzt – idealerweise am Leib der Mutter. Auf diesem Fundament baut sich die visuelle Wahrnehmung aus: Die aufmerksame Beobachtung, das Auge-Hand-Zusammenspiel, das bei allen zielgerichteten Handlungen geübt wird.

Auf dem Fundament der konkret wahrgenommenen Erfahrungen und der Verknüpfung des Körpersinns mit dem Hören und Sehen wachsen allmählich Vorstellungskraft und Denken heran. So erwächst aus der Körpersprache (Gesten) das gesprochene Wort und daraus einmal das geschriebene.

Die bekannte Schweizer Entwicklungspsychologin Félice Affolter vergleicht das Erwachen der Intelligenz beim Kind gerne mit einem Hausbau. Zunächst muß das Fundament mit der Erde gut verbunden und gefestigt werden, bevor man das Erdgeschoß und die weiteren Etagen bauen kann. Auch das höchste Haus gründet auf einem guten Fundament. Konkrete Erfahrung ist daher die Basis für die erst viel später mögliche Abstraktion.

Unsere Arbeitshypothese war: Frühere Generationen hatten hierzulande mehr Chancen, ihr sensomotorisches Wahrnehmungsfundament auszubauen als die Kinder von heute.

Wir stellten fest: Die Jahrgänge bis 1950/1955 hatten bezüglich des Aufbaus ihres Fundaments keine Not. Sie kannten noch sehr viele Finger- und Bewegungsspiele (»Das ist der Daumen, der schüttelt die Pflaumen ...« oder: »So fahren die Damen, so reiten die Herren«), aber auch noch sehr viele Regelspiele (»Himmel und Hölle«, Seilspringen, Zehnerle), die man stundenlang und täglich – auf der Wiese, auf dem Gehsteig, in der Scheune – übte. Sie erinnerten sich aber auch noch gut an so viele Arbeiten, die sie fraglos im Haushalt, Garten usw. auszuführen hatten – aber auch wollten –, weil sie als die Großen imponieren wollten oder weil sie dadurch mit ihren geliebten Vorbildern zusammensein konnten. So haben sie Obst gepflückt, Straßen gekehrt, am Waschtag geholfen, Holz gesägt, Geschirr gespült und abgetrocknet, Teig gerührt usw. Das Fernsehen war die große Ausnahme, der Kinobesuch ein Höhepunkt. Geschichten hat man sich noch erzählt oder vorgelesen, und gemeinsam wurde Theater gespielt.

Am liebsten hätten wir eine Vergleichsforschung betrieben zwischen Kindern, die in modernen Haushalten aufwachsen (mit technischen Hilfen, Wasch- und Spülmaschinen usw.) und Kindern, die noch nach der alten Art groß wurden, sowie zwischen Kindern aus städtischer und Kindern aus ländlicher Umgebung.

Die beiden Vergleichsgruppen konnten wir aber hierzulande nicht auffinden. Die Gruppe der im Wohlstand Lebenden, die sich der Technik bedient und somit passiv gemacht wird, fanden wir schon. Wir fanden aber keine Gruppe, die durch die Lebensumstände gezwungen ist, aktiv zu sein, ihren Körper von klein auf einzusetzen. Der Gradmesser für unsere Auswahl war der Besitz von Waschmaschine und Fernseher.

Deswegen haben wir die Vergleichsgruppen dort gesucht, wo die Zivilisation noch nicht so Fuß gefaßt hat. Deutsche Entwicklungshelferinnen haben uns die Wege erschlossen zu

– 39 peruanischen Kindern in Stadtrandgebieten. Es waren Kinder armer Eltern, die sich kaum Elektrogeräte – außer Kühlschrank, Radio oder TV – leisten konnten und noch alle Arbeiten von Hand machen mußten,

– 24 Kindern aus Sumatra, die in noch ärmeren Verhältnissen lebten,

die Kontrollgruppe bestand aus 39 deutschen Kindern aus einem Viertel mit Dorfcharakter in Stuttgart.

Diese Kinder im Alter von fünf bis sechs Jahren bekamen in einer Kindergartengruppe die Aufgabe, zwei Minuten lang »u«-förmige Schwungübungen uuuuuu auf vorgegebenen Zeilen mit dem Bleistift auszuführen. Die Auswertung war einfach: Sie beruhte auf einfachem Zählen der »U«-Sequenzen.

Die drei Gruppen waren leicht vergleichbar. Im Hinblick auf die Tatsache, daß die Eltern der Kinder aus der sogenannten dritten Welt in vielen Fällen (in Sumatra fast alle) Analphabeten sind, die Kinder das Lernen am Vorbild somit vermissen, manche erstmalig einen Bleistift in der Hand hatten und die behinderten Kinder noch nicht in Sondereinrichtungen untergebracht sind, kann man davon ausgehen, daß die Stuttgarter Kinder im Vorteil sind und somit bessere Leistungen bringen.

Das Gegenteil war jedoch der Fall, wie die Auswertung auf verblüffende Weise zeigte: Die Kinder von Sumatra waren um 233 Prozent und die Kinder aus Peru um 200 Prozent besser als die Stuttgarter Kinder.

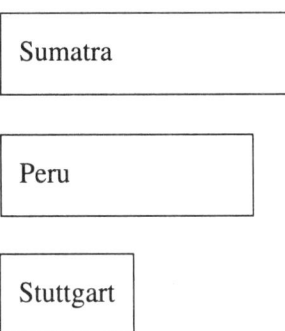

Sumatra

Peru

Stuttgart

Aber da war noch ein Unterschied, der sich allerdings nur schwer in Zahlen ausdrücken läßt:

Die Kinder der dritten Welt gingen auf das Angebot mit Neugier, Lust und Tatendrang ein. Die Motivation half ihnen, die eigenen Kräfte zu ordnen und auf das Ziel hin zu aktivieren. Die Freude, die eigenen Kräfte am Werk zu erfahren, ist immer noch der beste Treibstoff. Bei den Kindern der dritten Welt wirkte aber auch der Zauber des Neuen. Die Stuttgarter Kinder dagegen gingen gelangweilt ans Werk. Ihnen bot die gestellte Aufgabe keine neue Erfahrung. Es fehlte ihnen schon die grundlegende Motivation, der emotionale Antrieb. Es mangelte ihnen aber auch an Geschicklichkeit, an der sensomotorischen Grundausstattung. Man konnte es an der Linienführung ablesen: Sie war häufig unterbrochen (das heißt, die Schreibbewegung war nicht verautomatisiert), die Zeilen wie auch die Form des »u« beziehungsweise der Girlanden und Dachziegel war häufig nicht eingehalten (die Raumzergliederung war noch unreif). Der Andruck war meist ungleichmäßig dosiert (die Kraftdosierung also noch nicht geübt).

Unsere Arbeitshypothese hat sich also bestätigt.

Tatsächlich haben die Kinder der dritten Welt den Kindern der Wohlstandsgesellschaft etwas voraus! Sie sind im Vorteil, weil das Zusammenspiel von Motorik und Wahrnehmung bei ihnen schon vorgeburtlich sehr intensiv angeregt wird. Ihre Mütter arbeiten ja bis zur Niederkunft noch körperlich. Dem vielfältigen Bewegungsmuster der körperlich arbeitenden Mutter passen sie sich später auch im Tragtuch an. Sind sie vom Tragtuch losgelöst, haben sie die Chance, mit dem wenigen und daher kostbaren Besitz der Familie, die Eltern nachahmend, ihre Erfahrungen zu sammeln und ihre Geschicklichkeit zu üben. Sie lernen ihre Sensomotorik einzusetzen und zur Routine zu machen im Umgang mit der Natur und den Naturmaterialien (Wurzeln, Knochen, Steine usw.), aber auch von klein auf mit den Gegenständen der Arbeitswelt ihrer Eltern. Fließend mündet ihr Spiel in Arbeit ein.

Wenn wir von Kinderarbeit hören, sehen wir heute leicht rot und unwillkürlich drängt sich der Gedanke auf, Kinder vor Arbeit schützen zu müssen. Natürlich muß man sie vor solcher Arbeit schützen, die sie zu puren Geldverdienern macht und bei der sie ausgebeutet werden. Aber wie jede Sache auf der Welt, hat auch die Kinderarbeit zwei Seiten. Im richtigen Maß hat sie durchaus auch eine gute Seite. Wir müssen nicht in die dritte Welt gehen, um uns die entsprechenden Erfahrungsberichte zu holen. Wir können aus unseren Elternseminaren berichten, die wir seit Jahrzehnten für Eltern teilleistungsgestörter und hyperaktiver Kinder abhalten und in denen wir versuchen, die Eltern für die Bedeutung des Körpersinns zu sensibilisieren. Immer wieder hören wir Berichte wie die folgenden:

»Meinem Vetter und mir wurde aufgetragen, alles Obst zu pflücken, das unser Garten hervorbrachte. Was war das für eine Mühe! Aber auch eine gute Übung. Bei jeder Ernte habe ich meinen Körper anders erfahren. Und das stundenlang. Bei der Erdbeerernte arbeiteten wir gebückt, bei der Kirschenernte gestreckt, kunstvoll auf der Leiter balancierend. War das eine Hand-Augen-Koordination!«

»Wir hatten keinen Garten. Aber ich durfte – nein – ich mußte beim Bodenspänen, Geschirrabtrocknen, Treppenputzen, Wäsche auswringen, Bügeln usw. helfen. Bügeln geht immer über die Mittellinie … und immer muß man in Bewegung bleiben! Bleibt man mit dem Bügeleisen stehen, ist gleich der Brandfleck da! Meine Mutter war auch darauf angewiesen, daß ich ihr helfe. Sie hätte es sonst mit ihren fünf Kindern gar nicht geschafft.«

Welche Fundgrube für Lebenstüchtigkeit! Nicht nur, daß der Körpersinn geübt wurde, es wurde auch der ganze Mensch gestärkt! Konzentration, Durchhaltevermögen, Selbstbewußtsein, Selbstwertempfinden, Liebe! Das Kind hat es nicht nur aus Liebe zu sich selbst getan, um seine eigene Tüchtigkeit zu erfahren, es tat es ja auch aus Liebe und Rücksicht auf die Mutter. Es tat es auch aus Solidarisierung mit der ganzen Familie.

Wenn wir auf die ganze lange Reihe unserer Elternseminare zurückblicken und genau hinschauen bzw. genau hinhören, so werden dabei derlei Erfahrungsberichte immer seltener. Immer häufiger werden die Berichte der Eltern eingeleitet mit dem Zusatz: »Als ich einmal bei meinen Großeltern zu Besuch war, da durfte ich …« oder sie schildern nur noch indirekt die Erfahrung: »… meine Mutter erzählte mir …, von meinem Vater weiß ich …«

Die körperliche Erfahrung wurde abgelöst durch elektrische Geräte. Für das Kind bleibt in den alltäglichen Zusammenhängen seiner Familie so gut wie keine körperliche Arbeit übrig. Das Geschirr spült und trocknet die Spülmaschine. Das Auswringen der Wäsche besorgt die Waschmaschine. Man plagt sich nicht mit der Verarbeitung des Obstes, man friert es einfach ein und kauft die Marmelade fertig. Das Entsaften besorgt ein Gerät, Teigrühren und Sahneschlagen übernimmt der Mixer. Was geblieben ist und dem Kind »Selbstwertgefühl« vermittelt, ist der »Knopfdruck«.

Um so wichtiger sind deshalb heute für unsere Kinder ihre Spielaktivitäten. Für das Kind ist Spiel Arbeit und Arbeit Spiel. Von jeher war das Spiel Ausgleich zur Arbeit. Aber auch dieses Wissen ist beinahe verlorengegangen.

Schauen wir uns das Spiel der Kinder etwas genauer an! Früher ähnelte es sehr dem Spiel der Kinder in der dritten Welt. Auch sie spielten mit Wenigem und dem, was ihnen ihre Umwelt gab. Es gab kaum fertiges Spielzeug, und wenn, dann *eine* einzige Puppe, *ein* Steckenpferd, *einen* Baukasten, *einen* Ball, *einen* Reifen.

Um mit dem Wenigen richtig spielen und die Erwachsenenwelt hereinholen zu können, mußte das Kind kreativ viele Ergänzungen vornehmen, sowohl in der Phantasie als auch in seinem körperlichen Engagement. Um »Kaufladen« spielen zu können, hat man sich Schuhkartons, Steine, Bretter und dergleichen mehr besorgt, hat den Kaufladen selbst gebaut und die Waren, die man verkaufte, selbst gesammelt oder selbst hergestellt. Kieselsteine als Würfelzucker, Ziegelsteinmehl als Paprikapulver usw. Die Basis für dieses reiche Spiel war möglicherweise nur die Waage, die man als einziges Spielzeug zu Weihnachten bekommen hat.

Heute schenkt man dem Kind den ganzen Kaufladen mit allem Drum und Dran zu Weihnachten. Den Würfelzucker gibt es in originalgetreuer Miniatur wie auch die Cola-Fläschchen ... Alles augengerecht perfekt. Kaum eine Chance für Phantasie und Kreativität. Auch der Körpersinn wird kaum beansprucht. Der kindliche Bewegungsdrang ist bei diesem Spiel weder sinnvoll gefragt noch eingebunden. Kein gesundes, lebendiges Kind kann diese Art von Kaufladenspiel lange durchhalten – es sei denn, es sind noch andere Mitspieler da, die die Spielaktivität immer wieder aufs neue bereichern. Aber die Mitspieler sind in der Kleinfamilie seltener geworden. Das Einzelkind hat es schwerer, den Spielkameraden zu treffen. So verliert das Spiel bald an Attraktivität. Das Kind springt auf und wendet sich dem Parkhaus zu, einer weiteren perfekten Spielattrappe. Fast ist es gezwungen, in seinem mit perfektem Spielzeug angereicherten Kinderzimmer sprunghaft von der einen Attraktivität zur anderen zu wechseln: von der Ritterburg zur Achterbahn, von dieser zum fertigen Piratenschiff. Auf seiner hilflosen Suche nach Erfüllung wird es immer lauter und wilder, bis es sich schließlich daran erinnert, daß ihm der Fernseher die erwünschte Anregung geben kann, oder aber die Mutter kommt, um es zur Beruhigung vor den Fernseher zu setzen! Eine Flut von Bildern dringt in das Kind ein und verdrängt die eigenen, inneren Bilder. Reizüberflutung und angestaute Lebensenergie, die nicht abgeleitet wird.

Kindergärtnerinnen und Lehrer wissen, wovon wir sprechen. Sie können davon ausgehen, daß die Kinder nach einem verregneten Wochenende montags im Unterricht hyperaktiver als sonst sind, nicht sitzen bleiben und nicht aufmerken können, aber auch lauter und aggressiver sind. Sie können die Kinder erkennen, die trotz Unwetter am Wochenende ihre Lebensenergie in aktive Interessen einbringen konnten (Briefmarkensammeln, Basteln, Gesellschaftsspiele mit der ganzen Familie), denn sie können sie in gewohnter Weise für die Mitarbeit gewinnen.

Bei diesen einseitigen, auf technisches Funktionieren angelegten Freizeitaktivitäten verkümmern wichtige, vom Kind mit auf die Welt gebrachte Anlagen, noch ehe sie die notwendige Formung erfahren haben: Durch das Aufnehmen fertiger Bilder – leider häufig nur als Karikatur der Wirklichkeit angeboten – verkümmern die Wahrnehmung der Lebensrealität, aber auch die Vorstellungskraft. Es verkümmert tatsächlich die optische Wahrnehmung sowie das innere Sehen und das Zusammenspiel von Hören und Sehen.

Bevor das Fernsehen unsere Wohnzimmer erobert hatte, konnte das Kind beim Anhören einer Geschichte noch seine eigenen Bilder ausbilden. Durch das Zusammenspiel der Sinne wurde der eigene innere Reichtum veranlagt. Das Kind konnte sich in aller Ruhe die Zeit nehmen, die zur eigenen Verarbeitung und Erarbeitung notwendig war.

Heute dagegen läßt ihm das Gerät die Zeit nicht – es spult sein Programm ab (unabhängig vom Kind, denn es ist ja auch nicht für den individuellen Gebrauch bestimmt, sondern für die Masse). Das Gerät bombardiert hauptsächlich einen Sinn: der Fernseher das Sehen, der Walkman das Hören. Eine Abspaltung einer einzelnen Sinneswahrnehmung auf Kosten des ganzheitlichen Erlebens.

Bedenken wir, daß zur Wahrnehmung auch die durchführende Funktion gehört (s. S. 56), verstehen wir noch besser, welche Verarmung der Sinnesverarbeitung sich durch die Massenmedien heute vollzieht, und zwar in großem Stil.

Die Fernsehtante und der Walkmanonkel können nun einmal nicht die Fragen des Kindes beantworten, die es hat. »Warum haben denn die Zwerge nicht den Doktor gerufen, als das Schneewittchen so krank war?« Und so bleibt das Kind alleine und verunsichert mit der oberflächlichen Verarbeitung zurück.

Die Folge: Eine Abspaltung von Information und Verarbeitung sowie eine Abspaltung des Aufgenommenen vom Gefühl und Abstumpfung.

Genauso verarmend wirkt sich aber auch die Abspaltung der Fernsinne (Sehen und Hören) vom Körpererleben aus. Wie wir wissen, gehört zur wachen, konzentrierten Wahrnehmung die selbstbeherrschte, kontrollierte Körperhaltung. Die ist aber vom Kind vor dem Fernseher nicht verlangt. Es kann sich räkeln, bewegen und zappeln, wie es seine momentane Bewegungsimpulsivität anregt. Nicht eingebundene, ungehaltene Lebensenergie, die ins Leere geht, während der Kopf sich berauscht. Statt daß das Kind – wie es ihm zumindest in seinen ersten sieben Lebensjahren zukommt – ganzheitlich wahrnimmt mit allen Sinnen und den Körper zugleich erlebt, spalten sich Körper und Seele sowie Körper und Kopf.

Henner, neun Jahre alt, ist das erste von drei Kindern einer Akademikerfamilie. Zitieren wir aus seinem Tagebuch:

»Heute sind wir endlich einmal wieder zu Oma und Opa gefahren. Ich habe mich geärgert, weil Benno* die blöde Bundesstraße nach Pforzheim genommen hat und nicht die Autobahn. Auch Opa hat mich geärgert. Ich hätte lieber im SAT 3 um 14 Uhr die Sendung von den Meteoriten angeschaut, statt das blö-

* der Vater

de Grillfest im Garten mitzumachen. Mit Opas neuem Auto durfte ich auch nicht fahren. Wir haben uns alle in Bennos alten Schlitten hereingequetscht. – Zum Schluß habe ich mich aber gefreut, weil der Benno die Autobahn gefahren ist, da kenne ich alle Ausfahrten: Pforzheim-Ost, Heimsheim, Dreieck Leonberg, Stuttgart-Vaihingen. Es gibt auch noch Vaihingen-Enz, aber das liegt an einer anderen Straße. Die sind wir auch schon gefahren. Jetzt gehe ich schlafen.«

Henner trägt – zur Freude seiner Eltern – gewissenhaft alles, was er erlebt, in sein Tagebuch ein. Aber was erlebt er schon? Eindeutig gibt er dem Wissen um die leblosen Sachen den Vorrang vor den lebendigen Kontakten mit Menschen. Selbst wenn er in Not, Angst oder Erregung ist, sucht er lieber beim Lexikon, Autoatlas oder bei technischen Sendungen im Fernsehen Beruhigung. War ihm dieses nicht möglich, geriet er in motorische Stereotypien, mit denen er sich selbst stimulierte: Er hüpfte auf der Stelle oder wedelte mit den Armen. Darüber hinaus war er bei allen Tätigkeiten, die über sein schmalspuriges Repertoire hinausgingen, unruhig und unkonzentriert.

Wir haben ihn als den *autistischen Psychopathen* eingestuft, für den die Bewegungsunruhe typisch ist. Die auffallende Vorliebe Henners dauert schon lange an. Die Eltern bemerken sie mindestens seit seinem achten Monat. Nachdem er zehn Tage im Krankenhaus war, vermied er vorübergehend den Blickkontakt mit den Eltern und hielt statt dessen Ausschau nach Lampen. Diese waren ihm wohl als voraussagbare Objekte zur Sicherheit geworden. Auch hatte er seit dieser Zeit offenbar keinen Genuß mehr an Körperkontakt. Die Eltern hatten keine Veranlassung, sich ihm aufzudrängen. Im Gegenteil: Sie hatten sich über seine männlichen Interessen gefreut. Sie freuten sich an dem Wissenschaftler in ihm, als er mit zwei Jahren schon am Autobahnschild den Unterschied zwischen Pforzheim-Ost und Heimsheim erkennen konnte und jedesmal, wenn er das Schild Pforzheim-Ost sah, schrie: »West kommt, West kommt!«, noch bevor er in der Lage war, sich den Menschen wirklich mitzuteilen. Da er schon damals gerne in Autokatalogen blätterte, gaben ihm die Eltern lieber Kataloge als Bilderbücher, zumal der Vater die Kataloge von der Firma, bei der er damals arbeitete, leicht besorgen konnte. Henner dankte es den Eltern dadurch, daß er alsbald alle Autotypen kannte. So bemerkten die Eltern die Unstimmigkeit in seiner Entwicklung zunächst nicht. Im Gegenteil: Sie nahmen gerne seinen Wissensdrang auf. Der Vater opferte viele Stunden, um Henners Wissen über geographische und physikalische Zusammenhänge zu erweitern. »Schließlich leben wir ja im Zeitalter der Technik!« sagte er häufig. Er arbeitete mit ihm ganze Listen von Autobahnkreuzen und Autobahnraststätten durch. Sie berechneten miteinander die Entfernungen von Ausfahrt zu Ausfahrt und errechneten den jeweiligen Benzinverbrauch. Es war den Eltern aber nicht in den Sinn gekommen, Henner auch zu körperlicher Arbeit anzuregen. Beispielsweise hat auch niemand von ihm erwartet, mit dem Opa zusammen das Grillfest, über das er im Tagebuch schrieb, vorzubereiten.

Henner ist kein Einzelfall. Er verkörpert nur überzeichnet den kranken Zeitgeist. So viele Kinder, Jugendliche und Erwachsene, hauptsächlich Männer, ziehen technische Geräte den Menschen vor. Sie hocken lieber am Computer, als daß sie sich mit Menschen auseinandersetzen. Sie haben Angst vor der Bindung an Menschen. Sie sammeln Wissen und erstellen Kontrollsysteme. Sie lassen den Kopf auf vollen Touren arbeiten und spalten ihn vom Gefühl ab, als hätten sie eine Barriere zwischen Kopf und Körper. Auch dieser *kollektive Autismus* treibt die Menschheit in Unruhe.

Welche ver-rückte Welt offenbart sich hier! Der kopflastige Pädofachmann schützt das Kind vor körperlicher Arbeit und schützt es damit vor der Freude an seiner Anstrengung, der ganzheitlichen Beanspruchung seiner Lebenskräfte. Zugleich mutet er ihm geistige Arbeit zu, die das Kind noch gar nicht ganzheitlich in sein Erleben einbinden kann.

Fassen wir dieses große, uns sehr am Herzen liegende Kapitel *zusammen*, so bleiben folgende Aussagen:

1. Die gesunde, kindliche Entwicklung läuft über das Leibliche. *Der Körpersinn* zündet den ganzen Aufbau der Wahrnehmung. Er vermittelt zwischen den Sinnen und stiftet die erste Vorstellungskraft, das erste zielgerichtete Handeln und Denken. Er *vermittelt zwischen Körper und Seele.*

2. *Spaltungen zwischen Körpersinn und anderen Sinnen verursachen Teilleistungsstörungen und Hyperaktivität, aber auch Störungen der Persönlichkeitsentwicklung. Sie unterbrechen den Vorgang der Einverleibung der Seele in den Körper.*

Was ist mit den zu früh aus dem Nest Gefallenen?

Das Frühgeborene

Es ist bekannt, daß unter den unruhigen, heute so oft als hyperaktiv bezeichneten Kindern, viele Frühgeborene sind und solche Kinder, die im ersten Lebensjahr wegen eines Krankenhausaufenthaltes von der Mutter getrennt waren. An diesen »zu früh aus dem Nest gefallenen Kindern«, die aus dem urvertrauten Raum ihrer auf dem Körpersinn ruhenden ganzheitlichen Wahrnehmung ganz weg-rücken müssen, wird noch deutlicher, wie die Spaltung der Wahrnehmung dem Kind zum Streß wird.

Der menschliche Säugling wird als *physiologische Frühgeburt* bezeichnet, weil er noch etwa zwölf Monate nach seiner Geburt auf den engen leiblich-seelisch wahrgenommenen Kontakt zur Mutter angewiesen ist. Wenn von der Symbiose Leib/Seele der leibliche Teil abgespalten ist, geht dem Kind nicht nur die Ganzheit und Ganzheitlichkeit verloren, sondern auch die Fülle der Lebendigkeit. Auch noch nach seiner Geburt muß der Strom seiner Lebensenergie dem Kind von Leib zu Leib und Herz zu Herz – also unter dem symbiotisch wahrgenommenen Schutz des Körpersinns – geordnet werden.

Auch über die Geburt hinaus werden die vielfältigen und von ihm noch nicht einzuordnenden Reize, die auf es einstürmen, ihm vom mütterlichen Leib gefiltert und harmonisiert. Wie wir schon wissen, kann das Kind in seiner ersten Lebenszeit seinen eigenen Bewegungsimpuls selbst noch nicht hemmen. Auch in dieser Hinsicht ist es abhängig von der Mutter und auf ihren ordnenden, leiblich wahrnehmbaren »Filter« angewiesen. Um seine Sensomotorik richtig ausbilden zu können, ist das Kind auf die Wiederholung des Gleichbleibenden, Voraussagbaren angewiesen. Auf diesem Hintergrund stellt sich die Frage, was vermißt das Kind, wenn es die Symbiose frühzeitig und plötzlich verlassen muß?

Nicht jedes Kind reagiert auf den erlittenen Verlust gleich. Es gibt Kinder, die ihr Frühgeborensein oder einen Krankenhausaufenthalt in dieser ersten Lebenszeit ohne Schaden überstehen.

Es gibt aber auch verwundbare Kinder, die von ihrer Veranlagung her Sensiblen, Ängstlichen, aber auch die Antriebsreichen, die sich ohne Hilfe schwertun, ihre Lebensenergien einzubinden.

Listen wir auf, was dem *Frühgeborenen* beim Verlust der Symbiose entgeht:

1. Es vermißt die Hülle, aber auch die Enge des Mutterleibs, die vertraute Körperhaltung der Beugung und die vertraute, durch Hautkontakt vermittelte Antwort auf seine Bewegungsäußerungen.

2. Es vermißt den steten Rhythmus, die wiegenden Mitbewegungen mit der Mutter, ihren Atem, ihren Herzrhythmus.

3. Es vermißt das Hören ihrer Stimme.

4. Es vermißt die Wahrnehmung ihres Geruchs.

5. Es vermißt die zartrot getönte visuelle Wahrnehmung, die es im Mutterleib bei geöffneten Augen permanent hat – es vermißt seine »Morgenröte« schlechthin. Es erlebt das *Ende des Paradieses!*

Die richtige Erdung findet aber auch nicht statt! Denn

6. dem Kind entgeht auch die tief in sein ganzes Dasein eindringende – extreme – Erfahrung (Tiefensensibilität), die normalerweise unter der Geburt beim Durchgang durch den Geburtskanal stattfindet.

Also *keine* leiblich erlebte Mühsal, die mit dem Rausschmiß aus dem Paradies untrennbar verbunden ist!

Es hat also *nicht* die grund- (und daseins-)legende Erfahrung, von der der Evangelist Matthäus schreibt:

Tretet ein durch die enge Pforte. Denn weit und breit ist der Weg, der ins Verderben führt, und viele sind es, die auf ihm hineingehen.
Doch eng ist die Pforte und schmal der Weg, der ins Leben führt, und wenige sind es, die ihn finden.

(Matthäus 7, 13-14)

Nein, der Weg ist so breit, daß ihn das Kind überhaupt nicht übersehen und mit seinen Kräften noch gar nicht ermessen, nicht erspüren, nicht erleben kann.

Alles ist verschwommen, matschig, nicht erfaßbar, sprich: nicht wahrnehmbar! Und in welche Welt wird das Kind aus dem Paradies heraus entlassen?

Es liegt im Brutkasten, fixiert in Rückenlage, in Streckung – nicht mehr in der ihm vertrauten Beugung –, angeschnallt an Apparate, die ihm den Rhythmus seiner Atmung geben. Statt des mütterlich vertrauten Herzschlages hört es nun die summenden, stoßenden, piepsenden Geräusche der Beatmungsgeräte. Statt des urvertrauten Geruchs der Mutter nimmt es nun fremde, angsteinflößende hygienische »Gerüche« wahr, und statt des wohligen Eindrucks der pfirsichblütenfarbenen Morgenröte sticht ihm nun das grelle Licht der Neonlampen in die Augen, wenn es sie öffnet. Und dies alles in völliger Einsamkeit, plötzlich und ungewohnterweise auf sich selbst zurückgeworfen, nur noch auf sich selbst gestellt!

Und doch drängt es mit ihm ins Leben. Innen pulsiert sein Lebensdrang. Es möchte das Vertraute zurückgewinnen. Die Lebensenergie, die auf die gewohnte, im Mutterleib erfahrene Weise nicht mehr kanalisiert werden kann, bleibt unerlöst. Je mehr Lebendigkeit auf Einverleibung drängt, um so mehr ist das Kind in dieser Situation gezwungen, sich selbst Bewegung und Rhythmus herzustellen. Hilflos sucht es die Muster der Erlösung. Es kann sie jetzt aber nur noch in und durch sich selber finden.

Statt durch die Mutter rhythmisch bewegt zu werden, bewegt es sich selber zappelnd hin und her. Weil es die Wände des Mutterleibs vermißt, zappelt es sich an die Wände des Inkubators heran. Alsbald münden seine hilflosen Versuche in motorische Stereotypien ein. Je weniger frei es für neue Erfahrungen ist oder sein kann (und das trifft besonders bei hirnorganischen Schädigungen zu), um so mehr fixieren sich die eigenen stereotypen Bewegungen und werden, da sie durch den lebendigen Dialog mit der Mutter nicht variiert werden, zur leblosen maschinellen Bewegungsschablone. Leerlauf.

Wenn wir uns in die Lage, aber auch in die Bedürfnisse des Frühgeborenen einfühlen, so dürfte es nicht schwerfallen, den Ausgleich für das Kind zu finden. Der ideale »Brutkasten« müßte neben all der Technik, die für das Kind notwendig ist, folgende Beschaffenheit haben:

1. Er müßte dem Kind die Begrenzung geben, also eine Mulde anbieten, in der es weich, aber fest umschlossen liegt.

2. Er müßte stets bewegt sein, und zwar rhythmisch, mindestens auf die Atemfrequenz der Mutter eingestellt, also 16 bis 20 Schwingungen pro Minute (lieber mehr als weniger).

3. Über ein Tonband müßten in ihm die Herztöne und die Stimme der Mutter eingespielt werden, möglichst stereo und so, daß sich der akustische Eindruck auch in Vibrationen verwandeln kann. (Im pränatalen Raum nach Bernd Vogel gibt man die Herztöne der Mutter unter ein Wasserbett). Ein Kleidungsstück der Mutter, das ihren Geruch trägt, sollte irgendwo im Brutkasten liegen.

4. Der Raum, in dem der Brutkasten steht, müßte einen warmen, zartroten Wand- und Deckenanstrich haben und eine dementsprechende Beleuchtung.

Selbstverständlich soll die Mutter, so oft sie kann und darf, den Kontakt zum Kind direkt aufnehmen, indem sie es durch die Öffnungen des Brutkastens streichelt und mit ihm beruhigend spricht.

Sobald das Kind nicht mehr auf die Überlebenshilfe des Brutkastens angewiesen ist, soll es an den Leib der Mutter zurückkehren, so oft dies die Situation erlaubt, auch dann, wenn es
noch in der Klinik bleiben und weiter beatmet werden muß.
Kann es mit der Mutter nach Hause, dann sollte die ganze,
bereits beschriebene Versorgung direkt am Leib der Mutter
erfolgen.

Wenn wir dem Tragtuch für die Kinder und ihren Früherfah-
rungen eine große Bedeutung beimessen, dann sind die Be-
dürftigsten die Frühgeborenen.

Den idealen Brutkasten gibt es noch nicht, aber es gibt verein-
zelte Ansätze, ihm Gestalt zu geben. Da und dort gönnt man
dem Kind im Inkubator die Herztöne der Mutter oder den Geruch ihrer Kleidung, und fast überall gestattet man heutzutage
den Eltern, ihr Kind durch die Öffnungen im Brutkasten zu
berühren. Es bleibt zu hoffen, daß die rasant sich entwickelnde
Medizintechnik, die immer früher geborenen, unreiferen Kindern eine Überlebenschance gibt, auch den Bedürfnissen dieser Kinder nach Wahrnehmung und Geborgenheit im selben
atemberaubenden Tempo Rechnung trägt. Es geht ja nicht nur
um das technisch abgesicherte Überleben, es geht ja um Lebendigkeit, die *nur* durch die Einbindung in schöpfungsbedingte
Ordnungen abgesichert ist.

Die große Frage ist, kann sich die Technik den schöpfungsbedingten Ordnungen fügen? Den Versuch wäre es jedenfalls
wert – das ist unser Appell!

Die früh Hospitalisierten

Keinem kleinen Kind bekommt es, wenn es von der Mutter
getrennt ist. Die Trennung erlebt es aber um so dramatischer,
wenn es ihm schlecht geht. Um so mehr vermißt es dann den
vertrauten Trost durch die Eltern und fühlt sich dem Fremden

ausgeliefert. Diese schmerzhafte Lage spitzt sich für das Kind zu, wenn es ins Krankenhaus kommt.

Besonders gefährdet sind die Kinder in der sogenannten Fremdelphase – die Zeit, die man auch gerne mit dem Begriff der »Acht-Monats-Angst« belegt. Dieser Begriff drückt das Wesentliche aus.

Es geht um die Ängste vor dem Fremden, die im Alter von etwa acht Monaten besonders bedrängend sind.

Listen wir auf, was das Kind auf dieser Stufe braucht:

1. Es erwartet, daß die Mutter seine Gefühle erspürt und beantwortet. Mutter und Kind sind ja immer noch symbiotisch verschmolzen.

2. Da es in Ansätzen schon Vorstellungskraft für bestimmte Abfolgen erworben hat, möchte es sich darauf verlassen können, daß die erwartete Abfolge eintrifft. Das bezieht sich auf die Erfüllung seiner Wünsche. Das Kind erwartet mit Vertrauen, daß die vertraute, einzige Mama bzw. der einzige, vertraute Papa und jeder auf seine, ihm einzig bestimmte Weise kommt, wenn es seinen Wunsch äußert. Es erwartet beispielsweise, daß es die Mama mit ihrem Schritt auf dem Flur hört, bevor die Tür aufgeht und es die Mama sehen kann, wenn es weint. Es erwartet ihre tröstenden Worte, bevor es in ihrem Arm landet. Es erwartet ihr vertrautes: »Du, Lieber – was ist denn los?«

3. Es erwartet die Erfüllung seiner Wünsche in absehbarer Zeit. Absehbare Zeit ist ein relativer Begriff, dessen erfahrbare Spanne vom Alter des Kindes, aber auch von seinem Verständnis für zeitliche Zusammenhänge abhängig ist. Diesem kleinen Kind, von dem hier die Rede ist, kann man noch nicht sagen: »Jetzt mußt du drei Tage ohne Mama sein.« Das Kind dieser Altersstufe hat weder das Verständnis für zeitliche Zusammenhänge noch die eingeübte Fähigkeit, so lange zu warten und Enttäuschung zu ertragen. Seine absehbare Zeit ist nicht länger als die von Bruchstücken einer Minute.

4. Das Kind dieser Altersstufe erwartet ganz einfach, daß es von den vertrauten, ihm wichtigen Personen beschützt wird vor dem Fremden. Zum ersten Mal in seinem Leben kann es *bewußt* die vertrauten Bezugspersonen schätzen. Bewußt möchte es sie immer wieder wahrnehmen.

Mit diesen Bedürfnissen kommt das »ängstliche« Acht-Monats-Kind ins Krankenhaus und erfährt hier, daß nichts mehr in seiner Welt stimmt. Es schreit im Bettchen, weil es registriert, daß dieses Bett gar nicht seines, dieses Zimmer nicht seines ist. Es hört Schritte auf dem Flur, die fremd sind und gar nicht zu ihm kommen. Irgendwann öffnet sich die Türe. Aber es ist auch nicht das bekannte Geräusch seiner ihm vertrauten Türe. Der Mensch, der ihm erscheint, ist weder »Mama« noch »Papa«. Es ist ein Fremder, der sagt: »Sei doch still«, während er ihm einen fremden Schnuller gibt. Wo um alles in der Welt sind Mama und Papa? Wo sind sie geblieben? Das Kind weint, um sie herbeizurufen. Wieder hört es Schritte, andere Schritte als vorher. Sie führen zu ihm hin, die Tür geht auf, und es erscheint eine andere Schwester, die sagt gar nichts, gibt ihm keinen Schnuller. Sie greift nach seinem Handgelenk, murmelt vor sich hin und steckt ihm etwas Hartes, Unangenehmes in den Po. Wo sind Mama und Papa? Wo sind sie nur?

Ja, wo sind sie? Das Kind dreht und wendet sich hin und her und hin und her und weint und weint und merkt, wie ihm in dem Hin- und Herwackeln Vertrautes entgegenkommt. Wenigstens auf diesen selbst erzeugten Rhythmus kann es sich verlassen!

Den dramatischen Streß, in den das Kind in seiner Ausweglosigkeit kam, muß es mit eigener Kraft und eigenen Mitteln abbauen. Je nach seiner Veranlagung (innere Stabilität, Lebenswille, Durchsetzungskraft, Empfindlichkeit), je nachdem, ob das Kind sich gerne nach außen öffnet (Extroversion) oder lieber in sich selbst zurückzieht (Introversion), je nachdem, was das Kind bis dahin erfahren hat, und in Abhängigkeit von der Dauer des Krankenhausaufenthaltes ergeben sich verschiedene Bilder der Selbsthilfe:

Die Kinder, die im Streß mehr zum Rückzug nach innen neigen, fallen eher in frühere Entwicklungsstufen (Regression) zurück. Von der serialen Stufe, in der das acht Monate alte Kind schon zielgerichtet zu handeln beginnt, fällt es in die intermodale Stufe zurück (siehe das Schema auf S. 54), auf der das Kind ungezielterweise eigene, vertraute sensomotorische Muster übt und sie ungezielt wiederholt: Es schaut die Lampe an und wackelt mit dem Kopf, es fächelt mit seinen Händen vor den Augen. Es lutscht an seinem Daumen. Es schlägt mit dem Kopf auf das Kissen, oder aber das verlassene, introvertierte Kind bedient sich der Handlungsschemata der serialen Stufe und betreibt mit einem bestimmten Gegenstand auf eine bestimmte Weise eine ganz bestimmte Manipulation, die immer nur das bestimmte, immer nur das eine einzige Ziel erreicht. Tatsächlich haben diese Manipulationen etwas Ausschließliches an sich – eine Stereotypie, ein verzweifeltes Beharren auf etwas Gleichbleibendem, auf das sich das Kind verlassen kann. Im Grunde sucht das Kind den Ersatz für die Konstanz der Mutter: Es wirft beispielsweise Sachen aus dem Bett, *um* den erwarteten Krach zu machen. Es erbricht, *um* den Mund gewischt zu bekommen. Das acht Monate alte Kind hat noch nicht viele Möglichkeiten, sich seine Ersatzsicherheit selbst zu schaffen, und so bleibt ihm meist nur der Ausweg der Regression. Sein ungestillter, nicht mehr (von der Mutter) gelenkter Bewegungsdrang mündet in Leerlaufhandlungen ein. So leer sind diese Ersatzhandlungen aber doch nicht! Durch ihre stete Wiederholung werden nämlich die körpereigenen Opiate in Gang gesetzt. Das Kind berauscht sich damit, beharrt darauf mit einer Ausschließlichkeit und schirmt sich dadurch von anderen Erfahrungen ab. Auf sich selbst gestellt (*autos* aus dem Griechischen: selbst) findet es keinen anderen Ausweg aus seinem Streß. Wenn diese suchtartige Abhängigkeit von den immer wiederkehrenden Stereotypien und die Sperre vor neuen Lernangeboten nicht aufgehoben wird, wird die geistige Entwicklung für Jahre beziehungsweise für das ganze weitere Leben behindert.

Eine beeindruckende Aussage darüber macht ein als geistig behindert eingestufter und sich auch so verhaltender Autist namens Birger, von dem im Zeit-Magazin im Juli 1992 berichtet wurde. Er kann sich mittels Computer schreibend mitteilen, ist aber nicht in der Lage, sich durch Sprache zu verständigen. In einer seiner Botschaften deutet er die Stereotypien, die er selbst zwanghaft ausführen muß, indem er seit Jahrzehnten auf eine ganz bestimmte Weise mit Murmeln rieselt, »als Mittel, um die auswuchernden Kräfte des Körpers zu binden, damit das innere Gleichgewicht einigermaßen hergestellt, damit der Streß gemindert ist«. Er schreibt, daß das Murmelnrieseln eine Stereotypie verkörpert, »die richtig in einen rausch versetzt. Ich wiederhole erst sichtbar, was unsichtbar einsamkeit anrichtet.«

Er schreibt unter anderem auch: »Eine angst unter der ich am meisten leide ist die angst wie ich einen tag überleben kann ich sichere die eisigen tageszeiten ab indem ich einen sogenannten eisernen wichtigen serienabfragekatalog erstelle ein soausderangst auslaufendes idiotensystem.«

Zu diesen Idiotensystemen gehören auch die Murmeln, für Birger eine Welt voller Symbolik. Und »am liebsten würde ich wie sogenannte wichtige personen weinen einen unsäglichen inneren riesigen einsamen keil einer ganzen existenz herausweinen gibt erst persönlichen trost es geht aber nicht es ist wie ein steinernes wesen, das mich gefangen hält und es wertet traurigkeit als sicherheitsrisiko.«

Der erwachsene Autist faßt in Worte, was das kleine, »ängstliche Acht-Monats-Kind« wortlos erlebt. Der Bericht im Zeit-Magazin trägt Birgers Kernaussage: »Ich ertrinke in Einsamkeit« zu Recht als Überschrift.

Wer kennt nicht Menschen, die, um sich zu beruhigen, die Haare drehen, mit dem Fuß wippen, die – um sich in den Schlaf fallen lassen zu können – mit dem Kopf hin- und herschlagen, und so mancher von uns hat gelernt, seine Bewegungsunruhe in eine salonfähige Stereotypie einzubringen: Joggen, Radfahren, Stricken. »Man zieht sich auf sich zurück, um Streß abzubauen. Manch einer gerät in Entzug, wenn er aus gesundheitlichen Gründen nicht mehr joggen darf. Er wird innerlich und äußerlich unruhig. Wer von uns hat kein solches autistisches Maröttchen, das er im Alleingang in seiner Kindheit erworben und herübergerettet hat? Ob sich daraus eine suchtartige Abhängigkeit entwickelt hat oder nicht, hängt lediglich davon ab, wie ausgeprägt die eigene Suchtstruktur ist.«

Die Kinder, die sich nach außen öffnen, die extrovertierten, bekämpfen ihre Einsamkeit auf andere Weise: Sie suchen den Kontakt unentwegt, grenzenlos, ohne Distanz und mit allen Mitteln. Sie wenden sich jedem zu. Die Grenze zwischen vertraut und fremd ist ihnen verwischt. Sie lassen sich mit Vergnügen von jedem in den Arm nehmen. Und wenn sie größer geworden sind, lassen sie sich wie ein Schmetterling auf jedem Schoß nieder, um alsbald weiterzufliegen, und sie fragen jeden Fremden: »Wie heißt du, wo wohnst du?« Auf den ersten Blick könnte man denken: »Ach, was für ein aufgeschlossenes, kontaktfreudiges Kind!« Und tatsächlich sind manche Eltern stolz auf ihr Kind, das so couragiert ist. Das bekannte Forscherehepaar Karin und Klaus Großmann, das sich mit der Psychologie der Bindung zwischen Mutter und Kind befaßt, bringt das Phänomen auf den Punkt. Es geht viel mehr um ein Streben weg von der Mutter, auf die sich das Kind nicht verlassen kann. Es ist eher eine Angst, von ihr nochmals verlassen und verletzt zu werden. Es bringt eine abgewehrte Bindung zum Ausdruck. Auch diese Verletzung der kindlichen Seele kann sich lebenslang auswirken. Wer kennt nicht die Frauen und Männer, die eine Beziehung um die andere abbrechen, wohl nicht des Genusses wegen, wie man oberflächlich urteilen könnte, sondern aus der großen Angst heraus, verlassen zu werden, falls man sich bindet? Von der Angst vor der Bindung getrieben, wechselt der betroffene Mensch nicht nur das menschliche Gegenüber, sondern auch Hunde, Orte, Hobbys. Strohfeuer um Strohfeuer. Und wenn es mal kein Strohfeuer geben kann, herrscht dunkle Nacht, Depression.

Für beide Gruppen der früh Hospitalisierten ist Hyperaktivität das typische Restsymptom und Ausdruck seelischer Unruhe, die sich körperlich ausdrückt. Fehlgeleitete Lebensenergie.

Der Ausweg:

Stützen wir uns auf die Ergebnisse einer von Heinicke und Westheimer durchgeführten amerikanischen Studie. Die beiden Forscher haben das Verhalten von Kindern studiert, die längere Zeit von ihren Müttern durch einen Krankenhausaufenthalt getrennt waren. Als die Kinder ihre Mütter zum ersten Mal wiedersahen, gab es viele, die freudig oder auch weinend auf die Mutter zustürzten und in ihren Arm drängten. Es gab aber auch solche, die taten, als würden sie die Mutter nicht kennen. Sie haben ihr den Blickkontakt versagt, ihre Stimme ignoriert und sich gegen ihre Umarmung gewehrt. Sie flüchteten von der Mutter weg. Die von den Kindern abgelehnten Mütter reagierten ebenfalls auf zweierlei Weise: Die einen respektierten das Verhalten ihres Kindes und haben sich nicht aufgedrängt. In der Hoffnung, daß sie das Kind allmählich wiedergewinnen, haben sie für eine längere Zeit eine Beziehungsstörung geschürt. Die andere Gruppe der Mütter hat den Schmerz des Kindes erspürt und den eigenen Schmerz der Ablehnung nicht aushalten können. Ungeachtet der Abwehr und des Schreiens ihres Kindes haben sie es im Arm gehalten, mit Tränen begossen und es aus Liebe solange gehalten, bis die Versöhnung eingetreten war. Sie haben die wahren Bedürfnisse des Kindes in dieser Lage erspürt. Sie haben in ihrem Herzen begriffen, daß hinter dem ablehnenden Verhalten des Kindes nicht nur Haß und Enttäuschung, sondern auch Liebe ist, die sich wegen ihrer Verletzung im Rahmen dieser Ambivalenz nicht durchsetzen kann. Sie spürten die Hilflosigkeit des Kindes und haben ihm aus dem Zwiespalt geholfen. Sie haben seine gefährdete Beziehungsfähigkeit errettet.

Eine andere Empfehlung haben wir auch nicht. Lassen Sie die Kraft Ihrer Liebe walten! Auf jeden Fall braucht Ihr Kind jetzt Ihre Nähe, die es körperlich spüren muß. Es muß die Bindung an Sie körperlich wahrnehmen, um Sie zurückgewinnen zu können. Nehmen Sie Ihr Kind ganz dicht an sich. Ermutigen Sie es, seinen Schmerz in Ihrem Arm auszuschreien und auszuweinen und lassen Sie es Ihren eigenen Schmerz, Ihr eigenes Leid, Ihre eigene Sehnsucht nach der Erneuerung der Liebe spüren. Halten Sie Ihr Kind so lange fest im Arm, bis es erlöst ist – bis es Ihnen beiden so gut wie in den allerbesten Zeiten und besser als zuvor geht. Falls sich Ihr Kind Marotten und Bewegungsstereotypien angewöhnt hat, lassen Sie deren Fixierung nicht zu! Je schneller das Kind sie sich abgewöhnt, um so besser. Lenken Sie es hin auf andere Tätigkeiten, wiegen Sie es in Ihren eigenen Rhythmus ein! Machen Sie mit ihm viele rhythmische Bewegungsspiele: »Hoppe, hoppe Reiter«, »Ri-ra-rutsch, wir fahren in der Kutsch« und dergleichen.

Lassen Sie nicht zu, daß sich das Kind selbst rhythmisch stimuliert, geben Sie ihm den Rhythmus von außen! Lassen Sie nicht zu, daß es sich in den Schlaf wackelt, sondern wiegen Sie es zunächst in Ihrem Arm in den Schlaf. Diesen Ratschlag möchten wir aber aus Rücksicht auf die Mutter bzw. den Vater gleich relativieren. Das Kind gewöhnt sich nämlich auch daran und wird diese Wohltat alsbald von Ihnen fordern. In nicht wenigen Fällen mündet diese Hilfe dann darin, daß die Eltern ganze Nächte mit ihrem Kind durch die Wohnung wandern. Vertrauen Sie dann das Kind lieber einem wiegenden Gegenstand (Wiege oder Hängematte) an. Das Kind braucht zu seiner Beruhigung den Rhythmus und nicht so sehr den Körperkontakt.

Merken Sie aber, daß das Kind suchtartig von seinen Marotten und Stereotypien abhängig geworden ist, dann müssen Sie das Kind im Arm halten – ob es will oder nicht – und *mit ihm* durch den Entzug gehen.

Die suchtartige Abhängigkeit erkennen Sie daran, daß sich das Kind lieber an seiner Marotte festhält, als die mütterliche Liebe in Ihrem Arm anzunehmen. Das distanzlos gewordene Kind läßt sich selbstverständlich gerne in Ihrem Arm halten, aber nur kurz, so wie es jeden anderen Arm annimmt. Darin kann seine Heilung also nicht bestehen, daß Sie es kurz im Arm halten. Es braucht den festen Halt viel länger, als es selber möchte, damit Sie sich ihm dadurch als Mutter erkennbar machen. Sagen Sie ihm, so lange, bis diese Botschaft zu ihm durchgedrungen ist, im Arm: »Ich bin deine Mama (dein Papa), ich möchte nicht, daß du von mir weggehst. Es ist für mich unerträglich, wenn du weg willst. Schau, wie ich weinen muß, wenn du weg gehst. So traurig bin ich darüber. Ich werde immer um dich kämpfen. Uns beide kann nichts trennen.«
Schützen Sie das Kind, damit seine Bindungsbereitschaft nicht zerbricht. Das Kind muß wieder lernen, seinen Eltern den Vorzug zu geben. Verhindern Sie, daß sich das Kind Fremden mehr anvertraut. Klären Sie die Fremden über die seelische Not Ihres Kindes auf und bitten Sie sie, nicht zu intim auf die Kontaktangebote Ihres Kindes einzugehen. Es ist für das Kind besser, jetzt abgewiesen zu werden, als die Prägung zu erhalten, daß Liebe nichts anderes als eine flatterhafte, oberflächliche Kontaktnahme ist. Liebe ist mehr als Flirten!

Hirnorganisch bedingte Unruhe?

Bisher haben wir das Phänomen Unruhe angeschaut, wie es bei Kindern auftritt, deren Entwicklung zunächst gut angelegt war, die aber unter einen Streß gekommen sind. Das Phänomen *Bewegungsunruhe betrachten wir in unseren dargestellten Fällen ausnahmslos als Folge eines Stresses.* Heute wird so gerne das Wort Hyperaktivität für das Wort Unruhe benutzt und die *Verursachung* des *Phänomens einseitig* und anlagebedingt *hirnorganisch* gesehen.

Wir wagen den Versuch, diesen Mythos in Frage zu stellen: Wir sahen die Entstehung der Hyperaktivität in den allermeisten Fällen im umgekehrten ursächlichen Zusammenhang. Der psychische Streß, der durch die Nichterfüllung der in den schöpfungsbedingten Gesetzen veranlagten Grundbedürfnisse entsteht, erzeugt die Unruhe und leitet sie in jedem Fall körperlich ab.

Wenn dies dem Erwachsenen geschieht, äußert sich die körperliche Auswirkung des Stresses oft in Bewegungsunruhe, oft aber auch in sogenannten psychosomatischen Erkrankungen eines Organs. In Mitleidenschaft gezogen wird immer das Organ, das durch den Streß selber oder anlagebedingt geschwächt ist: Magengeschwür, Herzrhythmusstörung, Kopfschmerzen. Das ausgereifte Gehirn des Erwachsenen wird durch den Streß in seiner Struktur nicht mehr grundlegend geändert. Beim Kind liegen die Verhältnisse ganz anders. Bei ihm ist die empfindlichste Stelle sein sich noch in Ausreifung befindendes Gehirn. Jede nicht in die schöpfungsbedingten Ordnungen eingebundene und überschüssige Lebensenergie äußert sich beim Kind wie beim Erwachsenen in einer Bewegungsunruhe. Die unzähligen, ungerichteten (und durch das »Ich« der Mutter nicht gefilterten) ungeordneten Bewegungen bombardieren beim

Kleinkind das unreife plastische Gehirn mit Fehlinformationen. Je häufiger und je länger diese Fehlinformationen einwirken können, um so mehr beeinflussen sie die Ausbildung von Struktur und Biochemie des kindlichen Gehirns.

Es ist noch wenig über diese Prozesse bekannt. Aber es ist nur logisch anzunehmen, daß das unreife Gehirn in dem Chaos, in das das Kind im Streß gerät, seine normale Aktivität nicht entfalten kann. Das Kind ist ja noch nicht in der Lage, Reize auf »wichtig« und »unwichtig« hin, »günstig« und »ungünstig« zu sortieren und die eigene Übersteuerung zu verhindern. Es ist auch in diesem Sinne abhängig vom Schutz des Erwachsenen.

Was macht die Aktivität des Gehirns aus? Sie besteht aus Prozessen der Hemmung und Erregung, die in einer Wechselwirkung stehen und im optimalen Falle in einem Gleichgewicht sind. Ihre materielle Grundlage sind Stoffwechselvorgänge (Biochemie), die informationsübertragende Stoffe (Transmitter) zur Verfügung stellen. Die wahren Leiter der Hirnaktivität sind eben diese Überträgerstoffe, die die Information von Zelle zu Zelle, von Hirnnervenverband zu Hirnnervenverband leiten, aber auch hemmen. Die Bahnungen, die wiederholt beansprucht werden, festigen sich, und ihre weitere Ausbildung wird begünstigt; die nicht beanspruchten verkümmern oder werden gar nicht geweckt.

Was geschieht nun mit dem Gehirn des Kleinkindes, dem von außen nicht geholfen wird, diese vielschichtigen Prozesse im Gleichgewicht zu halten? Zum einen schießen die ungebundenen Bewegungsimpulse ins Leere, und weil sie ungeordnet sind, bewirken sie ein Chaos. Aus diesem Chaos, das dem Kind Geborgenheit raubt, versucht es sich in eigener Regie herauszuhelfen und produziert nun Bewegungsmuster, die es wiederholen kann. Dadurch löst es zweierlei aus:

1. Einbindung des Bewegungsdrangs,
2. Beruhigung durch Betäubung.

In den Dienst dieser beiden Prozesse werden nun die Überträgerstoffe gestellt. Aus der zunächst gut angelegten Funktion wird so eine Dysfunktion. Wenn die Dysfunktion sich stabilisieren kann, wird die ganze weitere Hirnreifung deformiert. Nicht jedes Gehirn ist gleich anfällig für das Ausbilden einer Dysfunktion. Wenn aber das Fundament des Körpersinns nicht gut angelegt ist, so kann der Körpersinn andere Sinnesfunktionen auch nicht gut integrieren. Die Fähigkeit zur Konzentration, die für Handeln und Denken wichtig ist, bleibt brüchig.

Die fundamentale Störung des hyperaktiven Kindes ist das verstörte (nur unzuverlässig) angelegte Gleichgewicht von Wahrnehmung (Input) und Durchführung (Output) innerhalb des Körpersinns. Diese Funktionen klaffen beim hyperaktiven Kind auseinander. Es ist aber innerhalb der beiden Körpersinnfunktionen dadurch auch der Filter schlecht ausgebildet. *Der Hyperaktive nimmt ungefiltert, ungenau und zuviel wahr* (er gerät in Reizüberflutung), *so daß auch die Durchführung ungenau, sprunghaft, hektisch, ungefiltert wird.*

Wenn die Fehlsteuerung der Hirnaktivität länger anhält, dann prägt sich das falsche Grundmuster strukturell ein und richtet einen bleibenden Schaden an, der nur noch durch therapeutische Bemühungen wieder reorganisiert werden kann. So kann psychischer Streß, wenn er lange anhält, zum hirnorganischen Syndrom werden. Durch Vorbeugung und rechtzeitiges Intervenieren wäre für viele Kinder der Schaden aber vermeidbar.

Es gibt aber auch noch die Gruppe der Kinder, deren Unruhe vorprogrammiert und unabänderlich hirnorganisch bedingt ist. Der Vollständigkeit halber wollen wir diese Gruppe kurz erwähnen: die wirklich *Hirngeschädigten*. Jeder weiß, daß nach einer Hirnentzündung oder nach einem Unfall mit Hirnverletzung mancher Betroffene ungesteuert und unruhig wird. Die Erklärung liegt nahe: Die Prozesse der Hemmung und Erregung sind aus der Bahn geworfen. An ihrer Neubahnung, Neuorganisation, muß im Rahmen der Rehabilitation Arbeit geleistet werden.

In einer ähnlichen Lage sind auch Kinder, die durch eine vor oder während der Geburt erlittene Hirnschädigung (Sauerstoffmangel, Blutung usw.) oder durch vererbliche Stoffwechselstörungen mit Beeinträchtigung des Hirnstoffwechsels (zum Beispiel das Rett-Syndrom) oder aber auch durch bestimmte Fehler in ihrem Erbgut (Chromosomen-Aberrationen wie das Marker-X-Syndrom u.a.) behindert sind. Der gemeinsame Nenner der aufgeführten Behinderungsbilder liegt in einer geistigen Behinderung, und diese ist im Grunde die Ursache für die Unruhe. Im Hinblick auf die geistige Entwicklung kommen nämlich die Betroffenen höchstens bis in die seriale Stufe. Sie werden abhängig von bestimmten Denkschablonen und Handlungsschemata. Sie sind aber nicht in der Lage, geistig zu kombinieren und auf lange Sicht zielgerichtet zu handeln und den Umweg einzuplanen. Auch ihr Einverleibungsprozeß ist unterbrochen. Der Bewegungsdrang wächst, während der Geist zurückbleibt. Die Lebensenergie kann so nicht sinnvoll eingebunden, nicht sinnvoll abgeleitet werden. Der Energiestau führt zur ungerichteten Unruhe und zur Ausbildung von Bewegungsstereotypien oder aber auch zu Affektausbrüchen. Dies um so mehr, wenn der Behinderte bei veränderten Situationen, auf die er sich mit seinem Erkennungs- und Wahrnehmungsvermögen nicht einstellen kann, unter Streß kommt.

Gerne benutzen wir ein Bild als Gleichnis: Wenn ein Wassertopf erhitzt wird, kommt das kochende Wasser ins Sprudeln, und es bildet sich Wasserdampf. Dieser drängt mächtig nach außen, denn der Druck steigert sich so, daß schließlich der Deckel, der ihn zurückhalten will, ins monotone Tanzen kommt. Je nach dem Druck, den der Dampf hat, kann er auch den Deckel vom Topf sprengen.

Es ist allgemein bekannt, daß die größte Hilfe für die geistig Behinderten, um mit ihrer Unruhe fertig zu werden, darin besteht, daß sie überschaubare Strukturen vorfinden, auf die sie sich – einem Kleinkind vergleichbar – verlassen können. Eine weitere Hilfe besteht darin, daß man sie zu Handlungen befähigt, in die sie ihre Aktivität sinnvoll einbringen können, so daß möglichst keine blockierenden Leerläufe entstehen, die die Energie sinnlos verbrauchen.

Der Weg zur Diagnose

Einige Anhaltspunkte:

1. Im verbindlichen Diagnoseschlüssel »Diagnostisches und Statistisches Manual Psychischer Störungen DSM-III« wird folgende Definition aufgeführt: »Hyperkinetisches Syndrom des Kindesalters: Störungen, deren wesentliche Merkmale kurze Aufmerksamkeitsspanne und erhöhte Ablenkbarkeit sind. In der frühen Kindheit ist das auffallendste Symptom eine ungehemmte, wenig organisierte und schlecht gesteuerte, extreme Überaktivität, an deren Stelle aber in der Adoleszenz Hypoaktivität treten kann. Impulsivität, ausgeprägte Stimmungsschwankungen und Aggressivität sind ebenfalls häufig Symptome. Oft bestehen Verzögerungen in der Entwicklung bestimmter Fähigkeiten sowie gestörte und eingeschränkte zwischenmenschliche Beziehungen. Wenn die Hyperaktivität symptomatisch für eine Grundkrankheit ist, sollte diese letzte verschlüsselt werden.«

2. Wie dieser Beschreibung zu entnehmen ist, werden Hyperaktivität und hyperkinetisches Syndrom deckungsgleich benutzt. Versuchen wir diese Begriffe sprachlich nachzuvollziehen: »Hyper« kommt aus dem Griechischen und heißt »über«, »übermäßig«. »Aktivität« leitet sich von einem lateinischen Wortstamm ab, der sowohl Bewegung wie auch äußeres Handeln, In-Bewegung-Bringen, Tätigsein ausdrückt.
»Kinetisch« ist wiederum aus dem Griechischen entliehen und heißt »auf Bewegung beruhend« beziehungsweise Bewegungsenergie. »Hyperaktivität« würde also bedeuten: übermäßiger Drang zur Tätigkeit, und »hyperkinetisch« heißt: übermäßiger Drang zur Bewegung.

3. Jede Tätigkeit hat Bewegung zur Voraussetzung. Die beiden Begriffe sind daher leicht austauschbar, obgleich der Begriff Hyperaktivität mehr das Zielgerichtete der Bewegung ausdrückt und Hyperkinesie eher zufällige, nicht auf ein bestimmtes Ziel gerichtete Bewegungen meint, zum Beispiel motorische Stereotypien wie etwa nervöses Wackeln auf dem Hocker (aber auch verschiedene Tics – Zwinkertic, Grimassentic – sind möglich).

Der unbestreitbare gemeinsame Nenner der beiden Störungen liegt in Defiziten der Aufmerksamkeit, die sich in Umtriebigkeit äußern.

4. Die Bezeichnungen »hyperaktives« oder »hyperkinetisches« Kind sprechen von einem Symptom, und das ist die Unruhe.

Über die Verursachung dieser Unruhe machen sie keine Aussage.

Wenn uns ein Kind mit der Diagnose »Hyperaktivität« zur Untersuchung vorgestellt wird, dann prüfen wir zunächst, ob bei ihm die typischen Symptome vorliegen. Diese sind:

– *Ungehemmter Bewegungsdrang*
Stets auf Achse, viele ziellose, ungeplante, unkontrollierte, impulsiv einschießende und überschießende Bewegungen (ohne zu überlegen, vor allem ohne böse Absicht greift das Kind nach Gegenständen, auf die sein Auge fällt, es hat die »Augen in der Hand«), nicht ruhig sitzen können.

– *Übermäßiger Kraftaufwand*
Rennen statt gehen, springen statt stehen, schreien statt sprechen, ruhelos, getrieben, wie aufgedreht sein.

– *Neigung zu Stereotypien*
Wackeln, hüpfen, zappeln, rutschen, scharren, trippeln, Haare drehen, mit den Fingern schnalzen, blinzeln, Tics.

– *Herabgesetzte Fähigkeit zu Konzentration und Ausdauer*

– *Rasche Ablenkbarkeit, Reizoffenheit, hektischer Erlebnishunger*

- *Flüchtigkeit im Denken und Fühlen, mangelhafte Vertiefung in Zusammenhänge*

Flüchtigkeit und Unruhe in der Fähigkeit zu moralischem Urteil. Oberflächlichkeit bei Kontaktanbahnung bis Distanzlosigkeit, Sprunghaftigkeit und unstetes Verhalten. Angefangene Arbeiten und Handlungen werden nicht zu Ende geführt. Flüchtigkeitsfehler in den schulischen Leistungen, Auslassungen von Buchstaben und Wörtern, fahrige Schrift.

- *Keine Angst vor Gefahren*
- *Nichteinhaltenkönnen von Regeln des Zusammenlebens*

Nicht-warten-Können, Ungeduld zu Lasten der anderen, Nicht-zuhören-Können, Gespräche anderer unterbrechen, sich nicht in einer Gruppe einfügen können. Nicht sitzen bleiben können, wenn es die Situation erfordert.

- *Stimmungslabilität und niedrige Frustrationstoleranz*
- *Willensschwäche*

Mangelhafte Fähigkeit, sich selbst zu überwinden und sich zur Erlangung eines Zieles anzustrengen.

- *Geschwächte Ich-Kräfte*

Wir prüfen durch direkte Beobachtung wie auch durch Befragen, *ob* und *wo* das Kind dieses Verhalten aufweist und ab *wann* es bei ihm erstmals aufgetreten ist.

Die weichenstellenden Fragen sind:

1. *Ist die Unruhe immer und bei allen Gelegenheiten vorhanden?*

Kann das Kind bei seiner Lieblingsbeschäftigung ruhig werden? Ist es ruhig, wenn es bei seinem Tun von einem Erwachsenen begleitet, das heißt von außen gesteuert wird? Ist es in der Zweiersituation anders als in der Gruppe, wo Eigenverantwortung und Eigensteuerung von ihm erwartet wird?

2. *Seit wann hat das Kind diese Unruhe?*

War es immer schon, vielleicht schon im Mutterleib unruhiger als die Geschwister? Wie fühlte sich die Mutter während der Schwangerschaft? Stand sie unter Streß? Hat sie sich bewegen können? *War das Neugeborene schon ein Schreier?* War ihm zugemutet worden, die Bindung abzubrechen? War es im Krankenhaus? War es zur Adoption gegeben worden? *Blieb es auf dem Schoß sitzen? Ließ es sich an der Hand führen?* Wann fing die Unruhe an? Woran wurde sie erkennbar? Was könnte die auslösende Ursache für das geänderte Verhalten gewesen sein? Wurde das Kind erst unruhig, als es in den Kindergarten oder in die Schule kam?

Aus den Antworten auf diese Fragen ergeben sich dann unsere differentialdiagnostischen Überlegungen und die Art des weiteren Untersuchungsganges.

Schon die erste Frage erlaubt, die Kinder herauszufiltern, die unter den klassischen Begriff von Hyperaktivität nicht fallen. Es sind die Kinder, die stets den Platz in der Sonne suchen, ihn häufig auch eingeräumt bekommen, aber schon bei der leisesten Berührung mit einer Pflicht im Nebel des Mythos der Hyperaktivität verschwinden. Die Kinder können nichts dafür. Sie nutzen nur den Freibrief ihrer Eltern, die ihrem Kind eine sonnige Kindheit ganz ohne Mühsal gönnen. Erst wenn das Kind die Schulpflicht nicht einhalten kann, werden die Eltern wach, erst wenn ihr Kind – wie unser Stuhlentsager (s. S. 18 ff.) – in der Schule stets aus der Reihe tanzt, erkennen sie die Alarmsignale.

Es handelt sich in diesen Fällen eindeutig um einen Erziehungsfehler. Es sind Kinder von den Eltern, die auf unsere Frage: »Blieb das Kind auf dem Schoß sitzen?« mit »nein« antworten. Das Kind bekam nie Grenzen. Es mußte sich aber auch nie konzentrieren, wenn es nicht wollte. Es wurde nie zum Annehmen von Pflichten angeleitet.

Hier bietet sich an, die Familie zur Erziehungsberatungsstelle zu schicken. Wir halten uns mit dieser Empfehlung zunächst aber noch zurück. Es ist nämlich zunächst noch zu prüfen, ob sich die verweigerte Pflicht nicht auf eine Leistung bezieht, die das Kind wegen einer motorischen Ungeschicklichkeit oder einer Minderbegabung nicht ausführen kann, zum Beispiel weil es eine

Schreib- oder Leseschwäche hat. Noch bevor wir entsprechende aufwendige Tests mit dem Kind durchführen, die dann zur Absicherung der Diagnose notwendig wären, fragen wir noch, ob sich das Kind zu Pflichten überwindet, die ein hohes Leistungsniveau verlangen, zum Beispiel Sprudel aus dem Keller holen, Geschirr in die Spülmaschine einräumen, Geschirr abtrocknen, zum Bäcker gehen, um für die Familie einzukaufen, oder solange still zu sein, wie die Oma ihren Mittagsschlaf hält. Kann es in dieser Situation nicht stillhalten, aber still sein, wenn es einen interessanten Fernsehfilm anschaut, und Stunden genußvoll damit zubringen, ohne von der Polstergarnitur zu weichen, dann sind die Würfel eindeutig gefallen. Dieses Kind und seine Familie brauchen erziehungsbegleitende Beratung, selbst dann, wenn es eine Teilleistungsstörung hat. Dieses Kind könnte nämlich die mühseligen Übungen, die es wegen seiner Leistungsschwäche auf sich nehmen müßte, wegen seiner Unreife noch gar nicht annehmen.

Es fehlt ihm die fundamentale Anpassungsbereitschaft an konkrete Aufgaben, die sich aus dem Alltag ergeben, und muß dies erst lernen, bevor es mit höheren Ansprüchen abstrakteren Charakters (Lesen, Schreiben, Rechnen) konfrontiert werden kann.

Diese Kinder diagnostizieren wir als sozial unreif.

Sozial unreife Kinder

Bei den psychotherapeutisch fundierten Erziehungsberatern sollte die Familie umfassend Hilfe erfahren.

Eine weiterführende Untersuchung wäre erst dann angezeigt, wenn das Kind trotz seiner erwachten Aufgabenbereitschaft immer noch unter schwer erklärbaren Konzentrationsstörungen leidet und bestimmten kulturtechnischen Leistungen nicht altersgemäß gerecht werden kann.

Somit hat sich die Sicht eröffnet für einen weiteren Kreis der von Unruhe Betroffenen:

Die Teilleistungsgestörten, Kinder mit minimaler cerebraler Dysfunktion

Weil das Erscheinungsbild dieser Störung sehr unterschiedlich sein kann, je nachdem, welche Funktion in ihrer Entwicklung blockiert und auf welcher Stufe sie blockiert wurde, und je nachdem, welche Anlagen in ihrer Entfaltung in Mitleidenschaft gezogen und damit die Persönlichkeitsentfaltung deformiert wurde, ist nun eine ausführliche ärztlich-psychologisch-pädagogische Untersuchung erforderlich, um zu dieser Diagnose zu kommen.

Die Untersuchung des Kindes umfaßt dann

- den neurologischen Status und eine sogenannte motoskopische Untersuchung der Bewegungskoordination bzw. eine entwicklungsneurologische Untersuchung einschließlich der Überprüfung von Hören und Sehen, die Untersuchung der psychischen Situation und der Persönlichkeit des Kindes: Neigt es zu Aggressionen, Blockierungen, depressiven Verstimmungen? Wie und auf welchem Stand ist die Kommunikationsfähigkeit? Wie ist das soziale Verhalten?

- die Ermittlung des Entwicklungsstandes: Auf welcher Stufe der sensomotorischen Entwicklung befindet sich das Kind? Wie ist das Zusammenspiel von Auge und Hand? Die Sprachmotorik? Usw.

- die Überprüfung der Intelligenz und die Frage: Sind die einzelnen Faktoren der Intelligenz ausgeglichen? Kann das Intelligenzniveau zum Tragen kommen?

Als ergänzende Untersuchungen am Kind können in Frage kommen: ein EEG, eine Röntgenuntersuchung einschließlich Computertomographie, möglicherweise internistische Untersuchungen und eine allergologische Abklärung.

Da das Kind immer Teil eines Ganzen ist, ist in den allermeisten Fällen auch seine Einbettung in sein soziales Umfeld wie auch dessen Einfluß näher zu untersuchen. Welchen erzieherischen Einfluß haben die Eltern?

Können sie ihr erzieherisches Verhalten aufeinander abstimmen? Zu welchen Werten wurden die Eltern erzogen? Durch welche Umstände ihrer eigenen Vorgeschichte sind die Eltern zu ihrem jetzigen erzieherischen Verhalten geprägt worden? Die Stellung der Eltern in ihrer Geschwisterreihe? Projiziert die Mutter eigene, nichtgelebte Wünsche nach Freiheit in das Kind? Ist sie dazu erzogen, sich aufzuopfern?

Von Teilleistungsstörungen oder minimaler cerebraler Funktion spricht man, wenn das Kind normal intelligent ist, aber in bestimmten Leistungen (motorisches Geschick, sprachliches Ausdrucksvermögen, Heraushören von Mitlauten usw.) nicht der Altersnorm gerecht werden kann. Die Ursache besteht nicht in einer Werkzeugstörung (Schwerhörigkeit/Taubheit, Sehschwäche/Blindheit, Körperbehinderung), sondern in der mangelhaften »Verkabelung« jener Hirnzellenverbände, die für die jeweiligen Funktionen zuständig sein sollten.

Hinsichtlich der Hyperaktivität sind unter den Teilleistungsgestörten zwei Gruppen zu unterscheiden:

1. Die Unruhe bildet sich erst dann aus, wenn das Kind einer von ihm geforderten oder von ihm selbst erwarteten Leistung nicht gerecht wird. Merkt es, daß alle anderen Kinder im Kindergarten schön zeichnen, und möchte es sein inneres Bild genauso schön zu Papier bringen, aber die Hand folgt ihm nicht, gerät es in einen psychischen Streß. Es ist von sich selbst enttäuscht, fürchtet die Kritik von anderen und fürchtet auch, die Eltern zu enttäuschen. Sein bisheriges Selbstwertgefühl bricht zusammen. Es ist in der Krise, es verliert den Boden unter den Füßen, verliert seinen inneren Halt. Wenn nun die Eltern ihm den äußeren Halt auch noch versagen, weil sie das Unvermögen ihres Kindes völlig verkehrt deuten (»Es könnte, wenn es nur möchte!«) und es deshalb noch mehr unter Leistungsdruck setzen, dem es nicht standhalten kann, bleibt ihm in der Leere nur noch Unruhe. Dieses Kind kann wieder ins Lot kommen und von der Unruhe befreit werden, wenn man die Eltern über die Not des Kindes aufklärt und in ihnen Verständnis für seine

Lage erweckt sowie dem Kind das spezielle Training, seine ihm gemäße Förderung gibt. Diesem Kind muß dazu verholfen werden, seine Schwäche anzunehmen, mit ihr – abgemindert durch das therapeutische Bemühen – zu leben, ohne seines Selbstwertgefühles verlustig zu gehen. Ihm muß dazu verholfen werden, daß es auf seine Stärken und die Eltern vertrauen kann, ihm sollte *sein Bemühen stets höher bewertet werden als die real erbrachte Leistung.*

Es muß sich ja der Mühsal unterwerfen, um das angestrebte Ziel erreichen zu können. Was seine Hand beim Schreiben nicht leisten kann, muß es durch Fleiß ersetzen. Das ist der Hauptinhalt seiner Förderung. An der Annahme der Mühsal wächst nicht nur das Kind, sondern auch die Eltern wachsen und nicht zuletzt auch der Therapeut. Die Unruhe bildet sich bei dem Kind stets zurück, wenn der Streß abgebaut ist. Die Unruhe war hier Folge der Teilleistungsstörung.

2. Der ursächliche Zusammenhang liegt in der zweiten Gruppe der Teilleistungsgestörten umgekehrt. Zunächst bestand eine Störung des Körpersinns, ablesbar an der Unruhe, die sich von Anfang an, eventuell schon in der Schwangerschaft, spätestens aber von Geburt an zeigt. Das basale Defizit entzog den höheren Leistungen das Fundament. Der unzuverlässig aufgebaute Körpersinn mitsamt der brüchigen Konzentrations- und Aufnahmefähigkeit war nicht in der Lage, die auditive und visuelle Wahrnehmung zugunsten höherer Leistungen zu integrieren. Die Unruhe dieser Kinder gründet tiefer und ist einerseits therapeutisch schwierig zu erreichen, andererseits leiden diese Kinder nicht so sehr unter dem Verlust des Selbstbildes, weil sie nie ein starkes Selbstbild entwickeln konnten! Die Hilfe, die sie benötigen, ist der Hilfe der ersten Gruppe sehr ähnlich, jedoch muß ihre Förderung viel mehr die über den Körpersinn laufenden Wahrnehmungen berücksichtigen. Diese Kinder kommen dem klassischen Bild des Zappelphilipps am nächsten. Deshalb müssen darüber hinaus in ihrer Förderung alle Komponenten des Körpersinns, vor allem die Hemmung des

Bewegungsimpulses, die Steuerung des Bewegungsdrangs, insbesondere aber die Selbststeuerung der Bewegung in ihrer Entwicklung und Stabilisierung unterstützt werden.

Eine große Gruppe der Unruhigen bilden auch die folgenden Kinder:

Unruhe infolge einer seelischen Verwundung

Die abgebrochene oder aufgelockerte Bindung zur Mutter wird vom Kind als Trauma erlebt. Diese Verwundung erfährt man nur, wenn man den Lebenslauf des Kindes kennt. In diese Gruppe gehören auch all jene Kinder, denen innerhalb des Familiensystems eine andere Rolle zugemutet wurde, als ihnen nach den systemischen Ordnungen zukam.

Folgende anamnestische Fragen sind zur Abklärung wichtig:

– Wann wurde das Kind unruhig, und was geschah zu dieser Zeit in der Familie?
– Was bewirkte, daß das Kind das Vertrauen zu den Eltern verlor?
– War es im Krankenhaus?
– War es während des Urlaubs der Eltern längere Zeit bei den Großeltern?
– Hat das Kind im frühen Alter feststellen müssen, daß es sich bei seiner Mutter nicht ganz geborgen fühlen kann, weil sie schwächer als es selber ist? Weil sie selber kindlich ist? Mußte es deshalb selber über sein magisches Imperium herrschen und kommt daher nicht zur Ruhe?
– Nahm die Mutter ihre Berufstätigkeit vorzeitig wieder auf?
– Hat das Kind ein Geschwisterchen bekommen?
– Trennten sich die Eltern? Mußte der Sohn deshalb den Vater vertreten und die Tochter die Stelle der Mutter übernehmen?

Die Antworten lassen erahnen, welche seelische Erschütterung dem Kind die Ruhe nahm beziehungsweise nie gönnte. Je früher in der kindlichen Entwicklung das psychische Trauma eintrat, um so größer ist die Gefahr, daß der hierarchisch geordnete Aufbau der sensomotorischen Funktionen gestört ist und daß das psychische Trauma, der psychische Streß, auch die Sinnesverarbeitung in Mitleidenschaft zieht und die Funktion des Körpersinns beziehungsweise seine Verdrahtung mit auditiver und visueller Wahrnehmung blockiert.

Auch in dieser Gruppe der Unruhigen sind daher Teilleistungsgestörte. Aber die durch ein psychisches Trauma ausgelöste Unruhe kann allerdings in jedem Lebensalter auftreten, auch noch beim Erwachsenen. Manche Kinder werden mit drei Jahren unruhig und fahrig, wenn sie als Erstgeborene ein Geschwisterchen bekommen, andere Erstgeborene werden erst in der Schule unruhig, wenn sie nicht die Besten oder Schnellsten von der Gruppe sind, wie sie es aus ihrer Rolle als Erstgeborene heraus erwartet hätten. Manche Kinder werden unruhig, wenn der Vater die Familie endgültig verläßt oder wenn sie endgültig im Heim abgegeben werden.

Die Erscheinungsbilder der durch den psychischen Streß ausgelösten Unruhe sind vielgestaltig. Vieles haben wir in unseren Fallgeschichten schon beschrieben.

Drei uns wesentlich erscheinende Ausdrucksformen des chronisch einwirkenden psychischen Stresses, der in Unruhe mündet und denen wir bislang im Buch nicht Rechnung getragen haben, möchten wir noch skizzenhaft darstellen.

In allen drei Skizzen ist der gemeinsame Nenner die wenig oder gar nicht faßbare Mutter.

1. Skizze: *Der kleine Tyrann*

Seine Mutter präsentiert sich ihm stets so, als wäre sie schwächer. Sie läßt das Kind die Art seiner Betreuung bestimmen. Sie trägt und füttert es so, wie es das Kleinkind will. Sie dient dem Kind, als wäre es der Herr, der über sie bestimmen kann. In dieser Umkehrung der Ordnungen der Liebe (Perversion) findet das Kind seine einzige Sicherheit und besteht daher auf ihr mit Nachdruck. Nur dadurch, daß es sie manipulieren und nach bestimmten Schemata beherrschen kann, erlebt das Kind seine Mutter voraussagbar und faßbar.

Von dem Herrschenmüssen wird das Kind suchtartig abhängig. Jede Art von Anpassung bedroht es mit Angst vor Entzug und bringt es in Panik und Unruhe. Dieses Kind muß stets aktiv sein, um sein magisches Imperium im Auge zu halten und um es sich verfügbar zu machen. Es kann sich überhaupt nicht fallen lassen.

2. Skizze: *Kinder, die nur in der Zweierbeziehung ruhen können*

Es sind die Kinder, die sich ruhig konzentrieren und zügig arbeiten können, wenn man sich ihnen individuell zuwendet. Man würde nie für möglich halten, daß sie in der Kindergartengruppe oder in der Schulklasse unhaltbare Störenfriede sind. Sehr oft lassen sich bei diesen Kindern außer der Unruhe in der Gruppe Teilleistungsstörungen finden. Die Ursache ihrer Unruhe liegt in der immer noch nicht gesättigten Bindung mit der Mutter auf der symbiotischen Stufe, die deshalb auch nicht aufgelöst werden kann.

Der Grund, warum die Mutter dem Kind sein Bedürfnis nach Bindung nicht sättigen und den Übergang zur Loslösung nicht schaffen konnte, liegt in ihrer eigenen Angst, Unfähigkeit oder Unverfügbarkeit. Sie konnte dem Kind nicht aus eigener Stärke heraus vermitteln, daß sie es als verinnerlichtes *»Hilfs-Ich«* begleitet, was immer auch geschieht. Ihre Botschaften: »Du sitzt jetzt an deinem Tischchen und schaust dir das Bilderbuch nochmals alleine an, das wir zusammen schon so oft angeschaut haben« oder: »Ich erwarte von dir, daß du im Kindergarten nicht andere Kinder schlägst oder beim Spielen störst, sondern daß du schön im Morgenkreis sitzt und mitsingst« kommen im Herzen des Kindes aus verschiedenen Gründen nicht an: Einmal, weil das Kind fühlt, daß die unsichere Mutter das gar nicht von ihm erwartet, zum andern, weil die Mutter gar nicht fühlt, in welcher Situation das Kind im Kindergarten ist. Die Mutter ist vielleicht infolge eigener

Problematik gar nicht an der Erlebniswelt ihres Kindes beteiligt. Oder hat sie das Kind auf der Stufe, in der die Verinnerlichung der symbiotischen Bindung stattfindet (2. bis 5. Lebensjahr), ganz aufgegeben und hat sie es möglicherweise zur Adoption freigegeben?

3. Skizze: *Die haltlosen Achterbahnfahrer*

Wir möchten hier einem 13jährigen hyperaktiven Jungen ein Denkmal setzen, von dem wir in einer Illustrierten kürzlich lasen und der durch seinen maßlos gesteigerten, von Einsamkeit geschürten Bewegungsdrang zu Tode kam. Er war ursprünglich kein Hyperaktiver. Er hätte gerne seine unverheiratete junge Mutter geliebt. Sie war aber noch zu unreif, um ihm seine Liebe zurückzugeben. So suchte er Liebe bei Hunden und Katzen. Dann zog die Mutter mit ihm in die Stadt und mußte ihm infolge der Hausordnung Hunde und Katzen verwehren. Sie gab ihm einen Stiefvater und bekam zwei weitere Kinder. Er schwänzte die Schule, begann zu klauen und landete in einem Erziehungsheim. Dort traf er auf einen Freund, der ein Autoknacker war. Zusammen fuhren sie Achterbahn und versuchten dem tristen Alltag zu entfliehen: Sie rasten mit geklauten Autos durch die Großstadtstraßen, surften auf der S-Bahn. In einer Nacht haben sie sich mit einem gestohlenen Wagen überschlagen. Das Schicksal dieses 13jährigen steht für uns stellvertretend für das Schicksal so vieler Heranwachsender. Sie suchen die Begrenzung, die sie unter der elterlichen Liebe nicht erfahren haben, nun durch sich selbst. Sie spüren das Bedürfnis nach Widerstand, nach Widerspruch. Sie suchen in ihrem eintönigen Alltag nach dem Gegensatz, nach dem Nervenkitzel, koste es, was es wolle, und wenn es das eigene Leben ist. Das Leben kann nicht anders als in der Konfrontation mit dem Tod erfahren werden. Das ist das Strickmuster so vieler von Unruhe getriebener Provokativer, so vieler jugendlicher Delinquenten, Achterbahnfahrer, Todesschaukelfahrer.

Bei der Vielfalt der Bilder, die mit Hyperaktivität einhergehen, leuchtet ein, daß Unruhe nur ein unspezifisches Symptom darstellen kann. Es ist daher unzulässig, das Phänomen Unruhe schlechthin als Hyperaktivität oder hyperkinetisches Syndrom zu bezeichnen, so, als wäre es eine Grundkrankheit. Vielmehr ist die Unruhe in den allermeisten Fällen nur eines von mehreren Symptomen einer anderen Störung.

Die korrekte Diagnose müßte lauten:

Entwicklungsrückstand mit Hyperaktivität oder Verhaltensstörung mit Sozialisierungsmängeln in Form von Aggressivität und Hyperaktivität.

Wie ist die im Diagnoseschlüssel DSM III getroffene Aussage, daß Hyperaktivität im Jugendalter in Hypoaktivität umschlagen kann, einzuordnen?

Das von außen nicht gesteuerte Kleinkind wird dem Chaos vielfältiger Eindrücke (Reizüberflutung) ausgeliefert und gerät in Streß, den es selber nicht zu bewältigen vermag. Auch wird es durch den Streß der Eltern angesteckt. In dem Maß und der Art, wie es zu eigenen Lösungsstrategien heranreift, kann es auf eine bestimmte Art den überschüssigen Antrieb ableiten. Je nach seiner veranlagten Persönlichkeitsstruktur (Phlegmatiker/Choleriker, Introversion/Extroversion) gibt der eine seine zum Streß führenden »Hyperaktivitäten« auf und lernt sich auf relativ unauffällige Weise durch Selbststimulation zu beruhigen (Walkman, Computer, Fahrradfahren), der andere aber filtert aus der Fülle der ableitenden Kanäle diejenigen aus, die ihm mittels explosiver Aktionen intensives Erleben möglich machen (Achterbahnfahrer …).

Je nach der ermittelten Verursachung der Unruhe und der Art der sensomotorischen Betroffenheit ergibt sich dann das therapeutische Vorgehen.

Die Therapie

Die beste Therapie ist die *Vorbeugung*. Hyperaktivität müßte erst gar nicht entstehen, wenn das Kind rechtzeitig bekäme, was ihm zusteht. Darüber haben wir schon genug berichtet. Es schien uns unverzichtbar, über Vorbeugung dort zu sprechen, wo wir der Verursachung nachgegangen sind. Wie wir in vielen Fallgeschichten gesehen haben, lag ja die Ursache der Unruhe gerade darin, daß die Prinzipien der Vorbeugung nicht beachtet wurden. Diese Prinzipien sind denkbar einfach. Es ist die »seelische Hygiene«, die auf dem Einhalten der schöpfungsbedingten Ordnungen fußt. So lange diese eingehalten werden, stellt Hyperaktivität kein chronisches und kein massenhaft auftretendes Problem dar.

Der Verstoß gegen die schöpfungsbedingten Ordnungen erzeugt – wie jeder Verstoß gegen das große Ganze – Krankheit, und diese macht dann Therapie notwendig.

Sprechen wir jetzt also über die *notwendige Therapie*. Sie muß dort einsetzen, wo der Verstoß stattgefunden hat, dort, wo die kranke Gesellschaft Vorbeugung verhindert.

Die Elternschulung liegt heute im argen. Sie müßte ja beim Vorbild des elterlichen Verhaltens schon in der eigenen Kinderstube beginnen. Ob die auf den Kopf gestellte Familie das Vorbild zu geben vermag?

Die fundamentale Hilfe wäre, daß man die Werte der Menschlichkeit neu überdenkt. Der Ruf nach Umkehr ist nicht mehr zu überhören. Man sagt: »Eine Schwalbe macht noch keinen Sommer.« Erfreulicherweise sind heute aber schon viele Schwalben unterwegs, die den neuen Frühling ankündigen. Auf die vielen erneuernden Bemühungen wollen und können wir in diesem Buch nicht näher eingehen, aber anregen möchten wir doch, den kühnen Flug in das neue Denken in aller Mühsal zu wagen. Auf dem Geflügelhof sich durchfüttern zu lassen, macht träge und fett. Auch macht das Eierlegen des Konsums wegen das Leben noch lange nicht aus. Es wartet nur der Kochtopf – früher oder später. Der heutige Mensch kann sich nicht mehr erlauben, sich einfach im Zeitgeist unbewußt und passiv treiben zu lassen. Er muß seine Herzenskraft sehr bewußt zur Erneuerung der echten Lebendigkeit und damit zur Erneuerung der Menschlichkeit einsetzen!

Die Einführung in das Elternsein, den eigenen Eltern abgeschaut und damit unbewußt in der Kindheit veranlagt, sollte schon im Schulalter im Bewußtsein angehoben werden. Zur sexuellen Aufklärung gehört nicht nur Information über Schwangerschaftsverhütung und Schutz vor Aids, sondern auch ganz wesentlich Information über die Bedeutung der Beziehung von Mann und Frau, die Bedeutung der Elternschaft und die Bedürfnisse des Kindes. In der Breite des Wissens, in Tiefen und Höhen. Vom dankbaren Staunen über das Wunder des neuen Lebens bis hin zur sachlichen Begründung der Säuglingspflege.

In der Erziehung zur Elternschaft sollte Vorbeugung und Therapie der Hyperaktivität veranlagt sein. Erst wenn die Vorbeugung versagt, müssen dieselben Maßnahmen bewußt als Therapie eingesetzt werden. Gelingt es, die primäre Steuerungsinstanz der Eltern zu rehabilitieren, solange noch Zeit ist, spart man sich aufwendige und umständliche Therapieformen zu einem späteren Zeitpunkt, die, wie wir wissen, weniger effektiv sind. Vergleichbar hierzu wäre das Beispiel eines Neurotikers. Gelänge es, seine gestörte Beziehung zur Mutter in der Zeit des Entstehens auszusöhnen, so erübrigte sich für ihn endloses Wandern von Psychotherapeut zu Psychotherapeut.

Immer mehr dringt in das Bewußtsein der analytisch arbeitenden Psychotherapeuten die Bedeutung des primär leiblichen Erlebens von Gefühlen und Lebenskraft (Bioenergetik). Die Lebenskraft (Aktivität, Aufmerksamkeit, Selbststeuerung), bodenständig ausgedrückt: »Was des Hänschens Seele im Arme der Eltern aufgenommen hat, bleibt dem Hans erhalten.«

Es geht also vielmehr darum, den Arm der Eltern zu stärken, als das Hänschen fern vom Arm der Eltern zu therapieren!

Unterstützung der Eltern

Dies sind die wichtigsten Ziele unserer Elternarbeit:

1. Stärkung der mütterlichen/väterlichen Sicherheit und ihrer Eindeutigkeit gegenüber dem Kind.
   Wie uns bereits bekannt, macht Ambivalenz sowohl die Eltern wie auch das Kind in Wechselwirkung unruhig.

2. Stärkung der Beziehung von Vater und Mutter nach den Ordnungen im familiären Beziehungssystem, damit das Kind die Eltern als Eltern erkennen kann und die Steuerung, die es durch die Eltern (gemeinsam) erfährt, als Hafen der Geborgenheit erlebt. Als Hafen der Geborgenheit, in dem man ruhig ankern, aber auch Kräfte tanken kann, um unter Selbststeuerung die Ausfahrt zu wagen.

Ganz praktisch geht es uns darum, daß die Eltern sich Kompetenz zutrauen und den Mut haben, sich dem Kind gegenüber als Erfahrenere zu stellen und sich davon das Recht ableiten, das Kind in aller Liebe und Achtung zu steuern und seine unsinnigen, da ungezielten und beunruhigenden Bewegungsimpulse zu hemmen. Natürlich geht es uns auch darum, daß die Eltern, eben weil sie die Reiferen und Erfahreneren sind, diese Bindungsprozesse nicht als Ziel, sondern als Basis der Loslösung des Kindes betrachten können und das Kind zur Loslösung und Selbständigkeit führen. Wir wissen ja, daß für echte Loslösung Bindung die Voraussetzung ist. Wenn wir in der Sprechstunde das unsichere Verhalten der Eltern beobachten, aufgrund dessen sie dem Kind alles, nur nicht die Steuerung geben und zwischen »ja« und »nein« schwanken, dann hilft nicht, ihnen zu sagen: »Sie müssen stärker sein« oder: »Sie müssen konsequent zu Ihrem ›Ja‹ oder ›Nein‹ stehen.« Sie können weder das eine noch das andere verstehen oder umsetzen, denn durch den Auftrag von außen fühlen sich die Eltern noch kleiner als sie vorher waren. Denn ohne die eigene Einsicht und Selbstbestimmung geht der Auftrag ins Leere. Eigene Sicht und nicht fremde Sicht, Selbstbestimmung und nicht Fremdbestimmung kann den Antrieb für reiferes Handeln geben.

Der therapeutische Auftrag kann nur darin liegen, die Einsicht der Eltern zu wecken. Die eine Möglichkeit, Einsicht zu wecken, ist, daß man miteinander die augenblickliche Situation anschaut. Es ist wirklich wichtig, daß die Eltern die Situation und sich selber sehen und sich selbst als Zuschauer betrachten können. Deshalb empfiehlt es sich, von der modernen Technik der Videoaufzeichnung Gebrauch zu machen. Sie erlaubt es, die Situation aufzuzeichnen und sich selber zuzuschauen.

Individuelle Elternarbeit

An der Stelle des Beratungsgesprächs, an der sich der fünfjährige Bernd der Schreibmaschine nähert und die Mutter ihn auf unsere Bitte hin mit einem »Nein« konfrontieren sollte, schalten wir das Videoaufnahmegerät ein. Die Mutter wiederholt pflichtgetreu: »Nein, Bernd, nein!« und wendet sich dem Berater zu. Bernd schaut kurz zur Mutter, und nochmals berührt er die Schreibmaschine. Berater: »Sagen Sie es ihm bitte nochmals.« Mutter: »Was soll ich sagen?«
Berater: »Das *Nein*.« Mutter: »O ja, nein, Bernd, nein!«
Klein Bernd schaut zur Mutter und wendet sich mit großer Neugier der Schreibmaschine zu. Immer begeisterter klimpert er auf den Tasten. Die Mutter wendet sich an Bernd: »Wie oft soll ich dir das noch sagen!« und wendet sich, ohne eine Antwort abzuwarten, an den Berater: »Soll ich es noch lauter sagen?« Und wieder, ohne die Antwort abzuwarten, sagt sie zu

Bernd: »Hörst du mich? Ja oder nein?« Bernd scheint nichts zu hören, denn er klimpert immer weiter, immer lauter auf der Schreibmaschine herum. »Was soll ich machen?« fragt die Mutter. »Sie verunsichern mich total.«

Berater: »Nein, vergessen Sie mich einfach und machen Sie das, was Sie zu Hause in der Situation tun würden.«

Die Mutter: »Also gut! Also, Bernd, hör mir gut zu, jetzt zähle ich bis drei und dann läßt du es!« Bernd lacht die Mutter an und setzt das herrliche Bombardement der Schreibmaschinentastatur fort. Die Mutter, immer unruhiger, immer hilfloser: »Also jetzt: eins (Bernd wird lauter), zwei (Bernd steigert sich weiter), drei (Bernd trommelt jetzt schon wild).« Die Mutter: »Aber jetzt sage ich dir etwas, mein Lieber, wenn du jetzt nicht auf mich hörst, dann hör ich auch nie mehr auf dich, wenn du zu McDonald's willst.« Bernd trommelt unbeirrt weiter. Die Mutter ist schon bereit aufzugeben. Man sieht es an ihrer Mimik und der kapitulierenden Körperhaltung. Sie blickt hilfesuchend nach oben und sagt: »So ist er immer. Jetzt sehen Sie es selber, wie er ist. Deswegen bin ich da. Er hat solche Aufmerksamkeitsstörungen und eine solche Unruhe im Leib!«

Berater: »Nun, das hier ist meine Schreibmaschine. Nennen Sie es, wie Sie wollen. Jedenfalls muß ich ihn jetzt darauf aufmerksam machen, daß das hier meine Schreibmaschine ist, die er gerade traktiert!« Der Berater steht auf, geht zu Bernd, nimmt ihn an den Händen und sagt: »Nein, das ist meine Schreibmaschine, und ich möchte nicht, daß du auf ihr schreibst!«

Bernd wirkt überrascht, schaut den Berater aber aufmerksam an: In seinem Gesicht blitzt Schalk auf, und unter Blickkontakt mit dem Berater versucht er blitzschnell mit seinen kleinen Fingern nochmals auf der Schreibmaschinentastatur zu landen. Der Berater ist aber schneller als Bernd, fängt die Blitzaktion auf und sagt mit resoluter Stimme: »Nein! Da ist der Baukasten, mit dem du machen kannst, was du willst!« Und wiederum unter Hand- und Körperführung befördert er Bernd in das ihm angewiesene Territorium. Bernd schaut wieder den Berater an, der eindeutig vor der Schreibmaschine Stellung bezogen hat, und ein Hauch des Anerkennens geht über sein Gesicht. Er macht jetzt keine Versuche mehr, an die Schreibmaschine zu gelangen. Statt dessen läßt er sich auf ein Spiel mit Bauklötzchen ein.

Der Berater zur Mutter: »Also, er *kann* aufmerken!«

Die Mutter: »Ja, bei Ihnen schon, bei mir nicht. Wie kommt das?«

Berater: »Das wollen wir ja zusammen herausfinden. Schauen wir uns also das Videoband daraufhin an.« Der Berater spult den Videofilm zurück und läßt die zufällig eingefangene Episode nochmals ablaufen. Jetzt ist die Mutter nicht mehr Akteurin, sondern Zuschauerin, und aus dem Abstand, den sie in dieser Rolle hat, braucht sie nicht viel Hilfe, um erkennen zu können, daß ihre Zweideutigkeit Bernd zur Provokation und Unruhe förmlich herausgefordert hat, während der Berater dank seiner Eindeutigkeit für Bernd wahrnehmbar war. Der Berater bietet der Mutter an, bei nächster Gelegenheit eine neue Filmaufzeichnung zu machen. Die Mutter soll dann versuchen, nun ähnlich eindeutig auf ihrem »Nein« zu bestehen. Um die gute Gelegenheit möglichst schnell herauszufordern, verläßt der Berater den Raum, schaltet aber das Videogerät ein. Er kommt nach zehn Minuten zurück, sieht Bernd vergnügt mit Bauklötzchen spielen und die Mutter zufrieden, ja aufgeheitert sitzen. Fröhlich sagt sie: »Sie können Ihr Band ansehen.« Der Berater spult den Film zurück und sieht nun: Er verläßt den Raum, sobald er nicht mehr zu sehen ist, springt Bernd auf und will sich an der Schreibmaschine zu schaffen machen. Die Mutter steht sofort auf, geht zu Bernd, faßt ihn an den Händen, schaut ihm ins Gesicht und sagt mit resoluter Stimme: »Nein! Das ist nicht deine Schreibmaschine. Die gehört dem Mann. Spiel du mit den Bauklötzen weiter!« Bernd ist erstaunt, will dem Griff der Mutter entkommen. Die Mutter ist diesmal schneller als er, faßt ihn fest am Gesicht, sagt nochmals resolut: »Nein!« und führt ihn mit festem Griff zum Baukasten, während sie selbst vor der Schreibmaschine in Verteidigungsstellung verweilt, und als sie merkt, daß Bernd ihr Verbot nun respektiert, setzt sie sich zurück auf den Stuhl und schaut Bernd beim Spielen zu – und freut sich an seinem konzentrierten, einfallsreichen Spiel!

»Ausgezeichnet!« ruft der Berater aus. »Sie sind ein Naturtalent. Wie fühlen Sie sich jetzt?« »Wie ich mich fühle? Na, großartig! Ich hätte nie gedacht, daß ich so etwas mit meinem Sohn noch schaffe.« Der Berater: »Schauen Sie einmal, wie schön Ihr Bub spielen kann. Loben Sie ihn, er hat es genauso verdient wie Sie!« Mutter: »Oh, hast du eine schöne Brücke gebaut. Ich habe so große Freude an dir!« Bernd hört wohl, was die Mutter sagt, strahlt und fängt an, eine zweite Brücke zu bauen. Die Mutter: »Noch einmal eine so schöne Brücke!« Bernd wächst über sich selbst hinaus und baut und baut, ausgeglichen, strahlend, konzentriert. Keine Spur von Aufmerksamkeitsstörung oder Hyperaktivität! »Ein Wunder ist geschehen«, ruft die Mutter glücklich aus, »ein wirkliches Wunder!«

»Kein Wunder«, sagt der Berater: »Gewußt wie! Gesunder Menschenverstand, den die Lernpsychologie systematisierte und aus dem dann schließlich die Verhaltenstherapie wurde. Wollen wir jetzt zusammen die beiden Filme analysieren. Ich sage Ihnen dann, wo Sie die Fehler machten und was das sogenannte Wunder bewirkte. Zunächst möchte ich sagen, daß Sie Bernd nicht gezeigt haben, wie er sich gut verhalten könnte. Im Gegenteil! Sie haben ihm sogar ein falsches Vorbild gegeben. Sehen Sie, Sie werden selber immer unruhiger und verfolgen Ihr Ziel nicht konsequent. Sie geben das Ziel ja selber auf. So ist kostbare Lebensenergie von Ihnen beiden in der Destruktion verpufft. Bei Bernd floß sie in seine primitiven Störmanöver ein und bei Ihnen in den Ärger. Aber nicht nur das. Bernd hat auch falsch gelernt. Er muß nur lange genug drangsalieren, dann gehen Sie auf die Palme, und erst dann hat er seine Ruhe. Durch Ihr Verhalten haben Sie dies chronisch verstärkt, und dies ist die Ursache für seine Unruhe und sein Nicht-aufmerken-Wollen. Und so wenig war notwendig, ihn richtig lernen zu lassen. Sie brauchten ihm nur eindeutig zu sagen, was Sie möchten, was erwünscht und was unerwünscht ist. Sie mußten Ihrer Aussage nur durch Körperkontakt Ausdruck verleihen und durch Körperkontakt seine Lebensenergie in die richtige Richtung lenken, und schon ist er willens – besten Willens! Durch Ihr Lob und durch Ihre Bestätigung seines erwünschten Tuns haben Sie ihn dann in der richtigen Richtung bestärkt und seine Willenskraft erneuert. Jedes Kind möchte im Grunde seines Herzens nämlich nichts anderes, als den Eltern zu gefallen.«

An diesem Beispiel wird übrigens auch deutlich, daß nicht nur die Kinder Aufmerksamkeitsstörungen haben, sondern auch die Erwachsenen. Oft geben sie dem Kind die Aufmerksamkeit nur dann, wenn es stört (als wäre es die Fliege an der Wand). Aber sie geben die Aufmerksamkeit nicht, wenn das Kind sich artig verhält und konzentriert spielt. Auch das ist ein Grund dafür, warum die Kinder so leicht in Störverhalten gleiten. Schließlich bekommen sie nur über das Störverhalten, wonach sie suchen und auf was sie angewiesen sind: nämlich die Aufmerksamkeit des Erwachsenen.

Auch Bernds Mutter benötigte das Lob, um das richtige Verhalten mit Freude in ihr Bewußtsein zu holen. Aber das Lob allein hätte nicht genügt, um ihr Verhalten Bernd gegenüber so wirksam verändern zu können. Sie mußte sich auch selbst sehen und wahrnehmen, um sich korrigieren zu können. Sie benötigt noch einige Zeit Begleitung durch den Berater, um ihr Verhalten festigen zu können und auf andere Situationen übertragen zu lernen. Aber auch dies wird nicht genügen, wenn Bernds Mutter den Weg alleine geht und Bernds Vater sich dagegen stemmen würde.

Elterngruppen

Wir haben es schon gesagt, aber man kann es nicht genug betonen, wie wichtig es für ein Kind ist, zu wissen, daß die Eltern in den erzieherischen Zielen übereinstimmen. Schon allein die Tatsache, daß es zwischen zwei »Elternmeinungen« hin- und hergerissen wird und weder Vater noch Mutter ernst nehmen kann, macht es unruhig. Was der eine lobt, ist womöglich für den anderen tadelnswert.

Beide Eltern zu einem einheitlichen erzieherischen Konzept zu gewinnen, ist manchmal sehr schwierig. Jeder Elternteil hat eigene Nachholbedürfnisse aus der eigenen Kindheit, jeder identifiziert sich auf seine ihm eigene Weise mit seinem Elternhaus, jeder protestiert auf die ihm eigene Weise gegen das Elternhaus. Es ist von Vorteil, wenn man die Hintergründe für die Erziehungshaltung der Eltern analysiert und aufdecken und den Eltern bewußt machen kann. Das einfachste Strickmuster ist: »Meine Eltern waren mit mir zu streng, so streng, daß ich dies meinem eigenen Kind nicht antun möchte.«

Es ist manchmal aber ziemlich unökonomisch, alles analytisch herzuleiten. Zu leicht kommt man vom Hundertsten ins Tausendste – ohne für den Alltag etwas zu gewinnen. Tatsache ist, daß im Alltag das Kind stets auf sich aufmerksam und mit seiner Unruhe den Eltern das Leben zur Hölle macht. Wenn man aber miteinander überleben möchte, dann muß man nach einer gemeinsamen Überlebensstrategie suchen. Es geht darum, die Achtung voreinander und die eigene Würde zu erretten.

Der erste Schritt ist das Aufeinanderabstimmen der elterlichen Erziehungshaltung. Wenn die Diskrepanz zu groß ist, ist unter Umständen eine Eheberatung notwendig. Der zweite Schritt besteht darin, daß man sich gegenseitig unterstützt, damit das Kind die elterliche Einheit wahrnehmen kann.

Wir haben die Erfahrung gemacht, daß es vorteilhaft ist, Gruppen betroffener Eltern zu bilden. Hier erfahren die Eltern, daß sie mit ihrem Problem nicht alleine auf der Welt sind, daß es anderen oft noch schlechter geht und daß Ehepaare, die es viel schlimmer hatten, doch noch zur Einheit finden konnten.

Immer häufiger schließen sich Eltern hyperaktiver Kinder in *Selbsthilfegruppen* zusammen. Das ist gut so. Selbsthilfegruppen sind segensreich, falls sie offen sind für die Vielfalt der möglichen Ursachen wie auch die Vielfalt der Hilfen, wenn sie die Verursachung der Hyperaktivität nicht nur im Äußeren – im ·Fremdverschulden wie zum Beispiel der Umweltverschmutzung – suchen, sondern auch im Innern, das heißt im elterlichen erzieherischen Verhalten. Oftmals sind aber die Selbsthilfegruppen (unter Umständen mit Unterstützung von Fachleuten) in Gefahr, einer zu einseitigen Sichtweise, die bahnbrechende Erkenntnisse verspricht und wundersame Hilfen verheißt, anzuhängen. Das sind dann die Gruppen, die zum Beispiel *nur* von der Phosphatempfindlichkeit und *nur* von der Ritalin-Bedürftigkeit sprechen, aber nicht von Erziehung. Zu schön wäre es, wenn man die Hilfe für das unruhig gewordene Kind wie einen Versandhausartikel mit Garantie und Rückgaberecht bestellen könnte.

Da die Gemeinschaft von Leidensgenossen tatsächlich eine große dynamische Wirkungskraft hat, von der alle profitieren können, empfiehlt es sich, nicht nur Selbsthilfegruppen zu bilden, sondern auch sogenannte Gruppen für Eltern, die über einen gewissen Zeitraum von einem Fachmann/einer Fachfrau geleitet sind. Solche Gruppen entstehen an Kindergärten oder Schulen, in therapeutischen Praxen (für Krankengymnastik, Ergotherapie oder Logopädie), in kinderärztlichen, kinderpsychologischen oder kinderpsychiatrischen Praxen oder an therapeutischen Einrichtungen wie Erziehungsberatungsstellen oder den sogenannten sozialpädiatrischen Zentren. Der Vorteil dieser angeleiteten Gruppen liegt in der Konfrontation mehrerer Sichtweisen und unterschiedlicher Erlebnisebenen, demzufolge auch in der Chance, zu einer objektiven und objektiveren Betrachtungsweise zu finden. Wegen der tragenden Kraft der Gemeinschaft, eröffnen sie aber auch die Gelegenheit, daß der Gruppenleiter mittels eines systematischen Vorgehens die Eltern auf eine besondere Weise für die Lage des Kindes sensibilisieren kann. Eine Übung, auf die wir selber sehr gerne zurückgreifen, ist zum Beispiel diese:

Der Gruppenleiter kündigt in der Runde der Eltern an: »Ich werde jetzt einen Text vorlesen, in dem für jeden von euch eine wichtige Botschaft vorkommt. Achtet darauf und handelt danach!« Er beginnt zu lesen, gleichzeitig werden in dem Raum ein Fernseher und ein Kassettenrekorder eingeschaltet und das Fenster wird geöffnet, so daß auch die Straßengeräusche in den Raum dringen können. Der Gruppenleiter liest laut vor: »2 : 2! Heilbronn reif für die Fußballweltmeisterschaft. Der Verbandsliga-Siebte spielte gegen Ägypten vor 6000 Zuschauern im Frankenstadion 2 : 2. Jetzt hör gut zu, du! Steh auf und komm zu mir! Nachdem die Griesbeck-Elf sogar 64 Minuten geführt hatte …«

Kein Mensch steht in der Regel auf und kommt. Statt dessen schauen die meisten Gruppenteilnehmer den Fernseher an. Der Gruppenleiter: »Was ist los mit euch? Habt ihr die Aufforderung nicht gehört?« Nein, niemand hat sie gehört! Daraufhin schaltet der Gruppenleiter Fernseher und Kassettenrecorder aus und liest denselben Text nochmals. Als er liest: »Jetzt hör gut zu!« Sind alle ganz Ohr. Sie filtern aus dem übrigen Text die Aufforderung heraus und kommen auftragsgemäß zum Versuchsleiter.

Die Aussprache in der Gruppe bringt dann folgende Erkenntnisse: Es war wie zu Hause. Auch zu Hause laufen mehrere Geräuschquellen ineinander und dann noch das Geräusch von der Straße. Das verbrauchte die meiste Aufmerksamkeit. »Am liebsten hätte ich das Fenster zugemacht, um ungestörter den Fernsehfilm anschauen zu können!« »Merkwürdig! Das Fernsehen setzt sich immer durch! Es dringt doch immer in den Vordergrund der Aufmerksamkeit. Wahrscheinlich, weil es Hören und Sehen zugleich fesselt. Es kann einen ganz gefangennehmen! Kein Wunder, daß die Kinder wie magnetisiert vor dem Fernseher sitzen und uns Eltern als bloße Geräuschkulisse betrachten, als wären wir das Geräusch der Straße!«

In diesem Experiment wird die Auswirkung der Reizüberflutung deutlich. Wir machen auch gern folgende Sensibilisierungsübung: Die Teilnehmergruppe teilt sich in Dreiergruppen auf. Der in der Mitte übernimmt die Rolle des Kindes, die beiden äußeren die Rolle der Eltern. Die »Eltern« bekommen auf einem Zettel eine Aufforderung aufgeschrieben, die sie an das Kind richten sollen. Die Instruktion des Gruppenleiters bei dieser Übung heißt: »Sobald ich ›Los!‹ sage, sollen Sie sich ohne Rücksicht auf Ihren Partner mit Ihrer Aufforderung bei Ihrem Kind durchsetzen!« So weit, so gut!

Nur, »die Eltern« halten widersprüchliche Aussagen in Händen, ohne es zu wissen. Der eine Elternteil sagt zum Beispiel »Geh sofort zur Toilette!«, der andere aber »Bleib bei mir sitzen!« oder »Nimm doch die Stifte und mal ein Männlein!«, während der andere sagt: »Laß die Stifte liegen!« In Kürze entsteht in den Dreiergruppen und in dem ganzen Raum ein Chaos, das lautstark wahrzunehmen ist. Ein Chaos, ein Machtkampf, eine sich stetig steigernde Unruhe. Der »Dritte« im Bunde, das »Kind«, wird zum Opfer und immer kopfloser. In dem Durcheinander neigt das Kind dazu, der Anregung zu folgen, die den stärksten Anreiz gibt. Entweder folgt es dem Elternteil, der am sichersten wirkt oder sich mit den stärksten Mitteln durchzusetzen vermag, oder aber es identifiziert sich mit dem eindeutig Schwächeren und schlägt sich auf seine Seite, indem es die starke Herausforderung verweigert. Das »Kind« resigniert wie die »Mutter« und schaltet – wie sie – den »übermächtigen« Vater aus. Die dritte Lösungsstrategie besteht darin, daß das »Kind« weder den einen noch den anderen »Erziehenden« wahrnimmt. Es schaltet buchstäblich ab und geht den dritten Weg, indem es ziellos und nervös mit den Stiften auf den Tisch eintrommelt. Der wohlerzogenste, gesittetste und in Managerverhalten geschulte Vater staunt, zu welch primitiven hyperaktiven Reaktionen er befähigt ist, wenn er ungeordneten, unüberschaubaren Verhältnissen ausgeliefert wird. Eine sehr wichtige Erfahrung bei dieser Übung ist, daß er so leicht zum Clown wird, falls er sich beobachtet fühlt.

Noch eine weitere Übung setzen wir gerne ein. Sie steht in gewisser Weise im Gegensatz zu den vorhergehenden:

Das »Kind« bekommt den Auftrag, sich bei den Eltern – »der Mutter«, »dem Vater« – mit einem dringenden Anliegen durchzusetzen. »Die Eltern« haben aber die Anweisung, eine unaufschiebbare Aufgabe konzentriert zu Ende führen zu müssen, zum Beispiel eine Fernsehsendung konzentriert anzuschauen, um später darüber berichten zu können. Was passiert nun, wenn die kindlichen und elterlichen Interessen kollidieren und man sich die Aufmerksamkeit gegenseitig nicht schenkt? Das Kind steigert sich! Und immer auf die gleiche Weise! Es benutzt ein ganz kleines Repertoire. Mit den gleichen Wörtern, den gleichen Bewegungsritualen, bis hin zum Drangsalieren, versucht es sich bemerkbar zu machen. Es muß um so mehr so verfahren, je weniger es sich wahrgenommen empfindet. Bei dieser Übung stellt sich den Teilnehmern ganz unwillkürlich die Frage: »Wer hat eigentlich nun die Aufmerksamkeits- und Wahrnehmungsstörung? Wer von uns ist eigentlich der Hyperaktive?« Erst aus dem eigenen Erleben heraus leuchtet den Eltern ein, wann sie ihr Kind überfordern und warum es nicht anders als wahrnehmungsgestört sein kann. Aus dieser *Selbsterfahrung* können die sensibilisierten Eltern dann leicht ableiten, was Voraussetzung dafür ist, daß ihr Kind wahrnehmen kann.

1. Wenn man von jemandem etwas nehmen will, dann muß man zunächst sich ihm *selber geben*, das heißt, wenn ich von dem Kind Konzentration, Zielstrebigkeit und Ruhe erwarte, dann muß ich ihm dies vormachen, ihm ein *Vorbild* geben davon, wie man all dieses macht. Wenn ich von dem Kind Aufmerksamkeit erwarte, dann muß ich sie ihm selber geben, noch bevor ich sie ihm abverlange. An dieser Stelle muß ich selber Wichtiges von Unwichtigem unterscheiden und dem Wichtigen den Vorrang geben.

2. Die *wahre Autorität* liegt in dem ethischen Prinzip, die *Würde des anderen* zu beachten.

Sie liegt aber auch darin, daß man die Bedingungen und die wahren Bedürfnisse des anderen berücksichtigt.

Martin Buber erzählt folgende Geschichte:

Rabbi Ahron von Karlin kam einst in die Stadt, in der der kleine Morde-chai, der spätere Rabbi von Lechowitz, aufwuchs. Dessen Vater brachte ihm den Knaben und klagte, daß der im Lernen keine Ausdauer habe. »Laß ihn eine Weile hier«, sagte Rabbi Ahron. Als er mit dem kleinen Mordechai alleine war, legte er sich hin und bettete das Kind an sein Herz. Schweigend hielt er es am Herzen, bis der Vater kam. »Ich habe ihm ins Gewissen geredet«, sagte er, »hinfort wird es ihm an Ausdauer nicht fehlen.«
Wenn der Rabbi von Lechowitz diese Begebenheit erzählte, fügte er hinzu: »Damals habe ich gelernt, wie man Menschen bekehrt.«
        (Aus Martin Buber: Die Erzählungen der Chassidim, S. 327)

Familientherapie

Oft sagen uns die Eltern: »Das weiß ich doch alles längst! Ich bemühe mich, immer nach diesen Grundsätzen zu verfahren, und ich darf von mir sagen – in aller Bescheidenheit –, ich bin ein ziemlich verträglicher und konsequent handelnder Mensch!« Und wir hören Sätze wie diese: »Meinem Mann gegenüber – sehen Sie – kann ich ganz eindeutig auftreten! Aber meinem Sohn gegenüber gelingt mir dies nicht. So sehr ich mich auch bemühe … Was weiß ich, warum ich mich zum Opfer mache, obwohl ich es gar nicht will … Als wäre ich ein Kind, das auf versprochene Strafe wartet …«
Um solchen Einstellungen auf die Spur zu kommen, die einem Menschen nicht gestatten, im Einklang mit der eigenen, er-wünschten Identität zu handeln und sich als Mutter und als Vater zu stellen, empfiehlt es sich, nach den Methoden der systemischen Familientherapie zu verfahren.
Wir sind besonders beeindruckt von der therapeutischen Vor-gehensweise *Bert Hellingers*. Sie vermittelt mit Hilfe eines

kurzfristigen Verfahrens ein sehr lange wirkendes Bild der eigenen Familienkonstellation. Es hellt sich dadurch sowohl die Art der Verstrickung auf, die zum Problem führte, als auch die Lösungsmöglichkeit. Um diese geht es vor allem. Ist der Mensch zur Einsicht und zur Aussöhnung bereit, eröffnet sich ihm alsbald der heilende Weg. Meist reicht dazu »der Mut zur Demut«. Die Hilfe eines erfahrenen Therapeuten ist dabei unumgänglich. Er kann zwar auch mit Gegenständen (Holzfiguren, Steine, Gläser usw.) arbeiten, um aufgrund der Informationen der betroffenen Familie ihr System aufzustellen. Seine Intuition aber fruchtet noch mehr, wenn er sich auf die Kräfte einer Gruppe verlassen kann. Die Bedingung ist, daß dasjenige Gruppenmitglied, das für ein bestimmtes Familienmitglied aufgestellt ist, auch bereit ist, für es zu fühlen und zu seinem Sprachrohr zu werden, ohne eigene Gefühle zu projizieren. Also kein »wie würde es mir gehen, was würde ich auf der Stelle tun, wenn ...«, sondern einfach dazustehen und zu fühlen. Es ist unheimlich, wie wirklichkeitstreu die Stellvertretenden die Lage des Betroffenen spüren, selbst dann, wenn er schon lange Zeit verstorben ist!

Schildern wir einen konkreten Fall: Eine Mutter beschwert sich über ihren siebenjährigen Sohn Nils aus ihrer zweiten Ehe. Er fordere sie stets heraus, provoziere sie bis zur Weißglut und lasse sie keine Minute in Ruhe. Auch seinem Vater folgt er nicht. Noch am ehesten eifert er seinen beiden Halbbrüdern nach. Der 17jährige Max und der 15jährige Arnim stammen aus ihrer ersten Ehe. Die beiden sind zwar auch wild, aber einigermaßen erträglich. Jedenfalls ist sie sich sicher, daß sie Gutes tat, als sie die Söhne vor deren Vater schützte. Nach der Scheidung habe er seine »Weibergeschichten« fortgesetzt, heiratete nochmals und sei dann bei einem Autounfall ums Leben gekommen.

Genogramm von Nils Herkunftsfamilie:

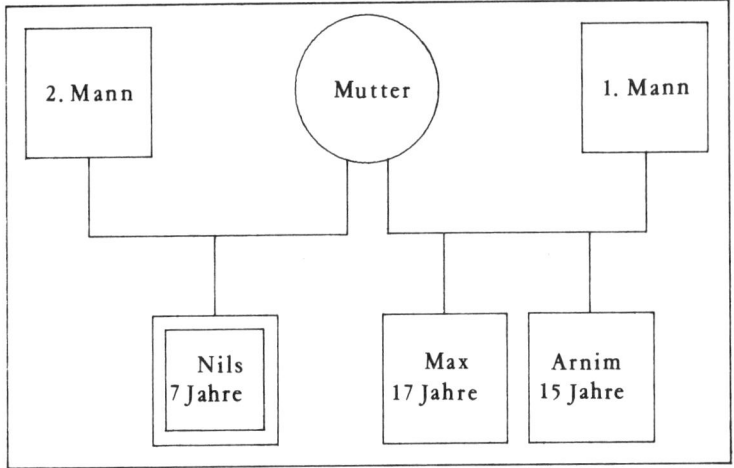

Der Therapeut fordert die Mutter auf, ihre Familie aufzustellen. Sie wählt aus den im Kreis sitzenden Gruppenteilnehmern diejenigen Personen aus, die für ihre einzelnen Familienangehörigen stellvertretend stehen sollen und sammelt diese inmitten des Kreises an.

Mutter: »Ich müßte außer meinen drei Söhnen und meines jetzigen Mannes noch weitere Menschen aufstellen, die auf mich großen Einfluß hatten und die Sippe geprägt haben.«

Therapeut: »Allerdings. Es stehen hier noch nicht alle, die dazu gehören. Wer fehlt also noch?«

Mutter: »Mein Vater zum Beispiel, der ein Tyrann war ...«

Therapeut: »Oh, nein! Du kannst doch nicht bei den Früheren die Schuld suchen, wo du deine Gegenwartsfamilie noch nicht in Ordnung hast. Wer fehlt von deinem jetzigen familiären System? Natürlich dein erster Mann, der Vater deiner beiden älteren Söhne.«

Die Mutter folgt ungerne. »Am liebsten würde ich ihn zum Mond schießen. Er gehört doch nicht mehr dazu. Deshalb habe ich mich auch scheiden lassen. Er ist ein schlechter Vater.«

Therapeut: »Du sagst es selber: er *ist* immer noch Vater. Er gehört zu deinem familiären System, ob du willst oder nicht, ob er schuldig oder unschuldig ist. Jede Ausklammerung bewirkt eine Lücke, die jemand von den Nachkommenden füllen muß. Dafür sorgt das Sippengewissen, das stets für Ausgleich sorgt.

Stelle nun deine Menschen so nebeneinander, zueinander, gegeneinander, voneinander, wie du die Bindungen spürst. Berühre jeden einzelnen und führe ihn dorthin, wohin er nach deinem Empfinden gehört.«

Es entsteht unter der Ausgangsregie der Mutter folgende Konstellation:

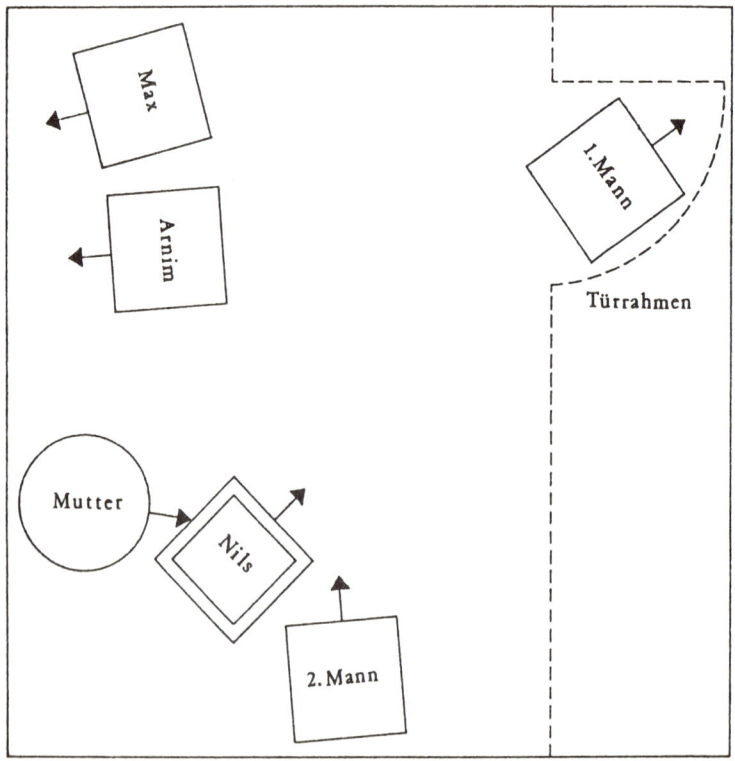

Auch für sich selbst wählt die Mutter eine Frau und setzt sich in den Kreis der Teilnehmer zurück. Sie soll sich nun das Bild anschauen, das durch die aufgestellten Gruppenmitglieder und unter der intuitiven Regie des Therapeuten entstanden ist. Der Therapeut beschränkt sich darauf, die Aufgestellten nach ihren Gefühlen zu fragen, sie zu verschieben und nach ihrem Wohl- oder Unwohlbefinden in der oder jenen Lage zu fragen. Auf diese Weise lassen sich die Verstrickungen und möglichen Lösungen finden.

»Die zweite Ehe ist schon tüchtig angeschlagen«, kommentiert er den Spalt zwischen den Eheleuten. »Wie fühlt sich denn der zweite Ehemann?«

»Schrecklich. So kann ich hier nicht lange stehen. Nils steht mir im Wege. Entweder müßte ich ganz weg, nach rechts außen, oder meine Frau müßte näher zu mir rücken.«

Therapeut: »Tu das zweite. Mach einen Schritt zu deiner Frau! Und wie geht es dem Nils?«

Stellvertreter für Nils: »Um einiges besser. Vorher kam es mir vor, als wäre ich zwischen zwei Feuern. Das kann doch nicht mein Platz sein, dachte ich …«

»Im wahrsten Sinne des Wortes«, vermerkt der Therapeut. »Dort ist nämlich die Stelle des Ehemannes. Keinem Kind geht es gut, wenn es den Ehemann seiner Mutter vertreten soll.«

»Hinten ist es jetzt durchaus erträglich. Eigentlich aber doch nicht. Ich müßte weiter nach vorne«, sagt Nils' Stellvertreter, macht zwei Schritte nach vorn und schaut vor sich hin.

»Was sagt die Mutter?« fragt der Therapeut die stellvertretende Mutter.

»Ja, an meiner rechten Seite habe ich ein gutes Gefühl. Aber der Junge da vorne paßt mir nicht. Ich habe das Gefühl, er rennt mir davon, ich müßte hinter ihm her. Links von mir habe ich auch so ein komisches Gefühl, ein Gefühl der Leere. Wenn ich mich dorthin wende, ist es vielleicht besser? Nein, ich muß nach vorne gucken.«

»Tja, auch ich habe ein leeres Gefühl. Nur zu meinem Bruder habe ich Verbindung. Da wird mir wohl und warm. Aber vor mir ist ein großes Nichts«, berichtet Max.

Der Therapeut fragt die Mutter, ob Max selbstmordgefährdet sei. Denn das Zugehen auf ein großes Nichts könnte auch den Todeswunsch bedeuten.

»Ja, doch«, erwidert die Mutter überrascht. »Zwar spricht er nicht so deutlich davon. Aber sein ganzes Tun geht in diese Richtung. Waghalsiges Rasen mit dem Rad, Skifahren auf Lawinenfeldern. Auch mit Drogen spielt er gefährlich herum.«

Der Therapeut dreht Max in die entgegengesetzte Richtung, so daß sein Blick auf den leiblichen Vater fällt. »Nun, ist es so besser oder schlechter?«

»Viel, viel besser. Jetzt kann ich richtig durchatmen.«

»Und der Zweitgeborene? Wie geht es dem?« fragt der Therapeut. Und Arnim antwortet: »Jetzt bin ich hier ganz verlassen und spüre das große Bedürfnis, mich in die gleiche Richtung wie mein Bruder zu drehen.« Er tut es.

Nun wendet sich der Therapeut dem ersten Ehemann zu. »Ich kann es hier nicht aushalten. Ich müßte entweder ganz weg vom Fenster oder mich zu der Familie wenden.«

Der Therapeut dreht ihn hin zur Familie.

(Veränderte Aufstellung vgl. S. 181 oben.)

Nochmals fragt der Therapeut die einzelnen Aufgestellten über ihre Gefühle aus. Niemand fühlt sich ganz wohl. Am wenigsten Nils.

»Ich fühle eine unheimliche Spannung. Als wäre ich hin- und hergezogen und müßte stets den Widerstand dagegen leisten. Es brennt in mir. Bald müßte ich platzen.«

Und dem ersten Ehemann geht es zwar etwas besser, aber er hat immer noch das Gefühl, auf einem falschen Posten zu stehen. Vielleicht sollte er doch ganz weg?

»Oh, nein«, antwortet der Therapeut. »Gerade die Tatsache, daß der erste Mann ausgeklammert wurde, stiftet die Störun-

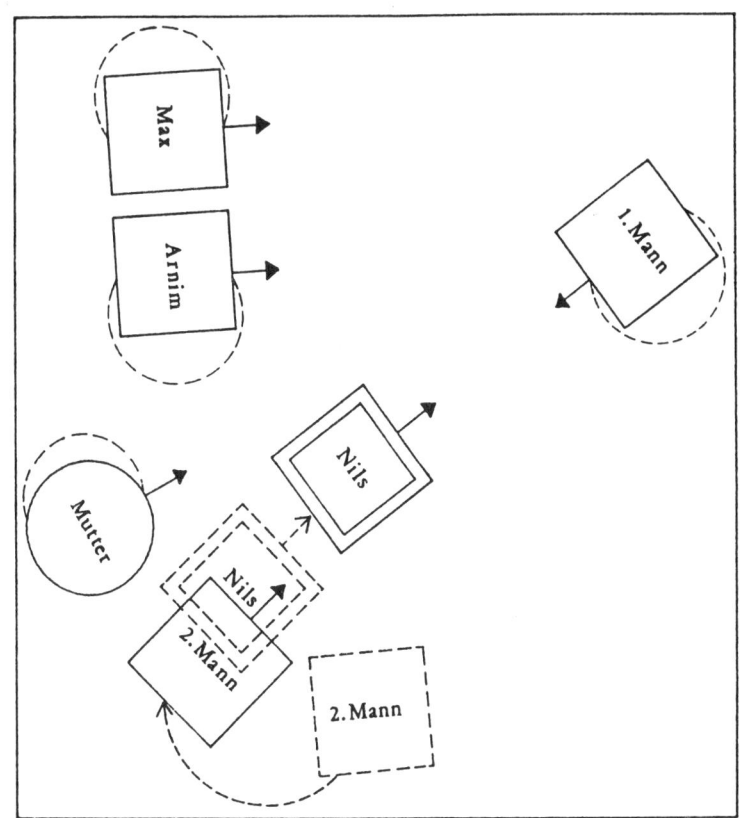

gen. Alle schauen in seine Richtung. Jeder spürt, daß der erste Mann im System der Familie fehlt. Er aber hat ein Recht auf seine Stelle.«

Nun wird der erste Ehemann auf die linke Seite von Max gestellt. Sofort breitet sich bei ihm ein gutes Gefühl aus. Auch seine Söhne fühlen sich wohl. »Ganz im Lot«, meint Max.

»Merkwürdig«, meint der zweite Ehemann. Obwohl der ehemalige Rivale jetzt näher ist, fühle ich mich friedlicher. An dieser Stelle, die er jetzt hat, kann ich ihn gut ertragen.«

Nils geht es jedoch noch nicht gut. »Es zieht mich jetzt nichts nach vorne. Da ist Ruhe. Aber ich fühle mich hier viel zu alleine. Es fehlt jemand neben mir.«

»Ja, das glaube ich dir. Es fehlt dir die Mutter. Und der Vater neben ihr.« Der Therapeut stellt nun Nils zu seinen Eltern und schließt den Kreis. Er läßt wiederholt jeden einzelnen die neue Lage fühlen. Alle empfinden diese Konstellation in Ordnung.

Daraufhin fordert der Therapeut die wahre Mutter auf, den Platz mit ihrer Stellvertreterin zu tauschen und zu fühlen, wie es ihr hier geht. Sie schaut sich den Kreis ihrer Familie ganz langsam an, verweilt eine Weile bei jedem einzelnen und nickt liebevoll mit dem Kopf. Nur der Blick zu ihrem ersten Mann ist noch verschleiert.

»Schau, wie gut sich deine Familie fühlt, wenn dein erster Mann dazugehört. Solange er draußen war, mußte Nils ihn vertreten. Und auch Max. Sie mußten – für ihn – dir böse sein. Weißt du, wie die Lösung heißt? – Geh zum Max und sage ihm: Dies ist dein Vater und ich wünsche dir, daß du deinen Vater liebst und achtest. Du kannst keinen richtigeren Vater bekommen, weil du nur einen einzigen leiblichen Vater hast. Ich gönne es dir gerne. Und das gleiche auch dir, Arnim …«

Die Mutter spricht dies mit weicher, jedoch entschlossener Stimme nach. Der sich ausbreitende Segen wird spürbar.

»Ab jetzt kann keiner mehr so bleiben, wie er bisher war. Niemand muß mehr kämpfen, weil kein Unrecht mehr am Werke ist. Deine großen Söhne werden nicht mehr dazu verleitet sein, den Jüngsten gegen dich und den Stiefvater aufzuhetzen. Im Gegenteil: Sie werden dir für deine Großzügigkeit dankbar sein. Sie werden sich freuen, ihren Vater achten zu dürfen. Und sie können ihrem jüngsten Halbbruder im Guten ein Leitbild anbieten.«

(Aussöhnungskonstellation vgl. S. 183 oben.)

Wir haben hier nur einen Fall von vielen ausgewählt. Jede Familie hat ihre eigene Verstrickung, und jede Verstrickung hat ihre eigene Dynamik und ihre eigene einzigartige Lösung. Das verblüffend Gemeinsame aber ist, daß die Lösung immer

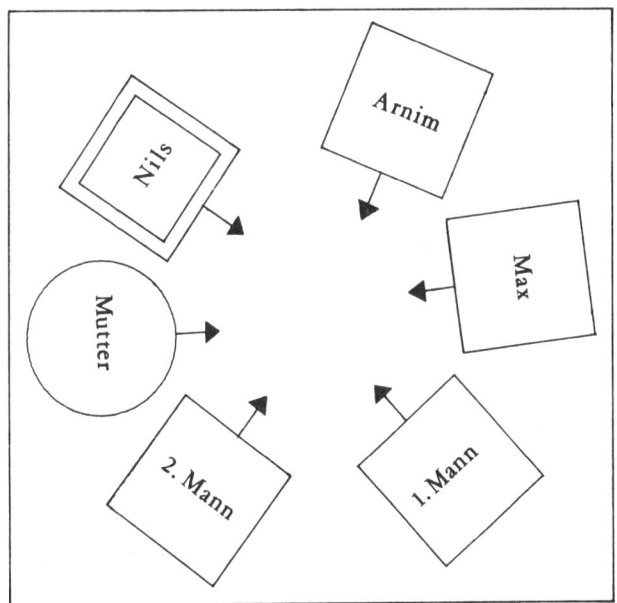

nur in der Bereitschaft zur Aussöhnung, und das heißt in der Bereitschaft zur Liebe liegt.

Der Haß bewirkt Spaltung und Unheil – die Liebe bringt zusammen und macht heil. So einfach ist dieses Schöpfungsgesetz.

Es versteht sich von selbst, daß diese Art von Gruppenarbeit in die Hand eines geschulten Therapeuten gehört, der selbstlos die Ordnungen der Liebe vertritt.

Den erzieherischen Auftrag, den Eltern ihren Kindern gegenüber haben, können diese erst dann wahrnehmen, wenn sie (die Mutter/der Vater) ihren geklärten und gefestigten Standpunkt haben. Das beinhaltet

– das Erwachsensein der Eltern,
– die Bereitschaft, dem Kind als erwachsene und überlegene Mutter, als erwachsener, reifer und überlegener Vater die Orientierung für seinen Start ins Leben zu geben.

- Der Mensch, der Vater oder Mutter sein möchte, sollte frei sein von eigenen neurotischen Nachholbedürfnissen. Auch das neurotische Nachholbedürfnis ist eine Lücke, die strahlende Sterne verschlingt.
- Die Partnerschaft der Eltern sollte so reif sein, daß jeder darin die Erfüllung seiner Autonomie erleben kann, die auf gegenseitiger Liebe und Achtung fußt.

Eigentlich gelingt es erst dann Partnern, Eltern zu sein, wenn die Einbindung in die Beziehungen der Sippe in Liebe und Achtung geschah oder aber ausgesöhnt ist.

Erst dann können die Prinzipien der Erziehung ungezwungen wirken.

Grundsätzliches über Erziehung

Man könnte einwenden, daß dieses Thema nichts im Kapitel »Therapie« zu suchen hat. Erziehung, die auf der Liebe und Achtung zu den schöpfungsbedingten Ordnungen fußt, ist die wirksamste Vorbeugung aller psychischen und psychosomatischen Krankheiten und deshalb auch der Unruhe im Menschen und unter den Menschen. Wenn es in den Beziehungen stimmt, erübrigt es sich, über Erziehung nachzudenken. Wenn sich das Kind auf die Beziehung zu den Eltern verlassen kann, ereignet sich Erziehung ganz von selbst. Eine kinderfreundliche Erziehung – und das heißt eine Erziehung, die zum Ziel hat, das Kind zur Freiheit zu führen – kann sich nur in einer von der Liebe getragenen Beziehung ereignen. *Freiheit und Liebe sind die höchsten menschlichen Werte*, die untrennbar zusammengehören. Erst wenn ich den anderen und mich gleichermaßen vorbehaltlos liebe, bin ich frei. Erst wenn ich den anderen liebe, verzichte ich gerne auf meine Freiheit, die dem anderen schaden würde. Die Freiheit des einen endet dort, wo die Unfreiheit des anderen beginnt.

Wahre Freiheit nimmt Begrenzung an. Dem anderen und den anderen zuliebe nehme ich meinen eigenen Wunsch zurück. Ich übe Rücksicht. Ich kann nur dann erwarten, daß der andere von mir etwas annimmt oder Rücksicht übt, wenn wir in Liebe aufeinander bezogen sind.

Sachlich drückt dies der berühmte Kommunikationsforscher W. Watzlawick aus, wenn er sagt: »Auf der Informationsebene kann es erst dann stimmen, wenn es auf der Beziehungsebene stimmig ist.« Alles andere wird zum Drill. In diesem Sinne bedeutet erziehen sich aufeinander beziehen, »hochlieben«! Wodurch wird Erziehung bewirkt?

Das Vorbild

Das Kind wird mit einer wunderbaren Fähigkeit zur Nachahmung geboren und sucht daher nach Vorbildern, die es verinnerlichen möchte. Das Vorbild muß in seiner Gestalt aber eindeutig sein, sonst ist es für das Kind nicht wahrnehmbar, nicht einzuordnen. Die Eindeutigkeit des Vorbilds muß sich auch in der Wiederholung bestätigen können. Durch die Wiederholung bekommt das Vorbild die Form, in die das Kind gerne hineinwächst, um sich zu formen.

Es gibt im Alltag unzählige Gelegenheiten, wo sich das Kind das Vorbild anschauen kann – anschauen könnte, möchten wir sagen. Das Kind müßte die Mutter/den Vater/die Geschwister in Sichthöhe haben. Krabbelt es nur auf dem Boden herum, verliert es vielfach den (Augen-)Kontakt zu seinem Vorbild. Welche Mutter rührt schon ihren Kuchen auf dem Boden oder kämmt ihr Haar in Sichthöhe ihres Krabblers! Man muß das Kind deswegen nicht im Tragtuch tragen, aber man sollte doch darauf achten, daß es in Augenhöhe miterleben kann, was die Großen tun und womit sie umgehen. Es wird ja von ihm zunächst keine nachahmende Leistung erwartet, sondern nur die Lust zur Nachahmung, die Lust am Miteinander, die Lust an der Gemeinsamkeit.

Einige Beispiele: Die Mutter kämmt sich in der Nähe des Bettchens, in dem das Kind steht und auch mit einem Kamm hantiert. Die Mutter kocht. Das Kind sitzt in seiner Babywippe und spielt mit einem ähnlichen Rührlöffel, wie die Mutter ihn zum Rühren benutzt.

Oder: Der Vater arbeitet in der Werkstatt und hämmert. Sein Kind sitzt im Kinderstuhl und hämmert mit einem Stück Holz auf ein Brett ein.

Das Vorbild wirkt überall, auch bei der Beobachtung und Nachahmung der älteren Geschwister. Das Vorbild wirkt auch dann, wenn es nur angeschaut werden kann – vorausgesetzt, es wird wiederholte Male und für das Kind gleichartig erlebt. Normalerweise schaut das Kind lange zu, wie die Großen mit Messer und Gabel hantieren, bevor es dies selbst – schrittweise – versucht.

Freies Experimentieren

Hier zieht das Erproben der eigenen Kraft und die Neugierde für die Umwelt. So wichtig das Vorbild in der Wegweisung auch ist, genauso wichtig ist es für das Kind, seine eigene Weise erproben zu können.

Dazu benötigt es den geschützten Raum. Nur im geschützten Raum kann es sich ganz auf seine Experimente konzentrieren. Das ist das *Prinzip des alten Laufstalls.*

Haben Sie, liebe Eltern, deshalb keine Angst vor kleinen Räumen für das Kind. Aus Ihrer Sicht mag der kleine Raum eine unangenehme Einengung darstellen. Ihr Kind hat aber eine andere Sichtweise, eine andere Vorstellung, es hat noch die Sicht des Nesthockers. Das Grundbedürfnis des Kleinkinds ist nämlich das Bedürfnis nach Geborgenheit und nicht das nach Freiheit. Es nimmt sich die Freiheit erst, nachdem es die Geborgenheit ausgekostet hat. Es mag die kleinen Räume, die Höhlen, die Verstecke, die kleinen Häuschen, es sehnt sich geradezu danach. Sie werden das selbst schon beobachtet haben. Trauen Sie also Ihrer eigenen Beobachtung!

186

Der »Laufstall« steht für uns als Symbol für einen durchaus variabel zu gestaltenden, immer räumlich und zeitlich abgegrenzten und von der Aufmerksamkeit des Herzens der jeweiligen Bezugsperson begleiteten Raum.

Für das Kleinkind bedeutet dies – je nach seiner schon erworbenen eigenen Beweglichkeit – den Waschkorb oder Stubenwagen, das Kinderbett, einen von Stühlen und ähnlichem (also auch Holzgatter) umgrenzten und wohlbekannten Raum, in dem sich das Kind aber immer nur *zeitlich begrenzt* aufhält.

Der alte Laufstall hatte die ausreichenden Ausmaße von 1,20 x 1,20 m oder von 1,50 x 1,50 m, und es war der Raum, in dem das Kind unter den Augen der Mutter tun durfte, was es wollte. In den Laufstall bekam das Kind nur einige wenige Gegenstände, die die Mutter nach den Vorlieben des Kindes wählte. Im Laufstall gab es keine Verbote. Ganz frei und konzentriert konnte sich das Kind seinen Vorlieben widmen und in freier Erkundung spielen. Geschützt im abgegrenzten und überwachten Raum hatte das Kind die Chance, seine Konzentration und Ausdauer zu üben. Zwangsläufig kam auch die Hemmung des Bewegungsimpulses zustande. In jedem Fall darf sich das Kind im Laufstall nicht allein, abgeschoben und verlassen fühlen. Es muß die Mutter/den Vater/die Großmutter in seiner wahrnehmbaren Nähe wissen und aufgrund wiederholter Erfahrungen die Sicherheit gewonnen haben, daß die Bezugsperson auf sein erstes Rufen hin erreichbar ist. Durch ihr Antworten signalisiert sie dem Kind: »Ja, ich bin da! Ich höre dich, aber ich kann nicht sofort all deine Wünsche erfüllen!« So kann die Mutter auch aus dem Nebenzimmer zu verstehen geben: »Ich bin da« und erst nach einer Weile für das Kind sichtbar Gestalt gewinnen. Es ist sogar wichtig für das kleine Kind, daß es lernt, eine kurze Zeit zu warten und daß nicht alle seiner Wünsche erfüllt werden können.

Für das ältere Kind bedeutet dies, daß der Laufstall mit den wachsenden Fähigkeiten des Kindes mitwachsen kann. Er ist nicht mehr nur 1,20 x 1,20 m oder 1,50 x 1,50 m groß, sondern er ist jetzt das ganze Kinderzimmer, das halbe Wohnzimmer, der ganze Flur oder die bestimmte Sandkiste im Garten. Dort darf das Kind – durch die Eltern geschützt vor Reizüberflutung – tun und lassen, was es will, aber eben nur dort. Das ist sein Reich. Aber die Eltern sorgen auch dafür, daß es die Grenzen seines Reiches einhält und innerhalb seines Reiches gewisse Tabus beachtet, zum Beispiel nicht an die Steckdosen fassen, die Hängelampe nicht pendeln lassen und das Fenster nicht öffnen. Seine Freiheit in seinem Reich ist garantiert, wenn es gewisse Regeln einhält, Regeln, die für seine persönliche Sicherheit sorgen, und Regeln, die ein störungsfreies Zusammenleben innerhalb der Familie sichern.

Absolute, das heißt unbegrenzte Freiheit kann niemand von uns leben. Zur Menschlichkeit gehört, daß man aus Rücksicht auf den anderen sich selbst zurücknimmt, einschränkt, daß man Opfer bringt und unter Verzicht auf eigene egoistische Ansprüche einander entgegengeht. Der sozial reife Mensch läßt seine Stereoanlage in der Nacht nicht auf vollen Touren laufen, obwohl es ihm gefallen würde. Er übt Rücksicht auf die schlafenden Nachbarn. Indem er sich mit leisen Tönen begnügt und einschränkt, kann er sich die Freiheit nehmen, die ganze Nacht zu hören, was er will. Der sozial reife Mensch fährt durch das Wohngebiet nicht schneller, als das Limit erlaubt, obwohl sein Auto viel mehr hergeben würde und obwohl er selber Freude an der Geschwindigkeit hätte. Er steckt aus Einsicht zurück. Er ist sich des Lärmschutzes und der Gefahr bewußt, die ein rasendes Auto im Wohngebiet darstellen würde. Darin äußert sich soziale Reife, daß Verantwortung für andere gefühlt und übernommen wird. *Freiheit setzt Fähigkeit zur Verantwortung voraus.* Sie wird durch die freiwillig übernommene Verantwortung eingeschränkt. Und was ist die Motivation hierfür? Nichts anderes als Liebe.

Regeln

Regeln sind nichts anderes als Verträge, die uns unsere Handlungsfreiheit wie auch unsere Handlungsbeschränkung beschreiben, ohne daß die Liebe in Frage gestellt ist. Die Ideologien, die das Kind vor Regeln schützen wollten, stifteten letztlich die Rücksichtslosigkeit, die Nichtliebe, die Unruhe, unter der heute so viele Kinder, Jugendliche und junge Erwachsene leiden. Sie stifteten – ohne es zu wollen – anstelle der ersehnten Freiheit die Unfreiheit!

In der Grenzenlosigkeit überkommt das Kind eine Angst, die es zu betäuben sucht. Wir haben darüber schon ausführlich geschrieben.

Die ersten Verträge nimmt das Kind in der symbiotischen Verbindung mit der Mutter leiblich, sinnlich wahr. Es *muß* sie leiblich, sinnlich wahrnehmen! Andere Wahrnehmungsmöglichkeiten hat es nämlich zunächst nicht. Es bedarf, auf dem Schoß der Mutter gehalten, der Handführung, um das »Ja« und das »Nein« wahrzunehmen. Die Stimmführung alleine genügt noch lange nicht. Manche Kinder brauchen bis in das Schulalter hinein die Berührung, um auf das Einhalten einer Regel achten zu können. Auch für sein erstes »winke-winke« braucht das Kleinkind noch die lenkende Unterstützung der mütterlichen Hand. Später wird man es anleiten, die Hand zum Gruß zu reichen. Wenn sich das Kind nicht traut, die Hand selber auszustrecken und sich von Fremden berühren zu lassen, so bekommt es die Chance, sich am Gelingen zu freuen, wenn ihm die Mama in ihren beschützenden Armen die Hand führt.

Es geht dabei überhaupt nicht um die höfliche Geste, die höfliche äußere Form. Es geht um die wahrnehmbare Bereitschaft der Hinwendung zum anderen, eine Bereitschaft, die uns heute immer mehr abhanden kommt. Diese Umgangsform ist zugleich Hilfe, Ängste vor der Nähe zu überwinden – Ängste, die uns heute immer mehr bestimmen und uns in die Einsamkeit führen.

Wenn das Kind anfängt, mit dem Löffel zu essen, wird ihm durch Handführung zunächst noch geholfen, so daß es von allem Anfang an lernt, »schön« zu essen. Auch hier geht es überhaupt nicht darum, daß das Kind »schön« ißt, sondern daß es von allem Anfang an lernt, wie man mit der Nahrung umgeht, nämlich sorgfältig und achtungsvoll.

Nicht nur die Zugeständnisse, sondern auch die Verbote sollten unter Handführung mit der sprachlichen Untermalung von »nein« verdeutlicht werden. Greift das Kind dem Opa mit aller Kraft nach der Brille oder greift es mit beiden Händen in den Sahnekuchen, so wäre es falsch, das Kind abzulenken oder Brille und Kuchen zu entfernen. Dem Kind würde dadurch nur die Chance entgehen, die Regel zu erleben. Erleben und ins Bewußtsein anheben kann das Kind nur das, was in Gefühle eingebettet ist. Auch die Bedeutung des gehemmten Bewegungsimpulses kann es nur dann verstehen, wenn es mit seiner Enttäuschung darüber und der gefühlsmäßigen Antwort der Mutter/des Vaters konfrontiert wird. So lernt das Kind, gerne seinen Bewegungsimpuls in eigener Verantwortung zu hemmen, das heißt sich selbst zu steuern, wenn es die Freude der Mutter über sein Bemühen erntet. Wenn der »Standpunkt« der Eltern ganz klar ist, dann wird das Kind immer, wenn es beispielsweise mit dem Essen mantscht, mit einem »Nein« rechnen können. Es wird mit einem »Ja« rechnen können, wenn es »artig« ißt. Aus dem wiederholten eindeutigen Erleben von »Ja« und »Nein« bildet sich ihm eine sichere Erkenntnis, Selbstwahrnehmung und Selbststeuerung. Aus dem zuverlässigen »Ja« und »Nein« der Eltern, mit denen es doch nach seiner ganzen kindlichen Wesensart im Einklang sein möchte, bildet sich schließlich das innere Gesetz, und es weiß, was die Eltern von ihm wollen. Sein *Gewissen wurde veranlagt.*

Der Prozeß der Verinnerlichung der elterlichen Stimme verläuft gesetzmäßig und in Stufen und führt von der leiblich-seelischen Wahrnehmung zur Vergeistigung. *Alles Lernen des Menschen läuft schließlich über den Leib.* Das ist uraltes, tradiertes Wissen. Thomas v. Aquin, Philosoph, Mystiker und Heiliger des 13. Jahrhunderts drückt es so aus: »Nichts ist in unserem Bewußtsein, was nicht vorher in unserem sinnlichen Erleben war.«

Wie sehen die Stufen der Gewissensbildung aus?

Zunächst werden dem Kind »Ja« und »Nein« durch mehrere Sinne vermittelt. Es sieht im Gesicht der Mama das »Nein« geschrieben. Sie schüttelt ihren Kopf. Es hört das »Nein« in ihrer Stimme, vor allem aber fühlt es mit seinem ganzen Leib, wie es die Mama von dem Gegenstand seiner Wünsche entfernt. Es hört das »Nein« der Mama mit seinem Leib, wenn es »die Augen in der Hand« hat! In der nächsten Stufe kann das Kind unter Umständen auf die Berührung verzichten, weil das »Nein« der Mutter, in ihrem Gesicht abgelesen und in ihrer Stimme deutlich vernommen, auslöst, daß es seinen Bewegungsimpuls selber hemmt. Es muß die Mama aber noch sehen und hören. In einer weiteren Stufe genügt es ihm, das »Nein« der Mama auf eine größere Entfernung, zum Beispiel von einer Etage zur anderen, von einem Zimmer zum anderen zu hören. Wenn der Blick der Mutter ausreicht, um das Kind von diesem oder jenem abzuhalten, dann ist die Stimme der Mutter soweit verinnerlicht, daß sich das Kind nur noch an dem beobachteten Gefühl der Mutter orientiert. Es fühlt sich in die Mutter ein, indem es den Blickkontakt hält und die Botschaft des mütterlichen Blicks entschlüsselt.

Die höchste Stufe der Gewissensbildung ist die totale Verinnerlichung der Wahrnehmung der »elterlichen Stimme«. Das Kind rührt den Kuchen nicht an, der auf seinem Geburtstagstisch vorbereitet steht, weil es sich vorstellen kann, was seine Mutter sagen würde, wie sie traurig und verärgert wäre, wenn es den Kuchen annaschen würde, und weil es sich andererseits vorstellen kann, wie glücklich die Mutter darüber sein wird, wenn es den Kuchen unberührt läßt.

Dem Einhalten von Regeln ist die ganze Schöpfung unterworfen. Die Gestirne, die Erde – ihre Ozeane mit Ebbe und Flut, die Pflanzen mit ihrer Zeit der Ruhe, Blüte, Reifung und Frucht, die Mathematik als die höchste der irdischen Wissenschaften, die Tiere mit ihren Instinkten. *Nur der Mensch hat aufgrund seines freien Willens die Möglichkeit, sich gegen die schöpfungsbedingte Ordnung aufzubäumen. Um so wichtiger ist es, seinen inneren Widerspruch und seinen freien Willen durch Lenkung und Führung so zu formen, daß er nicht in den Dienst der Zerstörung tritt.* Der Auftrag des Menschen ist es, seine Liebesfähigkeit anzureichern.

Die Ordnung von Zeit, Raum und Lebenskraft

Erinnern wir uns: Der Mensch findet am ehesten zu seiner Kraft und fühlt sich frei, wenn sein individueller Lebensrhythmus im Einklang mit dem großen irdischen und kosmischen Rhythmus ist. Allein aus sich heraus kann das Kind diese Übereinstimmung der beiden Lebensrhythmen nicht finden. Es braucht dazu die Hilfe von außen. Der Anfang wird schon im Mutterleib gesetzt. Die verschiedenen räumlichen und zeitlichen Strukturen, die den ganzen Lebensweg des Menschen pflastern, müssen zu verschiedenen Gelegenheiten markiert und eingeprägt werden. Erst aus vielen einzelnen Marksteinen ergibt sich die Straße. Je vollständiger das Pflaster und je dichter die einzelnen Steine gefügt sind, um so sicherer wird die Straße.

An Licht und Geräuschen erkennt das Kind den Tag, an der Dunkelheit und Stille die Nacht. Am Tag ist man wach und aktiv, in der Nacht ruht man und schläft. Das ist ein grundlegender Lebensrhythmus. Die Eltern sorgen dafür, daß er eingehalten wird, und lassen nicht zu, daß die Nacht zum Tage wird. Der Schlaf soll ununterbrochen sein. Das gleiche gilt aber nicht für das Wachsein, und nicht alle Erwachsenen sind in der Lage, den ganzen Tag über aktiv zu sein. Sie haben das Bedürfnis, ihre Kräfte durch Ruhepausen zu regenerieren. Wie kann man von einem Kind erwarten, daß es den Tag ohne zu ruhen wach durchsteht?

Es ist für jedes Kind wichtig, ihm Ruhezeiten einzuräumen. Besonders wichtig ist es aber für das hyperaktive Kind. Der Willkür des Kindes darf nicht überlassen werden, wann es und ob es sich die Ruhe nimmt. Die Ausnahme bildet der ganz kleine Säugling. Solange er noch über kein aktives Bewußtsein verfügt, nimmt er sich den Schlaf, den er braucht, und soll ihn nach seinem Bedürfnis haben. Auch beim älteren Kind muß man sich dem individuellen Bedürfnis seiner Schlafmenge anpassen. Die zeitliche Verteilung, die Einfügung der Ruhezeiten in den Tagesrhythmus und das regelmäßige Einhalten von Ruhezeiten zu ermöglichen, ist aber Sache der Eltern.

Wir möchten tatsächlich jedem Kind eine regelmäßig eingehaltene Mittagsruhe wünschen! Das Kind muß dabei nicht schlafen, wenn es kein Bedürfnis danach hat. Aber es sollte liegen und es gut und warm haben und so eingebettet sein, daß sein Bewegungsdrang spürbar gehemmt ist, eingewickelt in eine Decke, die Füße unter einem Kissen, im Garten in der Hängematte. Alle nach außen gerichteten Aktivitäten sollten unterbunden sein.

Damit das Kind den *Tagesrhythmus* allmählich in sein Bewußtsein anheben kann, braucht es solche Zäsuren im Tagesablauf. Die Zäsuren sind Orientierungshilfen. Sie markieren das Ende des Vorausgegangenen und leiten einen neuen Abschnitt ein. Von jeher werden sie durch Rituale wahrnehmbar gemacht. Die Eltern machen das Kind aufmerksam auf Sonnenauf- und Sonnenuntergang. Sie machen dem Kind nachvollziehbar, daß der Hahn bei Tagesanbruch kräht und daß das Vogelgezwitscher mit dem Abend einschläft. Sie lassen es in Ebbe und Flut das Kommen und Gehen vom Meer erleben. In vielen Liedern werden die natürlichen Zäsuren des Tages besungen, zum Beispiel für den Morgen:

»Wachet auf, wachet auf, es krähet der Hahn...«

oder:

»Jeden Morgen geht die Sonne auf...«

und am Abend:

»Der Mond ist aufgegangen ...« usw.

Durch Erzählungen und Märchen dringen die Zäsuren in die Phantasie des Kindes ein. Die volle Freude am Lied oder an der Geschichte hat das Kind nur, wenn es sie bis zum Ende mitbekommt. Dem unruhigen Kind muß manchmal zu der vollen Freude verholfen werden. Am gemütlichsten hat es das Kind, wenn es bei der Mutter/dem Vater/der Großmutter/dem Großvater auf dem Schoß sitzt, seinen Kopf anlehnen und in die langsam hereinbrechende Dämmerung hineindämmern kann.

Dies ist ein Beispiel, wie man durch die Zäsuren in den nächsten Abschnitt hinüberleitet: Das Kind ist schon zur Ruhe gekommen. Es weiß, der Tag ist beendet. Nun bricht die Nacht an. Zur Nacht gehört, daß es ohne Abschweifung ins Bad geht, dort geduscht wird und die Zähne putzt, den Schlafanzug anzieht usw.

An dieser Stelle möchten wir die Erzählung einer Mutter einflechten, die davon berichtet, wie sie ihren Adoptivsohn zu Zeiten seiner Hyperaktivität abends zur Ruhe führte:

»Ich setzte ihn immer in die Badewanne und ließ ihn dort ausgiebig mit einigen wenigen Sachen spielen … Meist begnügte er sich mit einem Becherchen. Wenn er erkennbar ruhig geworden war, genoß er, daß ich ihm einen Körperteil nach dem anderen und immer in der gleichen Reihenfolge, das war so unser Spiel, abseifte. Genauso genoß er es, in ein Handtuch ganz fest eingewickelt zu werden und wiederum in einer bestimmten Reihenfolge, die er selber festlegen durfte, abgetrocknet und eingecremt zu werden. War er im Schlafanzug, dann stellte er sich im Bett in seiner ganzen Größe auf und wartete darauf, in seine Steppdecke eingewickelt zu werden. Das war das Spiel ›Lieblingspaket‹.

Fühlte er sich richtig fest eingewickelt, ließ er sich mit Vergnügen wie ein Baumstamm fallen und erwartete den letzten Handgriff am Paket. Der bestand darin, daß ich die Decke am Fußende umschlug, so daß er sich wirklich gar nicht mehr bewegen konnte. Da er es liebte, in Höhlen und kleinen Räumen zu sein, spannte ich ihm dann noch den ›Bettschirm‹ auf, einen besonders großen Regenschirm, den er liebte. So versorgt war er bereit, die Gutenacht-Geschichte andächtig anzuhören und das Gutenachtgebet leise mitzusprechen. Beim Gutenachtkuß schloß er artig die Augen und weg war er, oft noch bevor ich das Zimmer verlassen hatte.«

Wodurch kann man dem Kind den Tagesablauf markieren? Sehr gut eignen sich die *Mahlzeiten*, denn auch die Liebe zum Rhythmus geht durch den Magen. Das Kind erlebt: Zum Frühstück trinke ich Kaba und esse mein Müsli, mittags gibt es Suppe, Salat und warmes Essen, und wenn ich meinen Teller leer gegessen habe, gibt es danach einen Nachtisch – früher nicht! Nach der Mittagsruhe gibt es Kuchen und etwas zum Trinken. Abends Brot und …

Im wahrsten Sinn des Worts verinnerlicht das Kind die Mahlzeit. Es geht nicht nur um Sattwerden, sondern um alle Erlebnisse, die sich um das Essen ranken. Vor allem aber ist es die soziale Erfahrung, die das Kind am gemeinsamen Tisch immer und immer wieder macht. Allerdings kann das Kind soziale Erfahrungen nur dann sammeln, wenn es am Tisch mit anderen zusammentrifft. Man wartet aufeinander, nimmt Rücksicht aufeinander. »Das Kind beeilt sich, vom Kindergarten nach Hause zu kommen, weil es tief innen weiß, zu Hause wartet man auf mich! Oder es unterbricht sein Spiel und hilft der Mama beim Tischdecken, weil die Großen bald kommen und Hunger haben. Es hat sich ihm ins Herz eingeprägt, und könnte es das, was es fühlt, in Worte fassen, so würde es vielleicht so klingen: »Wenn wir alle um den Tisch sitzen, sorgt die Mutter oder der Vater erst einmal für Ruhe und sie oder er sagt einen Spruch. Wir fassen uns alle an, wenn wir uns guten Appetit wünschen. Jeder von uns hat seinen Stammplatz, und in der Reihenfolge, wie wir sitzen, bekommen wir von unserer Mutter das Essen. Unsere Mutter mag es nicht, wenn wir am Tisch streiten oder wenn einer von uns aufsteht und herumsaust oder in der Ecke spielt, bevor alle mit dem Essen fertig sind.«

Im gegliederten Tagesablauf wird dem Kind durch die Wiederholung bewußt, daß bestimmte Tätigkeiten ihren bestimmten Platz in der zeitlichen Tagesabfolge haben. Dies bildet die Grundlage für sein Zeitgefühl. Demzufolge lernt es schließlich zu warten und die Aufmerksamkeit auf das nächste Ziel zu richten. Mit dem wachsenden Überblick weitet sich auch das Zeitgefühl. Vom Tag dehnt es sich auf die Woche aus, von der Woche auf Monate, auf das Jahr …

Auch bei den größeren Zeiteinheiten ist das Kind auf wiederholende Marksteine angewiesen, um sich einordnen zu können. Es weiß, der große Einkauf findet immer samstags statt, montags ist meine Reitstunde, am Mittwoch gehe ich zur Beschäftigungstherapeutin. Das Kind einer alleinstehenden Mutter verläßt sich darauf, jeden zweiten Samstag vom Vater abgeholt und am Sonntag gegen vier Uhr wieder zur Mutter gebracht zu werden. Damit auch die Jahreszeiten für das Kind als Marksteine Gültigkeit bekommen, ist es wichtig, daß die Jahreszeiten in ihrer jeweils charakteristischen Gestalt erlebt werden können. Die durch die Technik und den Wohlstand möglich gewordene Verflachung der jahreszeitlichen Unterschiede kann ein Erwachsener oder ein ausgeglichenes Kind auswiegen.

Für das unruhige Kind, das ja ohnedies unter ungeordneten Eindrücken leidet, trägt es zu einer noch verwirrenderen Vermischung der Grundstrukturen bei, wenn es Weihnachten unter heißer Sonne auf Teneriffa erlebt. Es ist für das Kind wohltuend, wenn es aufgrund eigener Erfahrungen den Jahresablauf nachvollziehen kann und sich in Zeit und Raum selbst zurechtfinden kann.

»Schlüsselblumen kann man doch nur im Frühjahr pflücken, und es gibt sie nur an ganz bestimmten Stellen. Sie blühen immer zu Mamas Geburtstag, dann pflück ich ihr ein Sträußchen. Der Löwenzahn kommt etwas später. Aus ihm mach ich Kränzchen. Im Juni pflücke ich mit der ganzen Familie Erdbeeren. Wir kennen da einen Bauern, der vermietet das Feld.

Der Opa und ich haben im gleichen Monat Geburtstag, manchmal in der gleichen Woche, weil wir nur sechs Tage voneinander sind. Wenn ich zu Opas Geburtstag komme, dann sind die Nüsse reif und ich darf sie mit dem Opa zusammen vom Baum schlagen. Letztes Mal hat mir der Opa einen Korb Nüsse geschenkt, den habe ich bei uns vor dem Haus verkauft. Zwei Stunden konnte ich nicht weg, dann waren die Nüsse fort. Mein Opa hat zu meiner Mutter gesagt: ›So wird er das Sitzfleisch schon lernen. Mir ist es auf die gleiche Weise beigebracht worden.‹ Den Opa mag ich. Ich mag auch die Adventszeit. Das ist nämlich die Zeit, in der man einen Wunschzettel schreiben darf und Geschenke für andere vorbereitet werden. Wir backen immer Weihnachtsplätzchen. Da helfe ich meiner Mama gerne. Die Idee stammt von meiner Beschäftigungstherapeutin. Wenn mein Opa zuguckt, wie wir den Teig kneten, ausrollen, ausstechen, die Plätzchen säuberlich auf das Blech legen und mit Ei bestreichen, dann sagt er immer: ›Deine Plätzchentherapie gefällt mir, da habe ich auch noch etwas davon.‹ Wenn wir zusammen backen, singen wir auch schöne Adventslieder. Wir üben dann auch die Weihnachtslieder. Mein Opa hat gesagt: ›Man muß beim Backen singen oder mindestens pfeifen, damit der Mund beschäftigt ist und nicht auf die Idee kommt, zu naschen.‹ Den Adventskranz kaufen wir nie, mein Opa sagt: ›Das sind ganz arme Leute, die ihn kaufen müssen, wir sind besser dran, wir können ihn uns selber machen. Wir haben geschickte Hände.‹

Mein Opa hat mir auch gezeigt, wie man die vier Kerzen sicher befestigt. Wenn dann erster Advent ist, dann zünden wir die erste Kerze an, und jeden Sonntag dann eine weitere. Wir verbrauchen unheimlich viele Kerzen, weil wir so gerne in das Licht gucken, und Mama erzählt mir dann immer schöne Geschichten. Ich knete gerne mit dem Wachs, das von den Kerzen runterfließt. Mama mag es eigentlich nicht. Aber wenn ich trotzdem ganz still sitzen bleibe, erlaubt sie es mir: ›Das Wichtigste ist, daß du zuhörst und sitzen bleibst.‹«

In der Erzählung des hyperaktiven Jungen wie auch in den vielen anderen Beispielen dieses Kapitels verbergen sich eine Fülle von Möglichkeiten, wie im häuslichen Rahmen der Hyperaktivität vorgebeugt und wie sie aufgefangen werden kann. Reichern wir die Beispiele noch an und wählen wir unter den therapeutischen Zielen insbesondere solche, die für ältere Kinder hilfreich sind.

– Für den grobmotorischen Bereich:
Längere Spaziergänge, Wanderungen, Bergtouren (dabei statt mit dem Lift bequem hinaufzufahren lieber mühselig den Aufstieg zu Fuß machen);
Radtouren, Paddeln, Schwimmen;
Trampolinspringen, Seilspringen, Sackhüpfen vom Start zum Ziel, Volkstanz, Jazz-Gymnastik;
Schneeschippen, Kehren, Gartenarbeiten wie Schoren, Umhacken usw.

– Für den feinmotorischen Bereich:
Alles Handwerkliche ohne Zuhilfenahme elektrischer Werkzeuge: Sägen, Modellieren, Häkeln, Stricken;
Obstpflücken, Gemüse putzen (Kartoffeln oder Äpfel schälen), Teigrühren, Wolle wickeln.

– Üben von Aufmerksamkeit, Konzentration, Kraftdosierung, Haltungskontrolle, Einfühlungsvermögen beziehungsweise Anpassung an das Gegenüber:
Reiten, Judo, Paartanz, Fechten, Bogenschießen, Segeln, Balancieren, Jonglieren, Eingießen, ohne zu verschütten, ein volles Tablett zum Eßtisch tragen, Bockspringen über andere Kinder.

– Umgang mit der Enttäuschung:
Alle Spiele, bei denen es Gewinner und Verlierer gibt, zum Beispiel »Mensch-ärgere-dich-nicht«, »Fang den Hut«;
alle Wett- und Geschicklichkeitsspiele.

Bei dieser Auflistung erheben wir keinen Anspruch auf Vollständigkeit und auch nicht auf exakte Differenzierung der zu erreichenden therapeutischen Ziele.

Alle Aktivitäten, die zielgerichtet sind und über den Leib laufen, erreichen stets das Ganze.

Wenn ich eine anstrengende Wanderung mit dem Partner mache, dann muß ich mich in ihn hineinfühlen und gegebenenfalls mich selbst überwinden, indem ich mein Tempo seinem Tempo anpasse und meine Ausdauer der seinen. Merke ich, daß er viel schneller und ausdauernder ist, als ich es selber bin, so muß ich meine Verliererrolle annehmen und meine Enttäuschung ertragen.

Das ganzheitliche Erleben ist tatsächlich das Gemeinsame an all den aufgeführten Tätigkeiten. In jeder Übung sind die Ordnungen von Zeit, Raum und Lebenskraft innigst miteinander verwoben. Der Sinn der Übung erschließt sich erst im ganzheitlichen Erleben, das auch das soziale einschließt. Wenn ich – nach Stoppuhr – fünf Minuten Kreiselbewegungen mit meinem rechten Arm ausführe, so ist das selbstzweckmäßiger, ermüdender Drill. Wenn ich die gleiche Bewegung mit dem Fleischwolf ausführe, um dadurch Hackfleisch für die ganze Familie vorzubereiten, dann kann ich sie wegen des Ziels und des guten Zwecks viel länger durchhalten, ohne zu ermüden, und sollte ich ermüden, so nehme ich dies der anderen wegen gerne in Kauf. Die Bewegung hat jetzt ihren guten Sinn, und wenn die Tätigkeit von einem geliebten Menschen (zum Beispiel dem Opa in diesem Kapitel) mit ernstgemeinter Anerkennung und kameradschaftlichem Witz angereichert wird, so wird auch die therapeutische Handlung zur Lust.

Die Ordnungen von Zeit, Raum und Lebenskraft sind nicht durch Worte oder durch den Fernseher zu vermitteln, durch keine Abstraktion. Sie sind nur durch die konkrete Wahrnehmung über den eigenen Leib und die eigenen Sinne zu gewinnen. Durch die Wiederholung der konkreten Erfahrung wächst dem Kind Vertrauen zu sich selbst, aber auch Vertrauen in die

Welt. Durch die wiederholte Wahrnehmung der immer wiederkehrenden Zeiteinteilungen (Tag, Woche, Monat, Jahr und die
sich darauf beziehenden Rituale) gewinnt es Vertrauen zu höheren Prinzipien und fühlt sich unter ihnen geborgen. Nur über
den konkreten Weg findet der Mensch zur Abstraktion. Durch
das konkret wahrgenommene Eingebundensein in höchste ordnende Prinzipien verwandelt sich für das Kind schließlich diese Erfahrung in die innere Gewißheit über die Existenz einer
höchsten ordnenden Instanz, der es sich, ohne sie konkret
wahrnehmen zu müssen, gerne hingibt.

Empfehlungen für Kindergärtnerinnen

Die Beziehung zu den Eltern
Alle an die Eltern gerichteten Empfehlungen gelten auch für
den Kindergarten. Er ist ja nur das ausgeweitete Elternhaus.
Aus der Sicht des Kindes ist die Erzieherin seine Tante. Sie
gehört zu seiner Großfamilie. Damit sich das Kind wohlfühlen
kann, ergibt sich daraus als *allerwichtigstes Gebot für Erzieher
und Eltern, daß sie miteinander in Beziehung sind.* Die Erzieherin müßte in der Lage sein, nicht nur das Kind anzunehmen,
sondern auch seine Eltern. Der Kindergarten sollte nicht aus-
baden, was im Elternhaus statt- oder besser: noch nicht stattgefunden hat. Merkt die Kindergärtnerin, daß das Kind sozial
noch sehr unreif ist, Regeln noch nicht einhalten, im Morgenkreis noch keine Ahnung davon hat, wie man sich verhalten
soll, dann ist es Zeit, das Gespräch mit den Eltern zu suchen
und sie darum zu bitten, zu Hause das Versäumte durch eine
veränderte Erziehungshaltung nachzuholen. Eine solche Empfehlung ist allerdings eine heikle Sache! Sie kann leicht von
den Eltern als Schuldzuweisung oder schulmeisterliches Be-
lehren empfunden werden. Eine solche Verarbeitung würde
offene Türen zufallen lassen. Sie könnte einen Keil hinterlas-

sen, der sich zwischen das Kind und die Kindergärtnerin
schiebt, wenn das Kind spürt, daß die Eltern mit der Kindergärtnerin nicht einverstanden sind. So, wie das Kind darauf
angewiesen ist, die Eltern als Einheit empfinden zu können, so
ist es auch darauf angewiesen, seine Eltern und die Erzieherin
als Einheit zu erleben. Im Grunde müßte die Kindergärtnerin
von heute mehr denn je zum Berater der Eltern werden und mit
entsprechender Kompetenz ausgestattet sein. Zum einen wäre
es wünschenswert, daß die Erzieher größere Kompetenz im
Rahmen ihrer Fachausbildung erwerben, zum anderen wäre es
aber auch wünschenswert, daß sie in schwierigeren Fällen auf
einen professionellen Berater verweisen können, der die Eltern
entsprechend aufklärt und anleitet und unter Umständen zwischen Eltern und Kindergärtnerin vermittelt. Es wäre aber auch
wünschenswert, wenn dieser Professionelle die Kindergärtnerin bei ihrer Beratung begleiten, also supervidieren würde.

Die Beziehung zum Kind

Das ungesteuerte schwierige Verhalten des unruhigen Kindes
bringt die Kindergärtnerin alsbald in einen gefühlsmäßigen
Zwiespalt. Sie fühlt sich dem Kind gegenüber oft ohnmächtig.
Diese Ohnmacht stellt die Erzieherin in Frage und bringt sie
allzuleicht in Wut. Andererseits tut ihr das Kind leid, weil sie
seine Hilflosigkeit und Einsamkeit empfindet. Aber der Weg
zu diesem schwierigen Kind führt keinesfalls über die Distanz,
sondern ganz im Gegenteil nur über die Zuwendung.
Wie wir wissen, kann das Kind die Zuwendung, unter der es
Halt und Orientierung erfährt, nur dann wahrnehmen, wenn es
sie nicht nur in Worten, sondern hauptsächlich über die leibliche Berührung erfährt. Mehr als jedes andere Kind der Gruppe
hat es das unruhige Kind nötig, auf dem Schoß der Erzieherin
sitzen zu dürfen, als wäre es noch ein Kleinstkind. Es ist ja auch
sozial noch so unreif wie das Kleinstkind! Es kann noch nicht
auf sich selber achten und sich auch nicht selbst steuern. Dort,
wo es sich selbst nicht steuern kann, *muß* es im Interesse der

Gruppe von außen die Steuerung haben. Mehr als jedes andere Kind der Gruppe muß es unter Handführung auf das Ziel hingelenkt und zum Durchhalten ermutigt werden. Auf dem Spaziergang braucht es die Hand der Erzieherin, um in der Gruppe gehen zu können. Die große Gruppe des Kindergartens bedeutet für es eine Überforderung. Es braucht die kleine Gruppe und immer wieder die individuelle Zuwendung des Erziehers. Das mag die anderen Kinder eifersüchtig machen.

Dazu der Tip, den wir dem Erfahrungsaustausch der Erzieherinnen der Stadt Hagen zum Thema »Hyperaktive Kinder« entnehmen: »*Es ist wichtig*, die Hilflosigkeit des Kindes selbst, aber auch die Hilflosigkeit der Gruppe dem ›Außenseiter‹ gegenüber zu sehen. Sie fühlen sich ja selbst oft hilflos.

Sprechen Sie mit den Kindern über dieses ›Anderssein‹. Die anderen Kinder bringen dann sehr viel mehr Verständnis auf, als Sie glauben. Es ist leichter für die Gruppe, besonderes Erziehungsverhalten dem hyperaktiven Kind gegenüber einzuordnen und zu verstehen. Sie holen so das hyperaktive Kind aus seiner ›Buhmann-Rolle‹ heraus. Es ist nicht böse, sondern kann sich nur schlechter beherrschen. Sie helfen ihm dabei, dies zu lernen, indem es strengere Verhaltensregeln bekommt. Kinder verstehen das!«

Die ideale Lösung wäre für solche Kinder, eigene kleine Gruppen oder im Rahmen der größeren Gruppe zusätzliche Betreuer zu haben. Es ist aber wohl vorerst illusorisch, solche Idealbedingungen flächendeckend anbieten zu können, und so muß sich die Kindergärtnerin meist selber helfen. Was kann sie also tun?

Zunächst sei gesagt, daß sie das unruhige Kind, vielmehr ihre unruhigen Kinder – sie hat ja vermutlich heutzutage nicht nur ein unruhiges Kind in ihrer Gruppe, sondern mehrere – stets im Auge und in ihrer Aufmerksamkeit haben muß.

Sie muß ihre Zappelphilippe zudem genauso wie die ausgeglichenen Kinder vorbereiten für die Schule. Dies bedeutet nicht das Vermitteln von Wissensinhalten und das Einführen von

Schreiben, Lesen und Rechnen. Die Aufgabe des Kindergartens liegt vielmehr darin, das soziale Verhalten herauszubilden, das zur Schulreife gehört.

Schulreifes Verhalten zeigt sich u. a. darin, daß das Kind als Mitglied einer Gruppe für seinen Anteil an der Gruppenaufgabe Verantwortung übernehmen kann. Es konzentriert sich auf sein eigenes Tun und verhält sich so, daß es die anderen in ihrer Konzentration nicht stört. Es bemüht sich um Ausdauer und hält durch, bis der an die Gruppe ergangene Auftrag erfüllt ist: zum Beispiel stehenbleiben und bis zum letzten Takt des eingeübten Liedes mitsingen.

Je mehr das Kind noch seinem kleinkindlichen Bewegungsimpuls ausgeliefert ist, um so mehr muß es Hilfe bekommen, um zur Konzentration finden zu können. Bevor die überschüssige Lebenskraft nicht abgeleitet ist, kann man vom lebhaften und schon gar nicht vom unruhigen/hyperaktiven Kind erwarten, daß es einigermaßen stillsitzt. Bevor der kindliche Antrieb geformt und auf ein bestimmtes Ziel hin ausgerichtet werden kann, muß zunächst der überschäumende Bewegungsdrang abgeleitet werden. Dies könnte dadurch geschehen, daß das Kind tüchtig Kraft abgibt bei Bewegungsangeboten wie Schaukeln, Klettern, Sackhüpfen, Kullerspiele usw. Je wilder das Kind ist, um so weniger erreicht man es sprachlich und auf Distanz. Wie das Kleinstkind muß es die körperliche Nähe spüren, um Zurückhaltung und den geordneten Umgang mit dem Antrieb üben zu können. Es ist nämlich noch auf die direkte und ganzheitliche Wahrheit angewiesen, wie sie ihm durch den Körpersinn vermittelt wird. Es geht überhaupt nicht um das Stillsitzenkönnen, sondern um den zielgerichteten Umgang mit der Aufmerksamkeit. Es geht um die stufenweise Formung des Bewußtseins.

Im Kindergarten hat das Kind allerdings nicht die Mutter, die es auf dem Schoß und an der Hand hält, und auch die Kindergärtnerin hat nicht so viele Hände, wie sie benötigt. Deshalb bewähren sich Gemeinschaftsspiele, bei denen die Kinder, un-

ter der gegenseitigen körperlichen Wahrnehmung von »Ich«
und »Du« in einen Rhythmus eingebettet, lernen, ihren Bewe-
gungsantrieb zu steuern.

Einige Anregungen sollen die folgenden *Spiele* geben:
– Der *Tausendfüßler*: Alle Kinder bilden hintereinander ste-
hend eine Reihe. Der Hintermann hat seine Arme fest um den
Bauch des Vordermanns geschlungen, so daß alle Kinder ganz
fest eingebunden sind.
Zu einem Lied läuft der Tausendfüßler nun durch den Raum,
bis er sein Haus gefunden hat. Dort will er schlafen, deshalb
ringelt er sich auf, plumpst auf den Boden, so daß alle Kinder
unter großem Hallo und ganz ineinander verkeilt auf dem
Rücken liegen. Der Spaß ist so groß, daß das Spiel gleich wieder von neuem beginnen kann.

– Ein ähnliches Gruppenerleben von Körperkontakt und
Rhythmus vermittelt auch das Spiel *Auf der Schwäb' schen Ei-
senbahn*. Die Kinder sind wie Eisenbahnwagen aneinanderge-
koppelt, indem der Hintermann den Vordermann an den Schul-
tern anfaßt. Man kann das Spiel durch Aufmerksamkeitsübun-
gen bereichern, indem man zunächst nur ein paar Wagen hat,
während die anderen Kinder an der Haltestation warten. Der
Zugführer (die Kindergärtnerin) ruft: »Alle Michaels einstei-
gen!« oder: »Alle Kinder, die etwas Rotes an sich haben, aussteigen und warten, bis der Zug zurückkommt!«

– *Die Autowaschstraße*: Die Kinder bilden ein Spalier, das die
Wände der Autowaschanlage darstellt. Man verteilt jetzt Funktionen. Die Kinder, die ganz vorne stehen, seifen das Auto ein.
Die nächste Gruppe spritzt Wasser, die nächste bürstet das Auto, die nächste trocknet es ab, und die letzte wachst es ein. Man
übt mit den Kindern *Als-ob-Bewegungen* paarweise ein. Immer
die Gegenüberstehenden haben dieselbe Aufgabe. Nun kommen die Autos. Erst das erste. Es wird in der Waschanlage ganz
schön aufgemöbelt. Es wird eingeseift, mit Wasser begossen,

gebürstet, getrocknet und eingewachst. Fertig und hinaus damit. Dann kommt das zweite. Es wird eingeseift, gewässert, gebürstet, getrocknet, gewachst. Hinaus! Und nun das dritte! Das vierte, usw.

– *Das Vöglein im Nest*: Die Kinder bilden Dreiergruppen. Zwei Kinder sitzen sich auf dem Boden gegenüber, halten sich an den Händen und haben die Beine gespreizt, so daß sie sich berühren und ein Nestchen für das dritte Kind, »das Vöglein«, bilden. Das Vöglein lehnt sich mit dem Rücken an die Wände des Nestes an und läßt sich im Rhythmus eines Wiegenliedes wiegen. Wenn das Lied zu Ende ist, wird ein anderes Kind der Dreiergruppe zum Vöglein.

Weitere Hilfen für das Kind:
– *Das Ziel*
Mit Freude und gerne ordnet ein Kind seine Kräfte auf ein Ziel hin. Es will nicht nur zuschauen, es möchte auch gerne handeln. Es liebt es, wenn über seinen Leib, seine Leibeskräfte etwas entsteht, das angefaßt, begriffen, verwendet und erlebt werden kann. Es liebt das »Handwerk«.
Das Kind liebt es aber auch, das »Wir« im gemeinsamen Tun zu erleben. Deshalb macht ihm auch die gemeinsame Ausgestaltung von Festen großen Spaß. Es liebt es, den gemeinsamen Tisch zu decken, eine (Zirkus-)Aufführung einzuüben, sich in Rollenspielen zu erfahren usw.

– *Die Regeln*
Je unruhiger die Gruppe, um so mehr bedarf es eines festen Rahmens, der die ganze Gruppe hält, klarer Regeln, Regeln, die sich auf die Erfahrung von Raum, Zeit und Lebenskraft beziehen: Hier stellen wir unsere Straßenschuhe ab; nach der kurzen Begrüßung im Morgenstuhlkreis dürfen wir draußen spielen; die Vesper gibt's danach – für alle gemeinsam. Auch wenn ich Hunger habe, muß ich warten, bis Vesperzeit ist. Hier stellen wir uns *entschieden gegen die freie Vesperzeit*,

die heute noch oft praktiziert wird. Sie verschenkt so wichtige soziale Erfahrungen, die zur Reifung des Kindes gehören, und gibt ihm die Illusion, daß es machen kann, was es will, daß es seine Bedürfnisse befriedigen kann, wenn ihm danach ist. Das Kind soll wissen, hier ist der Platz für die Vesper, dort ist die Puppenecke, hier darf ich bauen, und hier ist die Ruhezone, wo alle die Mittagsruhe einhalten.

Zeitliche und räumliche Orientierung schließen sich so zusammen und ermöglichen die Einbindung wichtiger Lebensäußerungen. Es empfiehlt sich, die Aufmerksamkeit der Kindergruppe auf ein neues Angebot (für die Gruppe) durch ein ansprechendes Ritual zu stärken.

Die Form ist selbstverständlich – je nach Haltung und Geschmack der jeweiligen Erzieherin – anders. Es könnte beispielsweise die allen schon vertraute Handpuppe des »Kaspers« sein, der sein Kommen mit Schellengeläute unüberhörbar ankündigt, um auf das Neue aufmerksam zu machen und um die neue Situation mit allen Sinnen einzuleiten: »Hallo, Kinder, ich bin schon da! Kommt mit, wer findet am schnellsten seinen Stuhl?«

Eine immer wieder geäußerte wichtige Frage ist: *»Wie soll denn das freie Spiel für die ganze Gruppe aussehen?«*

Die Antwort: Ein ganz freies Spiel führt in jeder Gruppe, in der ein oder mehrere hyperaktive Kinder sind, zum Chaos. Eine solche Gruppe braucht einen Leitfaden für ihr freies Spiel, einen Leitfaden, unter dem sie sich die Freiheit nehmen kann.

Beispiel: Wir dürfen an der Sprossenwand in der Turnhalle klettern, dürfen dabei aber kein anderes Kind anstoßen und auf keinen Fall ein anderes Kind prügeln. Oder: Jeder darf sich ein großes, weiches Kissen nehmen und mit ihm machen, was er will: einem anderen Kind zuwerfen, andere Kinder damit bewerfen – nur darf es nicht zum Streit kommen.

Kinder brauchen also beides: einen Leitfaden, aber auch Selbständigkeit.

– Die Raumgestaltung

Die Raumgestaltung hat ohne Zweifel einen großen Einfluß auf das Wohlbefinden der Kinder. Sind die Wände überladen, ist zuviel Spielzeug sicht- und erreichbar, so ist die Folge eine Reizüberflutung der Kinder, gegen die sie sich nicht wehren können. Es ist ein weit verbreiteter Irrtum, daß Kinder bunte Farben mögen oder ein Bedürfnis nach Buntem haben. Richtig ist, daß sie die *Farbe erleben und erleiden.* Deshalb ist es von besonderer Bedeutung, die richtige Farbe für ihre Umgebung zu wählen. *Die Farbe für die kleinen Kinder ist die des zarten Rots.* Die Farbe für die unruhigen Kinder ist aber auch die des zarten Rots, eines zarten Karminrots, das sogenannte Altrosa. Es empfiehlt sich daher, in Kindergartenräumen die Wände in diesen Farben zu halten. Auf Ausschmückung kann man verzichten. Es genügt, wenn das Kind die Farbgestaltung seines Raumes erleben kann.

Dennoch: Kinder haben Freude daran, wenn sie ihren Lebensraum mitgestalten können in dem Sinne, daß sie es lieben, wenn ihre eigenen Werke ausgestellt sind und ihr Revier somit abgesteckt ist. Es ist also richtig, daß der Erlebnisraum des Kindes vom Erwachsenen vorgestaltet wird, aber genauso wichtig ist, daß das Kind in diesem Raum sein Tun erfahren kann. Es möchte sich nämlich als Schöpfer erleben. *Die Gestaltung des Raumes, in dem sich das Kind aufhält, kann dem Kind Ruhe oder Unruhe geben.* Übersichtlichkeit schafft Ruhe, Unübersichtlichkeit Unruhe.

Empfehlungen für Lehrer

Es ist eine Binsenwahrheit, die aber heutzutage doch ausgesprochen werden muß: dem Lehrer kommt eine Schlüsselrolle im Leben der heranwachsenden Menschen zu. Eine Schlüsselrolle, die um nichts weniger bedeutsam ist als die Schlüsselrolle, die Eltern innehaben. Nur nimmt sie eben der Lehrer in der Nachfolge der Eltern wahr. Er gibt dem primären Vorgehen der Eltern eine neue Dimension, eine andere Bedeutung, eine Ausweitung des Kreises der nachahmungswürdigen Bezugspersonen. Er eröffnet dem Kind neue Wissensgebiete und ermöglicht, daß sich das Kind im Kreise seiner Mitschüler neue Erkenntnisse erarbeitet. Er macht es dem Kind möglich, daß es sich als Mitglied einer Gruppe in Eigenverantwortung den Unterrichtsangeboten stellt. Er muß nicht nachholen, was die Eltern versäumt haben. Das würde seine Kräfte hoffnungslos übersteigen.

Aber genau das wird heute vielfach von ihm erwartet. Er muß über seine Kräfte leben, wenn er den Nachholbedürfnissen der Kinder gerecht werden möchte. Er tut es dennoch. Er hat ja keine andere Wahl, wenn er nicht so und so viele Kinder seiner Klasse in die Sonderschule überweisen möchte. Der gute Lehrer von heute leidet an der Bedürftigkeit seiner Kinder, und die Not der Kinder nimmt er als Appell für seine eigene Persönlichkeit wahr.

Für die Eingangsstufe der Schule gilt alles, was wir über den Auftrag der Kindergärtnerin gesagt haben. Aber wir möchten daran anschließend noch ausführen, welche *Bedeutung* die *Person des Lehrers für ein Kind* hat. Leider ist der Lehrer heute für so viele Kinder der erste Rettungsanker. Der Lehrer ist kein Neubetroffener. Schon immer gab es Kinder, die im Lehrer Ersatz für Vater oder Mutter finden mußten – weil sie ihr Elternhaus eingebüßt hatten. Die Lehrer, die sie hielten und formten, hatten Namen wie Pestalozzi, Don Bosco, Makarenko, Korczak, Bettelheim. Es sind viele Namen, die hier aufgeschrieben sein müßten. Der gemeinsame Nenner all dieser großen Lehrer ist das, was man den *»pädagogischen Optimismus«* nennen könnte. Was ist darunter zu verstehen?

– Die Liebe zum Kind!
– Der Glaube an die eigenen Kräfte und die Hoffnung, daß das Kind Anschluß an seine eigenen Kräfte gewinnen kann.

Der Lehrer als *treuer Freund*, der über die Unterrichtszeit hinaus (Korczak) mit in die größte Not (der Gaskammer) geht und der eben nicht nach dem Klingelzeichen seine Verantwortung und seine Liebe zum Kind in Schulmauern zurückläßt. Das Kind möchte so gerne im Lehrer den Freund finden, den es auch zu Hause besuchen kann und der es in seinem Hause besucht. Es möchte im Lehrer den Freund finden, den es auf dem Fußballplatz wie in der Kirche treffen kann und mit dem es sich auch in seinen außerschulischen Interessen verbinden kann. Das Kind sucht in seinem Lehrer die Persönlichkeit, die es auch in den Stunden der Verzagtheit trägt.

Hierzu eine Geschichte von den »alten Wüstenvätern«:

Am Rande der Wüste lebte ein Eremit. Ihn besuchte eines Tages ein junger Mann, der ihm sein Leid klagte: »Ich lese so viele heilige Texte«, sagte er. »Ich vertiefe mich in die Schönheit der Worte, ich möchte sie alle festhalten und als einen Widerschein der ewigen Wahrheit in mir bewahren, aber es gelingt mir nicht. Ich vergesse alles. Ist nicht die mühevolle Arbeit des Lesens ganz umsonst?«

Der Eremit hörte ihm gut zu. Als er fertig war mit Sprechen, ließ er ihn einen schmutzverkrusteten Korb aufnehmen, der neben der Hütte stand. »Hole mir aus dem Brunnen dort drüben Wasser«, sagte er. Hat er meine Frage nicht verstanden, dachte der Jüngling? Widerwillig nahm er den schmutzigen Korb und ging zum Brunnen. Das Wasser war längst herausgerieselt, als er zurückkehrte. »Geh noch einmal«, sagte der Eremit. Der junge Mann folgte. Ein drittes und viertes Mal mußte er gehen. Der Alte prüft meinen Gehorsam, ehe er meine Frage beantwortet, dachte er. Immer wieder füllte er Wasser in den Korb, immer wieder rann es zu Boden. Nach dem zehnten Mal durfte er aufhören.

»Sieh den Korb an«, sagte der Eremit. »Er ist ganz sauber«, sagte der junge Mann. »So geht es dir mit den Worten, die du liest und bedenkst«, sagte der Eremit. »Du kannst sie nicht festhalten, sie gehen durch dich hindurch und du hältst die Mühe für vergeblich. Aber ohne daß du es bemerkst, klären sie deine Gedanken und machen das Herz rein.«

Im Grunde muß der Lehrer, der in seiner Klasse ein gestörtes Kind hat, so verfahren wie vor ihm die Kindergärtnerin. Vor allem muß er die Konzentrationsfähigkeit des Kindes, seine Selbstwahrnehmung und seine Selbststeuerung fördern. Ein paar Tips dazu, die sich bei uns bewährt haben:

Für den Anfangsunterricht bringt es den Kindern mehr, Wahrnehmungsübungen und Regelspiele zu machen, als ihnen gleich Lesen und Schreiben beizubringen. Es macht den Kindern Spaß, ordnet ihr Verhalten und bereitet sie für das Erlernen der Kulturtechniken vor (siehe hierzu unser Kapitel »Die mißhandelte Wahrnehmung«). Geeignet sind alle Spiel- und Sportangebote, bei denen das Kind die Möglichkeit hat, sich körperlich stärker und geschickter zu erleben als im Alltag und die Anpassung an die Umwelt intensiv wahrzunehmen. Das klassische Beispiel hierzu ist das Spiel *Blinde Kuh*. Dieses Spiel kann auch variiert werden. Man könnte beispielsweise mit verbundenen Augen eine Hindernisbahn überqueren, in eine Kiste ein- und aussteigen, über eine Bank klettern oder durch einen Tunnel aus Stühlen kriechen, um am Ziel den Lutscher zu erwerben.

Ein weiteres Beispiel könnte der *Mannequin-Gang* sein: Das Kind trägt, um sich der aufrechten Körperhaltung bewußt zu werden, einige Bücher auf dem Kopf. Kinder proben gerne, wer die meisten Bücher tragen kann und wer wirklich von der einen Ecke des Klassenzimmers in die andere ein Buch hinüberbalancieren kann.

Man könnte auch das *Spiel der lebenden Standbilder* spielen. Einer von der Gruppe ist der »Bildhauer«. Dieser gibt der Reihe nach einem nach dem anderen die Hand und schleudert ihn im Kreis herum. Auf den Pfiff des »Spielleiters« muß er sein »Werk« loslassen. Das »Werk« darf aber noch solange weiterkreiseln, bis der nächste Pfiff des Spielleiters ertönt. Dann steht es gänzlich still. Aber der Bildhauer darf ihn noch zu einer Figur seiner Vorstellung ausformen (zum Beispiel Kopf drehen, Arm anheben usw.). Alle Kinder der Gruppe werden auf die gleiche Weise ausgeformt und bleiben in der ihnen gegebenen Form – zu Standbildern erstarrt – ganz still stehen. Jetzt kommt der Spielleiter und verhandelt mit dem Bildhauer um ein Standbild. Begehrenswert ist eines, das sich zwar bewegen läßt, aber sich selber niemals bewegt. Ist es gefunden, darf es als nächstes die Rolle des Spielleiters übernehmen und der Spielleiter wird nun der »Bildhauer«.

Kinder führen auch gerne *Geschicklichkeitsübungen* durch. Folgende Spiele eignen sich dafür besonders gut:

Die Hülle einer Streichholzschachtel wird auf die Nase gesteckt und im Kreise herum weitergereicht; eine Orange oder ein Apfel wird zwischen Kinn und Brust gehalten, weitergegeben; ein Luftballon wird durch Blasen in der Luft gehalten und einem bestimmten Spielpartner zugespielt; hartgekochte Eier (auf einem Löffel) oder eine mit Wasser gefüllte Tasse werden von einer Ecke des Zimmers in die andere getragen. Diese Spiele üben auf leichte Art die Anpassung an das Gegenüber und fordern das Bewußtsein für Körperlage, Körperbeherrschung und Aufmerksamkeit.

Ein Spiel wollen wir noch zusätzlich erwähnen: das *Mikado-Spiel*.

Kaum ein Spiel übt so viel Wertvolles auf einmal. Es übt die Aufmerksamkeit, die feinmotorische Exaktheit, die Körperbeherrschung in dem Sinne, daß die Bewegungsdosierung und Kraft beherrscht werden, aber auch Warten und Erwartenkönnen, Verlieren und das Aushalten von Frustration.

Therapeutische Aktivitäten im engeren Sinne

Spricht das Kind trotz allen Bemühens auf normale Erziehungsangebote nicht an und wissen sich Eltern, Kindergärtnerin, Frühförderer, Lehrer und Kinderarzt gemeinsam keinen Rat mehr, so ist Therapie im engeren Sinne angezeigt. Es gibt verschiedene therapeutische Hilfen, die je nach Schwerpunkt eingeteilt und benannt werden. Die Auswahl der möglichen und notwendigen Therapien sollten Sie vertrauensvoll dem *erfahrenen Fachmann* (Kinderarzt, Kinderpsychiater, Sozialpädiater) überlassen. Sie erkennen ihn daran, daß er nicht starr nach einem einseitigen Konzept verfährt, sondern daß er die Therapie ganz auf Ihre persönliche Situation und die ganz speziellen therapeutischen Bedürfnisse Ihres Kindes, aber auch auf die Persönlichkeit Ihres Kindes abstimmt. Er wird im Regelfall nicht nur eine einzelne Maßnahme anordnen, sondern mehrere kombinieren. In jedem Fall wird er aber die Elternarbeit vielfältig gestalten.

Von den sehr vielfältigen therapeutischen Möglichkeiten, die für das hyperaktive Kind in Frage kommen, können wir hier nur die für das Kindergarten- und Schulkind wichtigsten, das heißt die am häufigsten angewandten Therapien nennen.

Grundsätzlich sind zu unterscheiden:

1. Therapeutische Hilfen, die die Persönlichkeit des Kindes unterstützen, seine Beziehung zu sich und anderen ordnen und sich auch auf das sogenannte »soziale Umfeld« des hyperaktiven Kindes richten.

2. Therapeutische Hilfen, die die Bewegungsaktivität steuern und den Spannungsbogen (Aufmerksamkeit, Konzentrationsfähigkeit) des hyperaktiven Kindes verbessern.

3. Therapeutische Hilfen, die auf biochemischem Weg (diätetisch und medikamentös) versuchen, die Hyperaktivität zu beeinflussen.

Zur ersten Gruppe gehören alle *Psychotherapieformen*:

a) Festhaltetherapie

Das prolongierte Halten des hyperaktiven Kindes in dichtem Körperkontakt ist hier nicht im Sinne eines Wahrnehmungstrainings zu verstehen, sondern vielmehr im Sinne einer Möglichkeit, aversive Gefühle offen auszudrücken und damit Beziehungskonflikte aufzulösen. Der Zusatz »Therapie« besagt, daß die Anleitung und Begleitung durch einen Therapeuten unverzichtbar ist.

b) Systemische Familientherapie
Der therapeutische Ansatz berücksichtigt nicht so sehr das spezielle Störungsbild des Kindes, arbeitet also nicht am Symptom des Kindes, sondern vor allem an der Störung der Kommunikation innerhalb der Familie. Diese kann durchaus durch das Symptom des Kindes aktualisiert worden sein, kann aber auch die Ursache für das Symptom des Kindes sein. Das zu behandelnde Problem wird als in dem System der Familie liegend verstanden.

c) Verhaltenstherapie
Das Kind wird im Rahmen eines systematischen Trainingsverfahrens zu der Erkenntnis gebracht, daß es sich lohnt, Selbstkontrolle für seine Aufmerksamkeit und sein Durchhaltevermögen zu übernehmen. Die Programme stützen sich vor allem auf die Lernpsychologie. Das Endziel der Verhaltensmodifikation ist, daß das Kind von der Fremdregulation zur Selbstregulation findet.

d) Andere Psychotherapieformen wie beispielsweise die klassische *Kinderpsychotherapie*, ehemals *Psychagogik* genannt, das *Psychodrama*, die *Gestalttherapie* usw.

Zur zweiten Gruppe gehören:

a) Krankengymnastik auf neurophysiologischer Grundlage
Grundlage bzw. Unterstützung der sensomotorischen Integration nach Ayres, Bobath, Feldenkrais, Vojta usw.

b) Mototherapie beziehungsweise Psychomotorik:
Eine Übungsbehandlung, die nicht nur das motorische Geschick und Körperbewußtsein fördert, sondern stets auch auf das soziale Verhalten und die Persönlichkeitsentwicklung (inklusive Selbstwertempfindung und soziale Wahrnehmung) einwirkt.

c) Kinesiologie: Sie versucht die Zusammenarbeit zwischen linker und rechter Gehirnhälfte zu verbessern und Energieblockaden aufzuheben.

d) Heileurhythmie: Eine ganzheitliche Therapieform auf anthroposophischer Grundlage.

e) Therapeutisches Reiten

f) Beschäftigungstherapie

g) Heilpädagogik

h) Theraplay: Eine auf psychoanalytischer Grundlage entwikkelte direktive Spieltherapie für Kinder mit Entwicklungsstörungen. Unter direkter körperlicher Lenkung durch den Therapeuten wird das Kind in ein gemeinsames Spiel einbezogen, wodurch es Grenzen und Selbstvertrauen erfährt.

i) Progressive Relaxation: Es geht darum, daß das Kind die Polarität muskulärer Anspannung/Entspannung bewußt erleben und steuern lernt. Dieses Verfahren zeigt zwar eine Verwandtschaft zum autogenen Training, wird jedoch für das hyperaktive Kind für effektiver gehalten, weil vor der Entspannung auf Entladung des Energiepotentials geachtet wird.

k) Musiktherapie

Zur dritten Gruppe gehört die Verordnung einer bestimmten Diät wie auch die Verordnung eines bestimmten Medikamentes, die dem Arzt obliegt, der kompetenterweise den Befund des Kindes erhoben hat.

a) Die *diätetische Ernährung* verlangt das unbedingte Einhalten von Regeln und schafft damit Ordnungsstrukturen. Bei mancher speziellen Diät dürfte gerade darin der größte Wert für das hyperaktive Kind liegen, daß es Regeln einhalten und damit Selbstbeherrschung und Selbstregulierung erlernen muß (und die Eltern mit ihm).

b) Der *Weg der medikamentösen Behandlung* sollte nicht vorschnell und nie isoliert gewählt werden. Die gegenwärtige Diskussion einer möglichen medikamentösen Behandlung des hyperaktiven Syndroms könnte leicht den Eindruck entstehen lassen, daß ein ganz bestimmtes Medikament – Methylphenidat (Ritalin) – das Mittel der Wahl bei Hyperaktivität ist. Dieser Eindruck aber wäre falsch, denn es gibt eine ganze Reihe von Medikamenten (ganz unterschiedlicher stofflicher Herkunft und ganz unterschiedlicher Wirkungsmechanismen), die bei Hyperaktivität wirken.

Gerade in neuerer Zeit häufen sich die Berichte, daß hyperaktive Kinder auch günstig über das Bach-Blüten-Konzept erreicht werden können.

Es sollte daher wirklich der Kunst Ihres Arztes überlassen bleiben, welches Medikament er für Ihr Kind auswählt und welches er für das richtige hält. Nach unserer Erfahrung ist es sowieso nur ein sehr kleiner Teil der hyperaktiven Kinder, der die medikamentöse Behandlung benötigt.

Epilog: Ein Interview

Der Journalist *Johannes Wüstenrufer*: »Herr von Schafspelz, als Kriminalist und Wachmann frage ich mich – und natürlich auch Sie –, was Ihre Absichten sind und wie Sie vorgehen wollen?«

v. Schafspelz: »In einem Satz ist das nicht zu beantworten. So leicht ist das nicht. Schließlich habe ich die Sache Äonen von Jahren vorbereiten müssen und das hat mich ganz schön Mühe und Einfallsreichtum gekostet. Ganz konkret und besonders in den letzten 2000 Jahren. Für mich hat sich die Sache gelohnt. In den letzten Jahrhunderten kann ich den Erfolg sehen. Ich kann ihn berechnen und statistisch dokumentieren. An der Schwelle zum dritten Jahrtausend fruchtet's endlich.«

Journalist: »Wenn ich es richtig sehe, verfahren Sie nach bestimmten zeitbedingten Strategien. Haben Sie Schwerpunkte gesetzt?«

v. Schafspelz: »Ja, selbstverständlich, ohne Schwerpunkte ist keine Strategie realisierbar. Darin besteht ja gerade meine Genialität, daß ich das Gesetz der Gegensätze als das wichtigste, oder sagen wir *das* Grundgesetz der Schöpfung erkannte und daß ich dagegen schwerpunktmäßig meine Offensive richte. Auf der Polarität bauen nämlich alle anderen Ordnungen auf. Indem ich das Gerüst der göttlichen Schöpfung ins Wanken bringe, zerstöre ich auch das Werk selbst. So mache ich aus der Stärke die Schwäche.«

Journalist: »Haben Sie das Gesetz der Polarität ganz aus der Welt geschafft?«

v. Schafspelz: »Das geht natürlich nicht. Wir wissen doch alle, daß es ohne Gegensätze nicht geht. Schon aus der Tatsache, daß wir uns gegen das Gesetz aufbäumen, wird doch ersichtlich, daß die Gegensätze wirken, ob wir wollen oder nicht. Nein – wir gehen mit dem Gesetz sehr bewußt um. Ohne viel darüber zu reden, haben wir es einkalkuliert. Wir verteilen unsere Kräfte auf zwei Aktionsrichtungen.«

Journalist: »Können Sie darüber sprechen?«

v. Schafspelz: »Warum nicht, die Zeit ist reif dafür. Die Kräfte haben schon gut Fuß gefaßt. Sie sind so leicht nicht mehr zu erschüttern.

Sehen Sie, da ist die Begeisterung, eine wichtige Triebfeder für den Menschen, und da ist das Reich der Träume, der Illusionen. Bedenken Sie nur, wie Raum und Zeit dank der modernen Technik an Bedeutung eingebüßt haben. Sie können doch heutzutage mit ihrem Geschäftspartner – sagen wir in Japan oder den USA – in weniger als einem Augenblick in Verbindung treten. Sie können ihn hören, ja sogar sehen, und Sie können ihm Nachrichten und Dokumente faxen. Sie können Ihren Lebenspartner über eine computergespeicherte Datenbank herausfinden. Das ist doch heutzutage kein Hexenwerk mehr. Sie können sowohl in die Geheimnisse der Meerestiefen als auch der Sternenwelt eindringen oder Sie können ins Weltall fliegen. Das ist doch – in meinem Verständnis – die Herausforderung für den Menschen und eine Chance, Gott gleich zu werden. Ist das vielleicht nicht faszinierend?«

Journalist: »Gut, Sie sind ein Begeisterter …«

v. Schafspelz: »Ja, das ist die eine Seite, eine meiner Seelen in der Brust. Man muß doch den Menschen motivieren. Nur als Begeisterter kann er den zweiten Aktionskreis annehmen. Das hat doch auch die Lernpsychologie des 20. Jahrhunderts bestätigt, daß man nur am Erfolg lernt.

Ich stecke den Menschen mit der Faszination an, daß er selber mit seinen irdischen Möglichkeiten, das heißt auf materialistische Weise, in die Geheimnisse der Schöpfung eindringen, daß er die Welt beherrschen und daß auf die unfaßbaren Kräfte der geistigen Welt im Grunde verzichtet werden kann. Der Mensch kann sich zum Gott und über den Gott erheben, wenn er nur genug von der Materie weiß, wenn er nur genug Daten hat, die er speichern kann. Sagen Sie selber, ist das denn nicht toll, daß sich der Mensch heute Geräte selber schaffen kann, die für ihn denken, präziser und schneller, als er es selbst vermag? Ist das nicht atemberaubend, wie der Mensch sich heute die materielle Welt untertan gemacht hat, um sich auf sie verlassen zu können?«

Journalist: »Interpretiere ich Sie richtig, daß die beiden Aktionskreise, die Sie beflügeln und bestimmen, sich darin unterscheiden, daß der eine die illusionäre, idealistische Welt meint, die Ideen überbringt, und der andere die materialistischen Inhalte und die Durchführung davon?«

v. Schafspelz: »So könnte man das sehen, ja, vielleicht müßte man es so sehen. Ja, Sie haben sogar recht.
Zwei Gegensätze streben aber immer zur Vereinigung. Darüber kann man sich nicht hinwegsetzen. Der Drahtzieher entscheidet darüber, welcher Pol der stärkere oder bestimmendere ist.
Gott geht es darum, daß er dem Menschen die Auseinandersetzung mit der materiellen Welt zumutet, damit er in das Ideelle kommt, und wir machen es eben umgekehrt. So groß ist der Unterschied schließlich nicht. Nur in der Wirkung schlägt es sich nieder. An den Früchten wird man doch erkannt.«

Journalist: »Wenn Sie sich – Herr von Schafspelz – also selber auf die Polarität stützen und ihre gesetzmäßige Wirkung – wie haben Sie es dann zuwege gebracht, daß der Mensch die Polarität aufgibt? Oder sollte ich mich täuschen?«

v. Schafspelz: »Im Grunde ist das gar nicht so schwer, wie Sie meinen. Von seiner Grundveranlagung her verzichtet der Mensch nämlich gerne auf Störungen wie Mühsal, Verzicht, Leid, Angst, Schmerz. Es war nicht so schwierig, ihm die Versprechung zu geben, daß die Befreiung von Störungen erreichbar ist.

Ich bitte Sie, wer möchte schon das Kreuz auf sich nehmen? Das wäre ja Masochismus. Das erscheint mir geradezu pervers, daß man Leid suchen sollte, wo Genuß möglich ist.«

Journalist: »Aber es geht nicht darum, das Leid zu suchen, sondern darum, es anzunehmen, wenn es unausweichlich ist. So wie es uns die Auseinandersetzung mit dem Leben bietet.«

v. Schafspelz: »Aber das sind doch mittelalterliche Vorstellungen, daß das Leiden zu unserem Leben gehört! Schauen Sie, wir können mit unserer hochentwickelten Technik, mit der wir gelernt haben, die Materie zu beherrschen, doch allen Störungen ausweichen. Sie müssen keine Schmerzen erleiden. Es gibt Tabletten, Betäubungsmittel, Operationstechniken. Es gibt Versicherungs- und Kundendienste, Hilfsorganisationen für alle Bereiche. Wir können das Alter mildern, ja sogar das Älterwerden vertuschen. Die Philosophie der Makellosigkeit!

Die Verheißung unseres Lebens mit der Technik ist, daß mit kleiner Anstrengung große Wirkungen möglich sind. Wie durch Zauberei. Die Wäsche wäscht sich heutzutage auf Knopfdruck wie von selbst. Mit Hilfe einer perfekt arbeitenden Maschine. Wertlos ist die Maschine, die Fehler macht, denn das perfekte Funktionieren ist das Ideal!

Aufgrund einer guten technischen Organisation kann ich entstandene Störungen beheben, ja, die gute Organisation gestattet mir sogar, den Störungen vorzubeugen. Indem ich allen Störungen vorbeuge, bin ich frei!

Wir können Behinderungen im Bauch der Mutter erkennen und durch Schwangerschaftsunterbrechung als Schicksal verhindern. Wir können durch Genforschung und Genmanipulation

das Erbgut verändern und auch darüber Erkrankung und Leiden verhindern. Wir können doch heute alles machen oder
machbar machen.

Das gehört ja gerade zu meinem Plan, das Machbare machbar
zu machen. Störungen und die Auseinandersetzung mit den
Störungen kann ich nur verhindern, wenn ich dem Menschen
entsprechende Mittel an die Hand gebe. Und so stiftete ich ihm
die Technik. Aber davor stiftete ich ihm noch die Eitelkeit und
das Vertrauen auf seine Vernunft.

Ich bestärke in ihm die alte Illusion, daß er wie Gott sein könnte! Und daher lieferte ich ihm die Beweise, daß er wie Gott sein
kann. Eben durch die faszinierenden Auswirkungen der Technik.

Können Sie sich vorstellen, wie sich der Mensch fühlte, als er
zum erstenmal vom Boden abhob? Als er seine Stimme in den
Äther senden konnte? Wie er sich fühlte, als er ohne Pferde-
stärken auskam, die Kraft vieler Pferde in einem einzigen Mo-
tor verdichten konnte? Als er mittels Glühbirne die Nacht zum
Tage machen konnte? Das waren Sternstunden der Menschheit! Da erkannte der Mensch doch, daß er auch ohne Gott
auskommt. Was soll da noch sein Kreuz!«

Journalist: »Vieles, was Sie sagen, leuchtet ein, das kann ich
sehr gut nachvollziehen: Ich fahre auch lieber Auto, als daß ich
stundenlang zu Fuß gehe. Ich genieße es, daß ich mit meiner
Freundin telefonieren kann. Und ich freue mich darüber, daß
ich mittels der gut organisierten Reisebüros die Wege in die
Welt frei wählen und mir erlauben kann, ferne Länder kennen-
zulernen. Worin liegt nun Ihr eigentlicher Angriff auf das Men-
schenbild?«

v. Schafspelz: »Haben Sie es noch nicht bemerkt? Gut, dann
will ich die Karten auf den Tisch legen!

In dem ganzen, großartigen Spiel konnte ich mich total darauf
verlassen, daß der Mensch den freien Willen hat und daß er den
steinigen Weg scheut. Wenn der Mensch nach seinem freien

Willen also entscheiden kann, wird er sich immer und eindeutig für die Bequemlichkeit entscheiden, das heißt für den Pol der Lust. Um ihm dies zu ermöglichen, stiftete ich ihm die Wissenschaft von der materiellen Natur. Ich verführte ihn zur Genauigkeit, die ihm nur dann gelingt, wenn er das Ganze analysiert. Darin liegt nun ein ganz entscheidender strategischer Zug. Durch die Zerstückelung wird die Sicht auf das Ganze verblendet. Somit flog der Mensch auf mein Angebot, daß wirklich nur das zu schätzen ist, was durch Messen und Zählen überprüft werden kann. Das Eingebundensein in das Ganze in Liebe, Verantwortung und Achtung zählt weniger oder gar nichts. So kann man auch Gott seine Existenz absprechen. Er ist ja durch Messen nicht zu erfassen. Indem die Schale des Guten immer weniger wiegt, sorgt das Gesetz des Gleichgewichts dafür, daß die Schale des Bösen um so voller wird. Die Abhängigkeit von den materiellen Werten mündet daher in den Egoismus ein, der verhindert, für die ganze Schöpfung zu fühlen.

Nach diesem Rezept arbeite ich übrigens schon lange. Immer wenn ich Kulturen zerstören wollte, stiftete ich Zivilisation, Reichtum, das Ergötzen am Genuß, den Egoismus. Schauen Sie sich doch in der Geschichte um:

Das alte Babylon, Ägypten, Griechenland, Rom. Schauen Sie sich doch an, wie sich der Hochmut der reichen Genießer in den monumentalen Bauten niederschlug und wie diese zerfallen sind!«

Journalist: »Die Architektur spiegelt immer den Zeitgeist! Unsere Behausungen heute haben eher den Charakter von Treibhäusern, finden Sie nicht?«

v. Schafspelz: »Das haben Sie gut ausgedrückt, gut erfaßt! In der Tat treibe ich den Menschen heute in seinen eigenen privaten Raum, wo er vor Gefahren geschützt ist. Er muß sich Frost und Hitze nicht mehr stellen. Er hat Klimaanlagen. Er muß sich nicht langweilen und mit anderen herumschlagen. Er kann sich ganz alleine mit dem Fernsehen unterhalten und sich dadurch – ohne eigenes Risiko – mit dem ganzen Weltgeschehen verbinden und den Schein des Überblicks gewinnen. In seinem Treibhaus kann der Mensch ganz frei nach seinem eigenen Willen entscheiden, was er für sein Geld verbraucht – nur, er verbraucht auch seinen Willen.«

Journalist: »Also, wenn Sie das Bild vom Treibhaus schon aufnehmen, so fällt mir gleich der heute bekannte Begriff des Treibhauseffekts ein. Wir wissen ja alle, daß der Treibhauseffekt dadurch entsteht, daß jeder von den vielen Millionen reichen Menschen ein Stück Lebensraum ausbeutet und verwüstet.«

v. Schafspelz: »Richtig, nun sind Sie der Materialist. Ich möchte den Treibhauseffekt aber auch ideell verstanden wissen. Denn unter der Bequemlichkeit vernichtet der Mensch auch seine Lebendigkeit.«

Journalist: »Das ist heute aber bekannt. Viele – Philosophen, Theologen, Verhaltens- und Zukunftsforscher – haben Ihre Pläne schon durchschaut und haben weise Bücher darüber veröffentlicht, wie man Sie aufhalten und Ihren Plänen entgegentreten kann. Auch das Fernsehen klärt ja in dieser Richtung den Bürger auf. Ganze Parteien haben im Programm, Ihre Pläne zu vereiteln und Ihnen vorzubeugen.«

v. Schafspelz: »Daß ich nicht lache. Ihr Bemühen wird immer Stückwerk bleiben. Das kann doch nie funktionieren. Ganz einfach deshalb nicht, weil all diese Weltverbesserer die Auswirkungen der menschlichen Bequemlichkeit unterschätzen. Seien Sie doch Realist. Es geht gar nicht um Parteiprogramme, es geht doch darum, daß man die Programme auch in die Tat umsetzt. Gegen den Treibhauseffekt kann man sich in der Tat nur stellen durch Verzicht, Disziplin, ein »Ja« zu Mangel und zur Selbstüberwindung, Rücksicht auf andere und höhere Bedürfnisse. Kurzum dadurch, daß man das Ganze der Schöpfung wieder sieht und die autoritäre Kraft des Schöpfers annimmt.«

Journalist: »Sie sprechen wie Gott selbst. Sie bringen den Lichtblick und man merkt es gar nicht, daß Sie ins Dunkel führen. Kein Wunder, daß man Ihnen so leicht auf den Leim geht. Aber jetzt bin ich der Realist! Ich stimme mit Ihnen überein. Das bewußte Einsetzen der Abwehrkräfte könnte das Unheil abwehren. Allerdings freilich unter Inkaufnahme von Mühsal und Verzicht. Mühsal, Verzicht, Disziplin, Selbstüberwindung, das sind doch ganz normale menschliche Einstellungen.«

v. Schafspelz: »Für Sie vielleicht. Daß Sie dies für normal halten, weist Sie bereits als Vertreter einer älteren Generation aus. Früher waren es normale Einstellungen. Früher war es normal, daß ein Kind nicht alles bekam, was es haben wollte, daß es sich in seinen Bedürfnissen, seinem Bewegungsdrang einschränken mußte, ja sogar Mangel erfuhr, Hunger litt und sich so vorbereiten konnte auf die Widerwärtigkeiten des Lebens.

Das war ja das härteste Stück Arbeit für mich, diese Strukturen und Ordnungen, die man so unbewußt von einer auf die andere Generation vererbte, aufzubrechen. Das war ja das Schwierige, bis ins Kinderzimmer vorzudringen. Wissen Sie, die autoritäre Welle hatte für mich – wie jede andere Sache auch – zwei Seiten. Sie kam mir entgegen, weil sie so viele Gehorsame heranzog, die sich ihren Willen brechen und nach meinen Plänen manipulieren ließen. Es war natürlich eine Erschwernis für mich, daß es andererseits so viele Menschen gab, die von klein auf ihre Widerstandskräfte eingeübt hatten. Solange das Kind die elterliche Autorität erlebte, konnte es sich immerhin dagegen aufbäumen und erfuhr so die Chance zur Loslösung. Indem es den Eltern Widerstand leistete, stärkte es seine eigenen Widerstands-, Sie können auch sagen Überlebenskräfte und lernte, Enttäuschung zu ertragen.

Im Bereich der Erziehung gelang es mir tatsächlich erst in den letzten zwei Jahrzehnten, den Durchbruch zu schaffen – und auch nicht auf der ganzen Welt, sondern nur da, wo ich die Zivilisation schon aufgebaut und im Griff hatte. Wie gesagt, das war ein hartes Stück Arbeit, die traditionell abgesicherten sozialen Beziehungen aufzubrechen. Alleine hätte ich es gar nicht geschafft, aber nach dem Zweiten Weltkrieg war das Terrain genügend vorbereitet, weil alle Welt über die Auswirkung autoritärer Systeme entsetzt war. Ich hatte Verbündete bei den Philosophen, Erziehungswissenschaftlern und Psychologen, die sehr bemüht waren, dem Menschen die Freiheit zurückzugeben, die ihm abhanden gekommen war.

Unter dem Schein der fachlichen Kompetenz haben sie die Autorität der Eltern geschwächt. Dadurch waren dann die Voraussetzungen hergestellt, daß nun auch das Kleinkind in die Teufelsküche des Wohlstands geriet. Jetzt ist's vollbracht! Den Ball habe ich noch ins Rollen bringen müssen, nun rollt er selber. Ich habe den Leuten die Untergangsstimmung durch die Massenmedien noch bewußt gemacht, so daß der Mensch, weil es sich nicht mehr lohnt, sich auch um die Veränderung nicht mehr bemüht, sondern uneingeschränkt genießt, was ihm auf dem sterbenden Planeten noch bleibt.

Verstehen Sie jetzt meinen Plan, meine Attacke auf das gottgewollte Bild vom Menschen?

Unter dem Deckmantel des freien Willens gebe ich mir alle Mühe, den Menschen dahin zu bringen, wo ich will. Ich leite ihn ja schon über Äonen dazu, daß er aus freiem Willen auf das lästige göttliche Gebot der Mühsal verzichtet und von den großen, von Ihnen so gerne schöpfungsbedingt genannten Ordnungen unabhängig wird, so daß er aus ihnen in freier Entscheidung aussteigt. Sehen Sie, der freie menschliche Wille ist mein großes As in diesem Spiel.

Die jungen Eltern packe ich an der sensibelsten Stelle: An ihrer Liebe zum Kind, an ihrer Bereitschaft, ihm ihr Bestes zu geben und es zum freien Menschen heranwachsen zu lassen. Das Kind weiß am besten, was ihm guttut. Also laß ihm seinen Willen und paß dich seinen Bedürfnissen an! Du kannst damit nicht früh genug anfangen, denn das Kind kommt schon als eigene Persönlichkeit zur Welt.

Ich mußte nur davon schwärmen, daß das Kind als freiheitsbedürftige Persönlichkeit zur Welt kommt und selbst am besten weiß, was ihm guttut, und schon hatte ich ihrem allmächtigen Gott seine Gesetze verdreht und sein Gebot der Liebe außer Kraft gesetzt! Wo keine Liebe ist, gedeiht ganz leicht der Haß. Kind gegen Mutter, Mutter gegen Vater, Vater gegen Kind, Kind gegen Kind, Eltern gegen Eltern, Kinder gegen Gesellschaft – alles gegen alles – die vollkommene Zerstörung.«

Journalist: »Halt! So nicht! So darf die Geschichte doch nicht enden! Ganz schön perfide. Ausgerechnet die Sehnsucht des Menschen nach dem freien Willen zu mißbrauchen und am Ende der Verstrickung den Willen selbst zu zerschmettern! Um der Liebe willen darf man doch nicht tatenlos zusehen, wie sich die Menschheit in Haß und Unfreiheit und unbewußt in die Zerstörung stürzt!

Sollte bei allem Bemühen nur der Haß übrigbleiben, wäre die Menschheitsgeschichte tatsächlich verschenkt, wäre sie am Ende! Dagegen müssen doch alle Kräfte gewendet werden!«

Ein allerletztes Wort

Nehmen wir die Herausforderung an und wagen wir die Antwort! Der wachsenden Unruhe, die uns die Innen- und Außenwelt zerstört, kann nur abgeholfen werden, wenn wir unser Bewußtsein für die wahren Werte schärfen und unsere Tatkraft zu deren Erneuerung einsetzen. Der Ausweg kann nur in der Wiedereinbindung (»re-ligio«) in die schöpfungsbedingten Ordnungen bestehen. Freiheit kann der Mensch nur finden, wenn er seinen freien Willen in den Dienst der Verantwortung für das Ganze stellt. Es geht um die ganze Menschlichkeit! Es geht um die ganze Schöpfung!

Weiterführende Literatur

Austermann, Marianne/Wohlleben, Gesa: Zehn kleine Krabbelfinger. Spiel und Spaß mit unseren Kleinsten, Kösel, München, 9. Aufl. 1994

Bauer, Annette: Minimale cerebrale Dysfunktion und/oder Hyperaktivität im Kindesalter. Überblick und Literaturdokumentation. Ein Leitfaden für Eltern, Lehrer, Psychologen und Ärzte, Springer, Berlin 1986

Brüggebors, Gela: Körperspiele für die Seele. 312mal Bewegung, Entspannung, Energie, rororo Sachb. 8526, Reinbek 1989

Chamberlain, David: Woran Babys sich erinnern. Die Anfänge unseres Bewußtseins im Mutterleib, Kösel, München, 2. Aufl. 1991

Defersdorf, Roswitha: Drück mich mal ganz fest. Geschichte und Therapie eines wahrnehmungsgestörten Kindes, Herder, Freiburg, 5. Aufl. 1993

Dennison, Paul E.: Befreite Bahnen, Verlag für Angewandte Kinesiologie, Freiburg, 7. Aufl. 1992

Elschenbroich, Gabriele: Du machst uns verrückt. Hilfen für unruhige Kinder und ihre Eltern, Herder-TB, Freiburg 1983

Gordon, Neil u.a.: Das ungeschickte Kind. Fachlicher Rat für behandelnde Ärzte und Eltern, Hippokrates, Stuttgart 1985

Greenberg, Martin: Ein Vater wird geboren. Die Entfaltung der Vater-Kind-Beziehung, Quell, Stuttgart, 2. Aufl. 1991

Grissemann, Hans: Hyperaktive Kinder. Kinder mit minimaler zerebraler Dysfunktion und vegetativer Labilität als Aufgabe der Sonderpädagogik in der allgemeinen Schule. Ein Arbeitsbuch, Hans Huber, Bern, 2. erw. Aufl. 1991

Hafer, Hertha: Die heimliche Droge – Nahrungsphosphat. Ursache für Verhaltensstörungen, Schulversagen und Jugendkriminalität, Kriminalistik, Heidelberg, 3. neubearb. Aufl. 1984

Hartmann, Jutta: Zappelphilipp, Störenfried. Hyperaktive Kinder und ihre Theorie, Beck'sche Reihe 333, München, 4. überarb. u. erg. Aufl. 1991

Hellinger, Bert: Finden, was wirkt. Therapeutische Briefe, Kösel, München, 3.Aufl. 1994

Hoerner, Wilhelm: Zeit und Rhythmus. Die Ordnungsgesetze der Erde und des Menschen, Urachhaus, Stuttgart, 3. Aufl. 1993

Jernberg, Ann M.: Theraplay. Eine direktive Spieltherapie, Gustav Fischer, Stuttgart 1987

Kiphard, Ernst J.: Motopädagogik (in drei Bänden), modernes lernen, Dortmund, 3. Aufl. 1990

Kobi, Emil E.: Die psychomotorische Unruhe im Kindesalter. Eine heilpädagogische Interpretation, P. Haupt, Bern, 2. überarb. Aufl. 1976

Leboyer, Frédérick: Sanfte Hände. Die traditionelle Kunst der indischen Baby-Massage, Kösel, München, 12. Aufl. 1991

Linn, Monika/Holtz, Renate: Übungsbehandlung bei psychomotorischen Entwicklungsstörungen, Ernst Reinhardt, München 1987

Montagu, Ashley: Körperkontakt. Die Bedeutung der Haut für die Entwicklung des Menschen, Klett-Cotta, Stuttgart, 7. Aufl. 1992

Pachler, Milan/Straßburg, Hans-Michael: Der unruhige Säugling, Hanseatisches Verlagskontor, Lübeck 1990

Passolt, Michael (Hrsg.): Hyperaktive Kinder: Psychomotorische Therapie, Ernst Reinhardt, München 1993

Prekop, Jirina: Hättest du mich festgehalten … Grundlagen und Anwendung der Festhalte-Therapie, Kösel, München, 4. Aufl. 1991

Prekop, Jirina: Der kleine Tyrann. Welchen Halt brauchen Kinder? Kösel, München, 15. Aufl. 1993

Prekop, Jirina/Schweizer, Christel: Kinder sind Gäste, die nach dem Weg fragen. Ein Elternbuch, Kösel, München, 8. Aufl. 1994

Ruf-Bächtiger, Lislott: Das frühkindliche psycho-organische Syndrom. Minimale cerebrale Dysfunktion, Diagnostik und Therapie, Thieme, Stuttgart, 2. überarb. u. erw. Aufl. 1991

Schneider, Vimala: Baby-Massage. Praktische Anleitung für Mütter und Väter, Kösel, München 1985

Schweizer, Christel/Prekop, Jirina: Was unsere Kinder unruhig macht … Ein Elternratgeber: Aufklärung über Ursachen der Hyperaktivität, Empfehlungen zur Förderung der normalen Entwicklung, Trias, Stuttgart 1991

Solter, Aletha J.: Warum Babys weinen. Die Gefühle von Kleinkindern, Kösel, München, 5. Aufl. 1993

Solter, Aletha J.: Wüten, toben, traurig sein. Starke Gefühle bei Kindern, Kösel, München 1994

Steinhausen, Hans-Christoph (Hrsg.): Das konzentrationsgestörte und hyperaktive Kind. Ergebnisse aus Klinik und Forschung, Kohlhammer, Stuttgart 1982

Tants, Dagmar: Phos und Phati. Ein anderes Kochbuch. Ratgeber für Eltern und Erzieher phosphatempfindlicher Kinder und Jugendlicher, Partisch und Röhling, Wahlstedt, 6. völlig überarb. Aufl. 1987

Taylor, Eric: Das hyperaktive Kind. Anregungen für Eltern und Erzieher, Hippokrates, Stuttgart 1986

Verny, Thomas/Kelly, John: Das Seelenleben des Ungeborenen, Ullstein Sachbuch 34167, Berlin 1983

Voß, Reinhard (Hrsg.): Pillen für den Störenfried? Absage an eine medikamentöse Behandlung abweichender Verhaltensweisen bei Kindern und Jugendlichen, Ernst Reinhardt, München, 2. Aufl. 1990

Walker, Peter: Das entspannte Baby. Mehr Wohlbefinden für Ihr Kind durch Massage und Gymnastik, Kösel, München, 2. Aufl. 1993

Weber, Gunthard (Hrsg.): Zweierlei Glück. Die systemische Psychotherapie Bert Hellingers, Carl Auer, Heidelberg 1993

Weinreb, Friedrich: Begegnungen mit Engeln und Menschen. Mysterium des Tuns. Autobiographische Aufzeichnungen 1910 – 1936, Origo, Bern, 2. Aufl. 1988

Weinreb, Friedrich: Das Buch von Zeit und Ewigkeit. Der jüdische Kalender und seine Feste, Thauros, Weiler 1991

Weinreb, Friedrich: Hat der Mensch noch eine Zukunft? Eine letzte Chance, Origo, Bern, 2. Aufl. 1988

Weinreb, Friedrich: Vom Sinn des Erkrankens. Gesundsein und Krankwerden, Origo, Bern, 2. Aufl. 1979

Weinreb, Friedrich: Zahl, Zeichen, Wort. Das symbolische Universum der Bibelsprache, Thauros, Weiler, 2. Aufl. 1991

Wender, Paul H.: Das hyperaktive Kind, Ravensburger, Ravensburg, 11. Aufl. 1992

Selbst die Eltern wissen manchmal nicht mehr weiter

Die ersten Jahre deines Kindes
Ein Handbuch für Eltern
Von Penelope Leach
dtv 36005

Was tun, wenn Babys schreien? – Was essen Einjährige? – Was spielt man bei Regenwetter? – Was tut man bei Windpocken?

In diesem zuverlässigen Handbuch gibt Penelope Leach Antwort auf Fragen, die in den ersten Jahren des Elterndaseins immer auftauchen. Sie stellt die Entwicklung des Kindes in den ersten fünf Lebensjahren dar – von der Geburt bis ins Vorschulalter – und befaßt sich ausführlich mit Ernährung, Wachstum, Schlaf, Schreien und Trösten, Hygiene, Krankheiten, Kleidung usw. Dabei macht sie immer wieder deutlich, wie Eltern ihrem Kind auf dem Weg in die Selbständigkeit am besten helfen können, ohne dabei die eigenen Bedürfnisse zu vernachlässigen.

Der große Erziehungsberater
Von Abhängigkeit bis Zuhören
Von Jane Nelsen, Lynn Lott
und H. Stephen Glenn
dtv 36012

Kinder, Kinder – manchmal rauben sie ihren Eltern den letzten Nerv: Das Kleinkind will nicht essen, schlafen gehen oder sauber werden, die Größeren raufen und quengeln, und die Teenager tun überhaupt nur noch, was sie wollen. Umgekehrt machen es aber auch die Eltern ihren Kindern nicht immer leicht: Sie reden statt zu handeln, handeln dann anders, als sie reden, entmutigen statt zu motivieren, mißtrauen statt zu vertrauen.
Anhand von über hundert konkreten Beispielen zeigen die Autoren, wie man mit den kleineren und größeren Schwierigkeiten, die das Familienleben nun mal mit sich bringt, besser zurechtkommt.

Wissen beruhigt: dtv ratgeber eltern

»Brazelton hat den Eltern die Augen für einen sehr
wichtigen und faszinierenden Aspekt der frühkindlichen
Entwicklung geöffnet – für die Erkenntnis, daß auch
Säuglinge schon Menschen und sich ihrer Umgebung
genau bewußt sind.«

Benjamin Spock

T. Berry Brazelton
Eine Familie werden
Wo sich Beziehungen entwickeln und verändern
dtv 36508

Müssen frischgebackene Eltern ihr Leben ganz dem Baby opfern? Ist es wirklich so schlimm, mal einen Fehler zu machen?
Brazelton fordert Eltern auf, wieder den eigenen Gefühlen zu
vertrauen und sich auf die unmißverständlichen Signale ihres
Babys zu verlassen.

T. Berry Brazelton
Babys erstes Lebensjahr
dtv 36500

Der berühmte Kinderarzt und Buchautor schildert anhand
von Beispielen aus seiner Praxis, was im ersten Lebensjahr
alles geschieht und gibt wertvolle Hinweise. Er zeigt, daß sich
Kinder unterschiedlich entwickeln und gibt den Eltern so die
Sicherheit, das erste Lebensjahr ihres Kindes angstfrei zu
genießen.

T. Berry Brazelton
Unser Kind wird selbständig
Das zweite und dritte Lebensjahr
dtv 36501

Brazelton zeigt anhand zahlreicher Beispiele die Entwick-
lungsschritte des Kindes im turbulenten zweiten und dritten
Lebensjahr und gibt eine Fülle praktischer Ratschläge zur
Lösung der alltäglichen kleinen und großen Probleme.

Brigitte Beil

Gutes Kind, böses Kind

Warum brauchen Kinder Werte?
dtv 36539

»Für kleine Elefanten ist die Sache ganz einfach: sie kommen auf die Welt und wissen sofort instinktiv, was sie tun müssen, um in ihrer Herde als gute Dickhäuter zu gelten. Kleine Menschen haben es da entschieden schwerer... Sie haben keine Ahnung, warum sie dieses tun und jenes lassen sollen, warum man wohl auf die Trommel, nicht aber auf den Kopf der kleinen Schwester hauen darf.«

Darin sind sich die meisten Menschen einig: Freundschaft, Gerechtigkeit, Mitgefühl, Vertrauen und Toleranz sind für unsere Kinder notwendiger denn je. Schwierig wird es allerdings, wenn es darum geht, Kindern diese Tugenden praktisch zu vermitteln. Und ab welchem Alter? Wie kann man Kindern und Jugendlichen Werte nahebringen, ohne daß sie altmodische hohle Phrasen bleiben? Solange sie abstrakt bleiben, sind es einfach nur zu große Worte für kleine Menschen.

Konkrete Vorschläge aus dem und für den Familienalltag. Damit kommt die Frage nach den Werten wieder dahin zurück, wo sie wirklich sinnvoll ist – ins Kinderzimmer.

»Brigitte Beil baut auf positive Kräfte und praktisches Handeln. Ihr Optimismus ist ansteckend.«
Maria Frisé in der FAZ

dtv